Norbert Blüm
Einspruch!

PIPER

Zu diesem Buch

Hinter dem Deckmantel der Unabhängigkeit der Rechtsprechung verbirgt sich allzu oft eine Arroganz ganz eigener Art.
Manche Richter und Anwälte glauben, sie seien im Niemandsland der öffentlichen Kritik angesiedelt und niemandem Rechenschaft schuldig. Die Mittel der Politik reichen
offenbar nicht aus, dies zu ändern. Auf der Strecke bleiben
deswegen vor allem die sogenannten »kleinen Leute«, die
nicht den Funken einer Chance besitzen, ihr Recht zu bekommen. Aus der Bestürzung über diese Zustände ist dieses Buch
entstanden, das aufrütteln und dem Recht wieder zu Recht
verhelfen will.

Norbert Blüm ist gelernter Werkzeugmacher. Nach dem
Abendgymnasium studierte er Philosophie, Theologie und
Germanistik. Von 1982 bis 1998 war er Bundesminister für
Arbeit und Sozialordnung, zwischen 1981 und 2001 auch
stellvertretender Bundesvorsitzender der CDU. Er ist Vorsit-
zender der Stiftung Kinderhilfe, Mitglied der IG Metall, von
Amnesty International und der Kolpingfamilie sowie Autor
zahlreicher Bücher.

Norbert Blüm

EINSPRUCH!

Wider die Willkür an deutschen Gerichten

Eine Polemik

PIPER
München Berlin Zürich

Mehr über unsere Autoren und Bücher:
www.piper.de

MIX
Papier aus verantwor-
tungsvollen Quellen
FSC® C083411
FSC
www.fsc.org

Ungekürzte Taschenbuchausgabe
November 2015
Piper Verlag GmbH, München/Berlin
© Westend Verlag GmbH, Frankfurt/Main 2014
Alle Rechte vorbehalten
Umschlaggestaltung: semper smile, München
Umschlagabbildung: Marcel Mettelsiefen/picture alliance/dpa
Satz: Publikations Atelier, Dreieich
Gesetzt aus der Charter ITC
Druck und Bindung: CPI books GmbH, Leck
Printed in Germany   ISBN 978-3-492-30798-7

Inhalt

Den Frauen, die vor Familiengerichten gedemütigt werden.
Den Wehrlosen, die der Raffinesse
der »Rechthaber« nicht gewachsen sind.
Für alle, die für Recht und Gerechtigkeit eintreten.

Liebe Leserinnen, lieber Leser,
aus Bestürzung darüber, welche zum Teil unvorstellbaren Zustände an deutschen Gerichten herrschen, bei denen oft vor allem die sogenannten »kleinen Leute« nicht zu Ihrem Recht kommen, habe ich dieses Buch geschrieben.
Es war leider unumgänglich, einige Anonymisierungen vorzunehmen, um die Personen, um die es hier geht, zu schützen, oder um weitere Schwierigkeiten von ihnen fernzuhalten. Auch daran erkennt man, wie wichtig es ist, dass wir viel genauer hinschauen müssen, was an den Gerichten passiert. Ich wäre sehr froh darüber, wenn dieses Buch einen Beitrag dazu leisten könnte.
Ihr Norbert Blüm

Von einem, der auszog, das Fürchten zu lernen

Ich sage es ganz offen: Dies ist ein Buch über die Verlotterung der dritten Gewalt in unserem Land, und ich lasse Schonungslosigkeit walten. Auch auf die Gefahr hin, dass sich einige ihrer Vertreter auf den Schlips getreten fühlen. Mögen sie ihn sich abreißen und mit mir in eine Diskussion auf Augenhöhe einsteigen. Ich stelle ihnen gerne eine Leiter an ihr hohes Ross, damit der Abstieg komfortabel ist …

Rechtspflege – was ist das?

Ehrlich gesagt, Jura hat mich nie sonderlich interessiert. Richter, Gerichte und Rechtsanwälte hatten für mich zeit meines Lebens etwas Exotisches. Meine Vorlieben befinden sich jenseits der Reichweite der sogenannten Rechtspflege, wiewohl dies doch ein verlockend schönes Wort ist: »Rechtspflege«. Es kommt so harmlos und sanft daher, dass man annimmt, niemandem in ihrem Gehege könne je ein Härchen gekrümmt werden. Dabei geschehen gerade hier Dinge, die ein Leben umwerfen können. Sie unter »Rechtspflege« zu subsumieren ist so, als würde man das Wildwasser »Erholungsbad« nennen oder den Urwald »Lustgarten«.

Gerichte: meine Auswärtsspiele

Recht und Gerichte standen bisher nicht im Fokus meines Lebenslaufes, Politik war mein Lebenselixier, Politik, die Kunst des Möglichen. Dagegen schien mir das Recht der Zwang des Notwendigen zu sein. Dieser elementare Unterschied zwischen Politik und Recht flößte mir immer großen Respekt ein. Politik gestaltet Leben, Recht bändigt Gewalt und Willkür. Politik ist offensiv, das Recht ordnet und schützt im Hintergrund.

Meine persönlichen Kontakte mit Gerichten sind rar, doch hinterließen diese wenigen Begegnungen bei mir einen umso nachhaltigeren Eindruck. Zweimal trat ich vor dem Bundesverfassungsgericht auf und zweimal vor einem Zivilgericht. In beiden Fällen ging es nicht um mich, sondern um die beklagten Institutionen, für die ich meinen Kopf hinhielt. Vor dem Bundesverfassungsgericht musste ich die Sozialgesetze der damaligen Bundesregierung verteidigen. Vor das Zivilgericht zog ich für »Xertifix«, eine Organisation, die der Kinderarbeit in indischen Steinbrüchen den Kampf angesagt hatte.

Ich war mir meiner Sache in beiden Fällen relativ sicher. Meine Zuversicht wurde nicht enttäuscht, ungeschoren verließ ich das Gericht. Dennoch hatte mich – wie ich ungern zugebe – bei meinen vier Gerichtsauftritten ein merkwürdiges »Untertanengefühl« beschlichen.

Der Einzug der Richter ins Bundesverfassungsgericht glich der Eröffnung eines Festgottesdienstes. Die Priester der Göttin Justitia betraten den Gerichtssaal in Talaren, die Messgewändern ähnelten, auf den Köpfen ein Barett, wie ich es von Pfarrer Jung kannte, dem Pfarrer meiner Kindheit. Das Volk erhob sich beim Einzug der Richter wie die Gläubigen beim Einzug der Zelebranten. Der Blick zum »Hohen Gericht« entsprach in etwa dem Blickwinkel von der Kniebank zum Hochaltar, und ich fühlte mich zurückversetzt in ferne Kindertage, als der Hohe Dom zu Mainz für mich noch der Vorhimmel war. Wie ein Messdiener vollzog ich meine Auftritte vor dem Kadi entsprechend der Gerichtsliturgie – mit einem kleinen Unterschied: Meine Gerichtstexte waren keine vorgeschriebenen Gebetstexte, sondern von Anwälten vorbereitete Sprechzettel, die für mich aber den gleichen Sinn wie die einstigen Gebete hatten: Hier wie dort, heute wie damals ging es um Erhörung von oben. Das Gericht schüchtert mich bis heute ein – nur kein falsches Wort! Die Worte vor Gericht, mit dessen Hilfe im Namen des Volkes Recht gesucht und gefunden werden soll, waren für mich eine Fremdsprache, die ich nicht gelernt habe. Die Not zwang mich zu mimen, als hätte ich verstanden, was ich nicht verstanden hatte. Ich wollte mich nicht blamieren. Dennoch paarte sich meine Unsicherheit mit einem ungebrochenen Vertrauen zu Recht und Gericht. In mir schlummerte die Vermutung, Richter seien keine Menschen wie du und ich – sie wissen es besser. Leider glauben das einige von ihnen auch von sich.

Wenn ich aus den sozialpolitischen Schlachten, in denen ich mich gebalgt hatte, als Sieger hervorging, so waren diese Siege selten unumstritten, und kaum war etwas beschlossen, wurde es wieder in Frage gestellt – eine ganz normale Sache im politischen Geschäft. Die Opposition ist sogar darauf spezialisiert. Die Revision ist die ständige, selbstverständliche Begleiterin der Demokratie. Nach der Wahl ist vor der Wahl. Mehrheiten sind vorübergehende Sieger. Vor Gericht ist es anders: Urteile erscheinen als endgültig, wie in Stein gemeißelt. Revision ist die Ausnahme. Recht ist auf Dauer angelegt. Demokratie ist dynamisch, Recht dagegen seiner Natur nach statisch. Das ist die bleibende Spannung zwischen Parlament und Gericht. Der besondere Reiz der Demokratie besteht darin, dass nichts und niemand unbestreitbar ist, und jeder Sieger ist immer nur ein vorläufiger – bis zur nächsten Wahl. Der Machtwechsel ist der Normalfall in einer Demokratie oder sollte es sein, und er ereignet sich gewaltlos, nicht durch Tod oder Ermordung des Machthabers wie in vordemokratischen Zeiten.

Mein Kinderglaube

Gerechtigkeit vor Gericht, das ist etwas Höheres, höher als alles, was ich sozialpolitisch mache, dachte ich. Diesen Respekt behielt ich, selbst wenn ich über die Justiz spottete. Witze über Richter, Rechtsanwälte und Gefolge schwächten so wenig mein Vertrauen, wie Witze über Gott meiner Frömmigkeit schadeten. Solche Witze sind antiautoritär und machen die »Obrigkeit« Gott, seine irdischen Vertreter und überhaupt alle Autoritäten leichter erträglich.

Mein juristischer Lieblingswitz ist der Witz vom Landgerichtspräsidenten. Er ist obrigkeitsfeindlich wie alle guten Witze: Herr Landgerichtspräsident wird wie immer von seiner Gemahlin freundlich und pünktlich am täglichen Mittagstisch empfangen. Heute konfrontiert sie ihn mit einer schlechten Nachricht: »Der Nachbar behauptet, unser Hund habe ihm die Hosen zerrissen, und verlangt nun Schadenersatz.« »Mach' nicht viel Worte. Bezahl' das Geld!«, befiehlt der Herr Landgerichtspräsident seiner ihm treu ergebenen Gattin. »Aber wir haben doch gar keinen Hund!«, entsetzt sich die arme Frau. »Weiß man, wie die Gerichte entscheiden?«, ist die resignative Antwort des Herrn Landgerichtspräsidenten, der als Insider offenbar wusste, wovon er sprach.

Diesen Witz, den ich vom Präsidenten des Bundesarbeitsgerichtes, Professor Müller, in damaligen Fachkreisen »Tarzan« genannt, erzählt bekam, empfand ich immer als eine berufsbedingte, liebenswerte Ironie, welche die Souveränität der Amtsinhaber eher exemplarisch erhöht, als sie der Lächerlichkeit preiszugeben. Diese Art von Spott ähnelt dem Sarkasmus greiser Kardinäle, die über ihren Chef, den Herrn Jesus, halbernst parlieren, um so ihre vertrauliche Gottesnähe zu demonstrieren.

Lange Rede – kurzer Sinn: Mein Verhältnis zur Justiz war ehrfurchtsvoll wie das eines Gläubigen zu Gott.

Gesetzestreue

Etwas von dem Schauer, den die Achtung vor dem Gesetz erzeugt, ist vielleicht sogar religiösen Ursprungs. Irgendwie nimmt das irdische Gericht das »Jüngste Gericht« vorweg. Es wird bei beiden abgerechnet. Die tief sitzende Scheu vor dem Gesetzesbruch habe ich mir eisern bewahrt, was das Leben nicht immer leichter macht. Ich habe sogar einst – es war im Jahr 2000 – gegen alle meine Gefühle schweren Herzens der Gesetzestreue die Vorfahrt vor der Freundschaft eingeräumt. Und das war so: Meine lange Freundschaft mit Helmut Kohl ging über Nacht in die Brüche, weil ich ihm in der Parteispendenaffäre nicht recht gab, sondern der Achtung des Rechts den Vorzug vor der Freundschaft gegeben hatte. Das ist mir nicht leichtgefallen. Die Namen von Spendern müssen laut Parteiengesetz genannt werden. Helmut Kohls Verhalten, die Namen der Spender nicht zu nennen, war gesetzwidrig. Da half auch kein Ehrenwort. Dieses regelt nur Verhalten jenseits von Recht und Gesetz, aber nicht gegen das Gesetz. Kein Hehler bleibt ungestraft, wenn er den Namen des Stehlers nicht nennt, weil er diesem ein Ehrenwort gegeben habe. Und keine Lüge wird aus Freundschaft Wahrheit. So wenig eine mathematische Aufgabe richtig wird, wenn jemand aus Freundschaft behauptet, zwei mal zwei ergebe fünf.

Selten habe ich mich so gequält. Bis zur letzten Sekunde der Abstimmung im CDU-Vorstand über die Aberkennung des Ehrenvorsitzes von Helmut Kohl habe ich gehofft, mir fiele ein Argument ein, das »Unheil« abzuwehren. Mir fiel keins ein. So trage ich schwer an dem Vorwurf, den Freund im Stich gelassen zu haben. Der Verlust der Freundschaft ist ein hoher Preis für die Achtung des Gesetzes. Ich habe ihn bezahlt und will es nicht bereuen.

Später trat die Versuchung in Gestalt eines Funktionärs der LINKEN nach einer Talkshow in Berlin an mich heran.

Er fragte mich – mehr tuschelnd als klar redend –, ob man nicht über die CDU-Spendenaffäre vertraulich reden könne. Es gebe auch auf seiner Seite Probleme. Ich habe über die versuchte Mauschelei noch nicht einmal nachgedacht und mit niemandem darüber gesprochen. Ich verrate sie jetzt zum ersten Mal. Sie verschwand in meinem Unterbewusstsein wie eine kindliche Schamlosigkeit, die ich nicht gebeichtet, sondern »bewusst« verdrängt habe.

Die Revolution der Gleichheit

Die Gleichheit vor dem Gesetz ist eine der höchsten Errungenschaften der Zivilisation, vielleicht vergleichbar mit der Erfindung des Rades. Gleichheit vor dem Gesetz gilt für Könige und Knechte. Für Bundeskanzler wie für Bürger. Sie ist prinzipiell und ausnahmslos. Die Demokratie bietet zudem noch die Chance, das Recht mit Hilfe von Mehrheiten zu gestalten. Die Menschheit hat lange, lange Zeiten gebraucht und viele Mühen und Leiden erduldet, um »Rechtsgleichheit« zu lernen, die alle herkömmlichen Hierarchien relativierte (was deren Spitzen selten zu schätzen wussten). Manche Gesellschaften haben die Gleichheit vor dem Gesetz sogar bis heute noch nicht gelernt. Wahrscheinlich lebt in diesen sogar die Mehrheit der Menschheit. Selbst in zivilisierten Gesellschaften gibt es den dunklen Fluchtweg Korruption, auf dem man sich den Zwängen der Rechtsgleichheit zu entziehen versucht. Gleichheit ist für die Oberen bisweilen eine lästige Beschwernis. Das Christentum half bei den oft blutigen Lernschritten, Gleichheit vor dem Gesetz zu akzeptieren mit der Botschaft, dass alle Menschen Kinder Gottes und deshalb prinzipiell gleich sind. Wahrscheinlich versöhnte es den ausgelaugten, ausgebeuteten mittelalterlichen Bauern mit seinem Schicksal, wenn er bei der sonntäglichen Messe das Bild vom Jüngsten Gericht an den Wänden seiner Kirche erblickte. Darauf war nämlich zu sehen, wie Päpste, Kaiser und Könige vor Gottes Gericht erzitterten. Keine Krone, keine Mitra, kein Talar gewährte Straferleichterung. An der Stirnwand der Sixtinischen Kapelle malte Michelangelo selbst den Papst in der Hölle. Da wusste der Gläubige: Vor Gottes Gericht herrscht die totale Rechtsgleichheit.

Das Neue Testament treibt die nivellierende Entprivilegierung sogar noch auf die Spitze: »Was hast Du dem Geringsten meiner Brüder und Schwestern getan?« Die Antwort auf diese Gottesgerichtsfrage entscheidet über die Ewigkeit. Der Unterste, nämlich der Geringste, liefert das Beweismaterial für das Urteil über die Obersten. Mehr Umsturz geht nicht. Es wird nicht nur eine Duldung der Benachteiligung verboten, sondern ein aktiver Einsatz für die »Unteren« geboten.

Keine Amtswürde, kein Reichtum, keine Gescheitheit schont die Obrigkeit vor der entscheidenden Gerichtsfrage. Das ist Gleichheit pur.

Manche sind gleicher

Die ersten Risse in meinem Zutrauen in die irdische Gerechtigkeit beruhen auf der traurigen Erfahrung: Wenn zwei das Gleiche tun, ist es noch lange nicht dasselbe. Mir fiel schon in der Schule auf, dass das Kind des Sparkassendirektors anders behandelt wurde als das Kind der unehelichen Mutter, die bei dem Direktor als »Putzfrau« beschäftigt war. Heute begreife ich die sozialpsychologischen Mechanismen besser, welche die Welt abseits aller Funktionsnotwendigkeiten noch immer in oben und unten einteilen. Dass der Feuerwehrmann den Einsatzbefehl gibt, verstehe ich. Dass sein Sohn es in der Schule besser hat als die Tochter des Mannes, der den Anweisungen des Kommandanten am Schlauch folgt, verstehe ich nicht.

So hat manches aus der alten Standesgesellschaft in Schule und Öffentlichkeit überlebt, in der Arbeitswelt sowieso. Uns allen ist noch der Fall des Verkäufers geläufig, der im Lager einen Becher Milch getrunken hat, dessen Ablaufdatum überschritten war, woraufhin ihm fristlos gekündigt wurde. Schädigt hingegen ein Manager seine Firma, verlässt er das Unternehmen mit dem goldenen Handschlag einer Millionenabfindung. Der Wert des Milchbechers betrug 54 Cent. Niemand wurde geschädigt, denn der Becher wäre wegen des abgelaufenen Verfalldatums sowieso weggeworfen worden. Der Fehler des Managers bringt dagegen unter Umständen 10 000 Menschen um Arbeit und Brot. Dirk Jens Nonnenmacher erhielt, nachdem er die HSH Nordbank in die Nähe der Manövrierunfähigkeit versetzt hatte, einige Millionen Euro als »Abschiedsgeschenk« zusätzlich zu seinem bis Vertragsende 2012 weitergezahlten Fixgehalt. Nonnenmacher soll mit »seiner« HSH Nordbank den Staat von 2009 bis 2011 um etwa 112 Millionen Euro Steuergelder erleichtert haben. Die Bank muss jetzt rund 127 Millionen Nachforderung bezahlen – hier 54 Cent »Schaden« und zur Strafe eine Entlassung, dort 112 Millionen Schaden und zum Dank eine saftige Abfindung.

Ein Metzger, der schlechte Wurst verkauft, macht Bankrott und verliert alles. Ein Manager, der versagt, wird noch gemästet.

Mein schreckliches Erwachen

Es hat lange gedauert, bis es mir dämmerte, dass die hehre Justiz doch nicht der von menschlichen Schwächen befreite Ort des »reinen Rechts« ist. Dass aber unter dem Deckmantel der Unabhängigkeit eine Rechtspflege agiert, die mit sublimer Selbstherrlichkeit und handfesten Abhängigkeiten ausgestattet ist, diese Erkenntnis traf mich jäh wie ein Blitz.

Der polizeiliche Täterbedarf

Dabei war ich immer sehr froh, wieder in Deutschland zu sein, wenn ich von oft turbulenten Auslandsreisen zurückkam. Auf ihnen erlebte ich bisweilen Anarchie und Chaos, so dass mir meine Heimat dagegen wie eine heile Welt des Friedens und des Rechts erschien.

Ich war in Buenos Aires für den RTL-Spendenmarathon gelandet. Der Pater, dessen Projekt ich besuchen sollte, schleppte mich ohne Umwege in ein Jugendgefängnis, in dem zwölf Stunden vorher eine wilde Revolte der Gefangenen niedergeschlagen worden war. In der Ecke einer kalten, gekachelten Zelle kauerte mit ein paar Fetzen am Leib ein Häuflein Elend. Es war der Anführer, er stammelte nur »No, no«. Als der Pater ihn schließlich zum Reden brachte, zischte er finster: »Ich war es nicht« und noch etwas später: »Die Polizei hat mich mitgenommen. Die Täter des Überfalls sind ihnen entwischt.« José – so hieß er – verstand die Welt nicht mehr. Ich kapierte. Die Polizei stand unter Erfolgsdruck, sie bedurfte eines Täters und nahm sich, wen sie bekommen konnte. Sie bekam José. Er war der Schwächste und nicht schnell genug weggelaufen.

Ich konnte José nicht helfen. Als Versager flog ich nach Deutschland zurück und versuchte, mich mit dem Gedanken zu trösten, dass bei uns so etwas nicht passieren könne. Heute schäme ich mich fast für diese billige und noch dazu irrige Selbstberuhigung.

Ulvi Kulac wird 2004 vom Landgericht Hof wegen Mordes an der neunjährigen Peggy Knobloch zu lebenslanger Haft verurteilt. Er soll das Kind 2001 erstickt haben, behauptete das Gericht. Nachdem die Polizei ein Jahr nach Verschwinden des Kindes immer noch keine Spur gefunden hatte, sogar eine SoKo war gebildet worden, bedurfte die Polizei eines Täters. Sie fand ihn im psychisch labilen Ulvi, der wegen eines Sittlichkeitsvergehens in der Psychiatrie einsaß. Als Informanten benutzte sie den bei den Behörden als Kleinkriminellen bekannten Peter H. Er lieferte das Geständnis von Kulac. Was war ihm dafür versprochen worden? Acht (!) Jahre später gab Peter H. zu, dass alles erlogen war.

Dem Richter und dem Gutachter kam die von unter Erfolgsdruck stehenden Ermittlern in Selbsthilfe erstellte Tathergangshypothese sehr zupass. Der Tathergang sei so präzise beschrieben, dass niemand ihn sich so genau hätte ausdenken können – schon gar nicht ein geistig behinderter Mensch –, meinte der Gutachter, um so den Wahrheitsgehalt zu bekräftigen. Ja, wenn Fachleute unter sich und in Bedrängnis sind … Sie schaffen sich ihre Wahrheit zur Not selbst, sozusagen in Heimarbeit.

José in Buenos Aires und Ulvi in Hof: Beide verschwanden im Gefängnisdunkel. Doch Ulvi sollte herausgeholt werden. Das Landgericht Bayreuth ordnete im Dezember 2013 einen neuen Prozess an (*Der Spiegel* 51/2013).

Ähnlich ging es im Mordfall des Bauern Rudolf Rupp zu. Der Mann war 2001 nicht nach Hause gekommen. Diesmal geriet eine ganze Familie unter Verdacht. Die nachweislich debilen Familienmitglieder wurden unter Druck gesetzt. Sie wurden schwach und »gestanden« schließlich. Selbst der Bundesgerichtshof nickte das Urteil ab. Doch es war ganz anders, als die Ermittler behaupteten. Nicht die Familie war schuld am Tode von Rupp. Rupp ist mit seinem eigenen Mercedes in die Donau gefahren und ertrunken. Polizei und Justiz wehrten sich gegen die Wiederaufnahme des Verfahrens. Jetzt sprach ein Gericht die Verurteilten frei, lehnte eine Entschädigung jedoch ab, weil das Urteil auf falschen Geständnissen beruhte.

Gewirr von Willkür

Den schwersten Schock erlitt mein bis dato nahezu unerschütterlicher Glaube an das Recht durch die Erfahrungen, die mir nahestehende Personen mit der Rechtspflege machen mussten. Wehrlos sahen sie sich den Launen eines Richters und der Skrupellosigkeit eines Gegenanwalts ausgesetzt. Der Mensch, dessen Erfahrungen mir unter die Haut gingen, geriet in ein Gewirr der Willkür, aus dem kein Notausgang erkennbar war. Willkür bedeutet in diesem Zusammenhang Verweigerung von Anerkennung und Missachtung der Würde derer, die Recht verlangen. Willkür macht, was sie will. Willkür ist es, wenn Kläger oder Beklagte von der Laune und den Voreingenommenheiten der Richter abhängen. Die Götter in Talaren halten sich wie die Götter in weißen Kitteln für »einwandfrei«.

Ich erfuhr nach und nach, dass es noch mehr Menschen gab, denen von Rechtsanwälten und Richtern in familienrechtlichen Auseinandersetzungen übel mitgespielt wurde. Ein Fall kam zum anderen. Dann waren es viele Fälle. Ein Horrortraum aus früher Kindheit kam mir in Erinnerung, in dem ich an einem Faden aus dem Pullover zog, den meine Mutter gestrickt hatte. Je mehr ich zog, umso länger wurde der Faden, und am Ende hatte ich den ganzen Pullover zu einem Wollknäuel aufgewickelt …

So ist es mit den »Einzelfällen« im Familienrecht: Du ziehst an einem, und prompt entspinnt sich vor deinen Augen ein ganzes System der Willkür und Arroganz.

Sind die Honoratioren honorabel?

Am meisten erschütterte meinen juristischen Kinderglauben die Art und Weise, wie »Respektpersonen« der Anwaltschaft mit Wahrheit und Recht umgehen. Meine Lehrzeit als alter Mann absolvierte ich unfreiwillig als entfernter Beobachter eines familiengerichtlichen Verfahrens. Manches lernt man eben spät und nicht aus Büchern. Für mich stürzten Welten der Ehrfurcht ein, als ich hilflos miterleben musste, wie ein angesehener Anwalt skrupellos das Recht drangsalierte und sich um die Wahrheit einen Dreck kümmerte. Nie ist mir die Diskrepanz zwischen Theorie und Praxis eines Berufsstandes so aufgefallen.

Dennoch wird der Herr Anwalt von der Bewunderung seines bürgerlichen Milieus getragen, dem er entstammt. Bei Gericht genießt er seinen Honoratiorenbonus. In der Kleinstadt, die er bewohnt, ist er berühmt für seine Raffinesse, und der Staat stattet ihn selbstverständlich mit dem Bundesverdienstkreuz aus. Die Honoratioren liegen ihm zu Füßen. In der Partei, der er angehört, besetzte er Spitzenpositionen. Er gilt als bedeutend.

Nicht immer bestimmt die Gesetzeslage das Urteil, sondern häufig, wie ein Richter »drauf ist«. Noch wichtiger ist, welcher gerissene Rechtsanwalt wem gegen viel Geld, das »Honorar« genannt wird, zu dem verhilft, was der Auftraggeber für rechtens empfindet, ohne dass es eine große Rolle spielt, was in dem Fall wirklich Recht ist.

Der Abstieg des Anwaltsberufes

Rechtsanwälte gibt es unzählige. Doch manche tragen ihre Berufsbezeichnung zu Unrecht. Sie sind nicht Anwälte des Rechts, sondern des Geldes. Wenn sie »wenig verdienen«, müssen sie sich viele »Kunden« an Land ziehen, egal wie. Wenn sie jedoch viel verdienen, wollen sie in der Regel noch mehr verdienen.

Nicht alle über einen Kamm scheren!

Die Behauptung besteht zu Recht: Kollektivurteile sind immer falsch. Es gibt viele anständige Anwälte und ehrenwerte Richter. Aber wenn die »Einzelfälle« der Fehlleistungen sich zur Vielzahl summieren, bestimmen sie einen Trend.

Mein Erlebnis der Willkür erschien mir lange Zeit als singulär, doch entdeckte ich bald zu meiner Überraschung, dass es viele ähnlich gelagerte »singuläre« Fälle gibt.

Das Problem ist: Viele Opfer können sich nicht wehren, weil sie weder Geld noch Sprache haben, andere haben sich gewehrt, sind gescheitert, an ihrem Scheitern zerbrochen und schließlich verstummt. Die im Dunklen sind, die sieht man nicht, sie haben keine Lobby, die »Loser«.

Über »die majestätische Gleichheit des Gesetzes, das Reichen wie Armen verbietet, unter Brücken zu schlafen, auf den Straßen zu bet-

teln und Brot zu stehlen« (aus: Anatole France, »Le lys rouge«, 1894):
Die Starken kommen zur Not auch ohne Recht durch. Piraten, Räuber,
Tyrannen und Terroristen beweisen dies. Die Lesebuchgeschichte, in
welcher ein kleiner Mühlenbesitzer sein Eigentum gegen den Zugriff
Friedrichs des Großen durch einen selbstbewussten Hinweis auf die
Existenz des Kammergerichts Berlin erfolgreich verteidigte, hat mir
schon als Kind imponiert. Auch der Ranghöchste muss sich beugen vor
dem erhabenen Gesetz, bei dem es kein Ansehen der Person mehr gibt,
ganz im Sinne der Aufklärung.

Circa 250 Jahre später wurde das Ansehen der Person über das ge-
nauere Ansehen der Zahlen durch eine kleine Änderung in der Zivil-
prozessordnung indirekt wieder eingeführt: Im »vereinfachten Verfahren« kann laut ZPO das Verfahren bei einem Streitwert unter 600 Euro
beschleunigt werden. Es muss erst gar nicht ein Termin zur mündlichen Verhandlung bestimmt werden. Bei Säumnis einer Partei kann
sofort ein Endurteil ergehen – ohne Berufungsmöglichkeit. Dieser »Ra-
tionalisierungsterror« wird auf der Haut der Schwachen ausgetragen.
Weitgehend wehrlos stehen die »kleinen Leute« da mit ihren Ansprüchen in diesen Schnellverfahren.

Dass Gerichte nicht in Bagatellfällen ersticken wollen, ist verständlich. Wenn dies allerdings zur »Wegrationalisierung« von Rechtsan-
sprüchen führt, hört bei mir das Verständnis auf. Der Schaden, der einer altersarmen Rentnerin dadurch entsteht, dass sie um 500 Euro
betrogen wurde, ist für sie existentiell weitaus folgenschwerer als für
einen Superreichen der Verlust von 500 Millionen.

Wie soll man einen Rechtsstaat nennen, der die berechtigten Rechts-
ansprüche von wirtschaftlich Schwächeren unberücksichtigt lässt?
»Unrechtsstaat«?

Suum cuique

Laufen mir neuerdings tatsächlich immer mehr am Recht Verzwei-
felte und Gescheiterte über den Weg oder hatte ich früher nur keinen
Blick für die Unterlegenen, weil ich fälschlicherweise annahm, die
Schlachten der Gerechtigkeit würden nicht vor Gericht, sondern vor
allem auf dem politischen Kampffeld geschlagen? Welch fataler Irrtum!

Es geht nicht nur um Geld oder Umverteilung und auch nicht um neue Paragraphen auf dem Papier. Es geht um das konkrete Recht derer, die ihr Recht suchend von der Arroganz und Ignoranz bei Gericht zurückgestoßen und zwischen den Zeilen der geschriebenen Gesetze »erledigt« werden.

»Jedem das Seine« (»suum cuique«) ist der Elementarsatz der Gerechtigkeitslehre. Recht ist kein Almosen, sondern »Eigentum« eines jeden Bürgers. Und »jedem« Bürger steht »das Seine« zu, er ist Inhaber von Rechten und als solcher zu achten.

Warum dieses Buch?

Das Buch entstand aus Beleidigung. Ich gebe es zu. Meine Betroffenheit, hervorgerufen durch Demütigung von Menschen, die ich gut kenne, ist größer als die Hemmung, mich an die Arbeit in einem Gebiet zu machen, in dem ich Dilettant bin. Von Justiz verstehe ich zwischen wenig und nichts. Der Dilettant ist Spezialist fürs Generelle. Vielleicht sind jetzt nicht juristische Spitzfindigkeiten gefragt, sondern eine fundamentale Nachfrage nach dem Zustand der Rechtsprechung und allem, was dazugehört.

Mein hessischer Landsmann Johann Wolfgang von Goethe gab mir den Mut, das Wagnis auf mich zu nehmen, mich als Dilettant in die Schlacht mit den Profis der Justiz zu begeben. Goethe bewunderte die Dilettanten als Liebhaber des Wichtigen. Ein guter Dilettant will sich von Nebensächlichkeiten nicht ablenken lassen.

In dem Gespräch mit Eckermann vom 21. Januar 1829 pries der Dichterfürst den Vorteil, den Dilettanten der Wissenschaft bringen: »Männer vom Fach müssen sich um Vollständigkeit bemühen und deshalb den weiten Kreis in seiner Breite durchforschen, dem Liebhaber dagegen ist darum zu tun, durch das Einzelne durchzukommen und einen Hochpunkt zu erreichen, von woher ihm die Übersicht wohl nicht des Ganzen, doch des Meisten gelingen könnte.«

So einen »Hochpunkt« zu erreichen war mein dilettantisches Ziel. Er sollte mir die Übersicht geben über das »Meiste«: Was ich einst für Einzelfälle hielt, sind viele Fälle. Was ich als Ausnahme ansah, entpuppt sich als das »Meiste«.

Der Dilettant ist ein Mensch, der den Wald sieht. Der Fachmann sieht vor allem die Bäume. Während die professionellen Rechtskundigen die Paragraphen und ihre Anwendung studieren, versucht der Dilettant zu klären, welchen Sinn das Ganze hat.

Ich stelle mir vor, dass die Untersuchung von Kafkas Roman *Der Prozess* durch einen Juristen eine Sammlung von Rechts- und Regelverstößen ergeben könnte, sollte er keinen Abstand zu seinem eigenen Gewerbe haben. Der juristische Laie als Leser hingegen erliegt mangels Fachwissen nicht der Versuchung, sich in Details zu verlieren, und entschlüsselt unmittelbar den Sinn des Werks. Er interpretiert den Roman als Darstellung einer absurden Welt, in der sich der Mensch hilflos und entfremdet fühlt. Er erkennt mit Kafka die Sinnlosigkeit eines absurden Rechtsbetriebs.

Nur wer den Sinn sucht, kann den Unsinn entdecken. Mich, den Dilettanten des juristischen Gewerbes, ergreift die Sinnlosigkeit, die sich in Kafkas *Der Prozess* offenbart und die ich auch im »wahren Leben« hinter Ritualen, Raffinesse und Routine der Rechtspflege entdecke.

Meine Gespräche und Recherchen haben mich in ein mir bis dahin unbekanntes Gelände geführt, in das Familien-, Scheidungs- und Unterhaltsrecht, also dorthin, wo nach meiner Beobachtung das Recht diesen Namen nicht mehr verdient.

Wie soll den Frauen, die mir von ihren Erfahrungen von Familiengerichten berichten, etwas vom Sinn der Veranstaltungen klar geworden sein? Sie wurden von Rechtsprofis drangsaliert. Diese zelebrierten ihre juristische Überlegenheit, um sich der Not der Bedrängten durch eine unverständliche Sprache und ihr wichtigtuerisches Gehabe zu entledigen. Diese Frauen, die sich gedemütigt fühlen, sind frei von jeder Kenntnis juristischer Terminologie und ungeübt in Gepflogenheiten des juristischen Betriebes. Wie Josef K. in Kafkas *Prozess* verstehen sie die Welt nicht mehr. Dass ihnen Unrecht geschieht, wissen sie allerdings sehr genau und präziser als ihre Richter und Anwälte.

Es dämmerte diesen Frauen nicht sofort, aber doch nach einiger Zeit, dass sie unentwegt über den Tisch der Gerichte gezogen wurden und zwar mit allen Mitteln und Tricks der Rechtspflege. Es beschlich sie die Erkenntnis, zu der Josef K. bis zum Schluss nicht gelangte: Die Willkür hat kein System, sie ist unbegreiflich und sie ist prinzipiell ohne Rechtfertigungsbedarf. Wenn der Sinn des Rechts abhandengekommen ist, sind wir alle potentielle Angeklagte im *Prozess*, den Franz Kafka beschrieben hat.

Ich bleibe Dilettant auch in diesem Buch, und die gescheiten Rechtskundigen werden mich mit Sicherheit vieler Fehler überführen. In der

Achtung für das Recht der Beschädigten der Justiz werden mich die Rechtsprofis allerdings nicht übertreffen.

Ich habe respektable Richter und ehrenwerte Rechtsanwälte kennengelernt. Aber auch Typen, von denen ich niemals angenommen hätte, dass die es in die Höhen des Rechtswesens schaffen könnten und sich sogar zu Repräsentanten der Anwaltschaft aufschwingen dürfen. »Der Fisch stinkt vom Kopf«, weiß der Volksmund. Ich meine, die »anständigen« Anwälte sollten mehr darauf achten, wer sie repräsentiert.

Der Autismus der dritten Gewalt

Meine Zweifel an der dritten Gewalt sind im Laufe meiner Recherchen gewachsen. Die dritte Gewalt schickt sich an, Staat im Staate zu werden. Die Jurisdiktion scheint niemandem rechenschaftspflichtig zu sein außer sich selbst, und so schmort sie im eigenen Saft vor sich hin. Ich bezweifle nicht die unverzichtbare Funktion der Unabhängigkeit der dritten Gewalt. Aber ich beklage ihre Selbstgefälligkeit, mit der sie jedwede Kritik als Angriff auf ihre Unabhängigkeit abschmettert. Richter und Rechtsanwälte sind die letzten Berufe, die für sich eine Art Berührungstabu beanspruchen. Sie sind wie Brahmanen, die in einem westlichen Exil ihr Kastensystem aufrichten und damit den demokratischen Rechtsstaat unterwandern.

Die Verwechslung von Intransparenz und Unabhängigkeit

Der Elementarfehler, der sich im Imperium der dritten Gewalt ausbreitet, ist die Verwechslung von Intransparenz mit Unabhängigkeit. Die Schweigepflicht der Anwälte und die Nichtöffentlichkeit von Gerichtsverhandlungen dienen keineswegs immer nur dem Schutz der Rechtsuchenden, sondern sind auch für viele Richter und Anwälte ein Freibrief, ohne Rechtfertigungspflichten schalten und walten zu können, wie es ihnen in den Kram passt.

Die Grenzen der Schweigepflicht müssen neu justiert werden. Wer dem Einspruch der öffentlichen Meinung entzogen ist, der muss mit alternativen Interventionsmöglichkeiten rechnen. Je weniger Öffentlichkeit, umso mehr interne, kontrollierte Verantwortung tut Not.

Die offene Gesellschaft verträgt prinzipiell keine toten Winkel, in die weder das Licht der Öffentlichkeit leuchtet noch Kontrolle Macht ausbalanciert. Jede »Macht« muss durch Gegenmacht gebändigt werden, und jeder Machthaber bedarf der Opposition.

Öffentliche Meinung als Machtkontrolle

Im Nachhinein entdecke ich die wirkliche Bedeutung, welche die öffentliche Meinung in der Disziplinierung der Arroganz der Mächtigen spielt. Oft habe ich mich über die Leichtfertigkeit der journalistischen Kritik entrüstet, und ich habe mich prophylaktisch vor ihr in Acht genommen. Und das war für beide Seiten gut. Muss ein Richter die Zeitung, das Radio oder das Fernsehen fürchten? Kein Richter und selten ein Anwalt muss vor öffentlicher Kritik zittern, die jeden Politiker zur Rechtfertigung zwingt. Hinter dem Schutz der Nichtöffentlichkeit versteckt sich auch eine gute Portion bequemer Diskussionsverweigerung. Die Bequemlichkeit, die als Versuchung in die Unabhängigkeit der Richter nolens volens eingebaut ist, muss aufgestöbert und aufgelöst werden, ohne die Unabhängigkeit aufzugeben.

Öffentliche Diskussionen können ein Mittel gegen die Abgehobenheit der Gerichte sein. Mehr Öffentlichkeit darf allerdings nicht zu »Volksgerichten« führen, die oft nur das Echo der öffentlichen Stimmung und derer waren, die sie erzeugten. Richter müssen auch weiterhin nach Gesetzeslage und nicht auf Zuruf entscheiden. Im Rahmen ihrer gesetzlichen Pflichterfüllung sind sie unabsetzbar, aber dennoch dürfen sie nicht rechtfertigungsfrei sein. Ebenso gilt, dass Opferschutz und Verhinderung von Vorverurteilungen nicht durch Öffentlichkeit weggewischt werden dürfen.

Ein Richter ist nicht die Prinzessin auf der Erbse, sondern ein im Zweifel sturmumtoster Leuchtturm. Aber Stürme sollte er schon aushalten können.

Modernes Scheidungsrecht

Meine überraschende Begegnung aus der Zuschauerperspektive mit dem Scheidungsrecht war für mich überaus befremdlich. Ich fand mich in einem großen Gehege mit eigenem Gehabe wieder, das den öffentlichen Blicken entweder entzogen oder von diesen unbeachtet ist. Das Familienrecht scheint mir ein extrem heruntergewirtschafteter Sektor des Rechtsstaates zu sein. »Heruntergewirtschaftet« im wahren Sinn des Wortes: Recht wird Wirtschaft. Zu guter Letzt ist alles eine monetäre Frage. Das Scheidungsrecht folgt dem Trend der Zeit: Alles wird Wirtschaft, auch die Ehe wird verwirtschaftet.

Von der normativen Idee lebenslanger Verbindlichkeit der Ehe und Familie sind nur noch Relikte sentimentaler Treueerinnerungen übrig geblieben. Die Hauptsache der Eheabwicklung, die das Scheidungsrecht organisiert, sind Geldrechnungen. Moralische Pflichten kennt das moderne Ehe- und Familienrecht nur noch in Spurenelementen.

Dazu haben der Gesetzgeber und das Bundesverfassungsgericht ihre Beiträge geleistet. Artikel 6 des Grundgesetzes, der Ehe und Familie unter den besonderen Schutz stellt und das Erziehungsrecht »zuvörderst« den Eltern zubilligt, erfüllt nur noch die Funktion, die ein Geweih in der Jagdstube besitzt. Es dient der nostalgischen Erinnerung. »Meine« Partei, die CDU, hat bei der Demontage von Ehe und Familie leider Schmiere gestanden und sich bei dieser »Modernisierung« als eine geradezu olympische Partei erwiesen: »Dabei sein ist alles.« Getrieben von einem manischen Anpassungsdruck hat die CDU zu fast allem »Hurra!« gerufen, was als modern daherkam.

Die sprachliche Mimikry

Bereits die Sprache des neuen Familienrechts offenbart die Verlegenheit seiner Reformer. Aus »Urteil« wird »Beschluss«, aus »Kläger und Klägerin« werden »Beteiligte« – die Tragik einer Trennung wird begrifflich weichgespült.

Das Familienrecht verzichtet vorerst noch nicht darauf, dass die Elternschaft aus Mann und Frau besteht, aber vorauseilend werden in der Familienpädagogik die schönen alten Namen »Mama« und »Papa« – Mutter und Vater – durch das glattgebürstete Wort »Bezugspersonen« ersetzt und gleichgestellt. Welcher Verlust an Weltzugang durch sprachliche Nivellierung! Man stelle sich das alte Kinderlied »Schlaf, Kindlein, schlaf …« in neuer Fassung vor: »… deine Bezugsperson hütet die Schaf …«

Normen weichen auf und die Sprache reagiert darauf adäquat mit terminologischem Sprachbrei. Wenn die Wirklichkeit Schwierigkeiten

macht, wird sie hinter neuen Bezeichnungen versteckt. Die Veränderung der Worte ersetzt die Auseinandersetzung mit den Sachen.
»Name bekannt – Problem gebannt«. Der Zauber funktioniert aber nur
im Märchen wie dem vom Rumpelstilzchen.

Die terminologische Kreativität ist Ausdruck einer realen Verlegenheit. Die alten Begriffe »Ehe« und »Familie« definierten normative Re-
alitäten und gaben somit Halt und Orientierung. Die neuen Titel »Lebenspartnerschaft« für Ehe und »Bezugspersonen« für Eltern sind
Abstraktionen ohne Verbindlichkeit. Und die Substanzentleerung der
Begriffe schafft wiederum Freiräume für die Manipulation der Wirklichkeit.

Das Recht und die Leute, die es managen, ihre normative Spezial-
sprache und vor allem die bequeme Behausung ihrer Überheblichkeit
zerstören mehr soziale Chancen, als wir in der Sozialpolitik eröffnen
können.

Ich entdeckte, dass ich meine alten sozialpolitischen Kämpfe über-
schätzt und die Bedeutung von Paragraphen überbewertet habe. Die
Schlacht um die Anerkennung der »kleinen Leute« wird im Unterholz
des Rechtsstaates geschlagen. Dort, wo die Gesetze angewandt werden und öffentliche Aufmerksamkeit nie oder selten hinleuchtet.

Teil I
Einblicke, Ein- und Aussichten: Nachrichten aus dem Innenleben des Rechtsstaates

Richter, Rechtsanwälte und »Gehenkte«

»Eine kinderfickende Sekte« darf die katholische Kirche genannt werden. Die Bezeichnung »kinderfickende Sekte« sei nicht geeignet, den »öffentlichen Frieden« zu stören, so das Urteil des Amtsgerichts Berlin-Tiergarten vom Februar 2012.

Würde ich Richter als »mafiose Bande« titulieren, hätte ich für diese Unverschämtheit ganz schnell und zu Recht den Strafrichter am Hals.

Auch wenn der Vergleich juristisch hinkt, möchte ich an dieser Stelle eines beklagen: Der Sturm der Meinungsfreiheit weht, wo er will, aber leider nicht um den elfenbeinernen Turm des Richters. Wer dennoch versucht, die Roben von Richtern und Rechtsanwälten zu lüften, bekommt es mit dem Vorwurf der Nötigung zu tun, und der ist strafbar. Man kann buchstäblich Gott und die Welt beschimpfen ohne Gefahr für den »öffentlichen Frieden«. Ein böses Wort über Richter aber kommt einer Majestätsbeleidigung gleich.

Allein Richter und Rechtsanwälte beanspruchen für sich »Unangreifbarkeit«. Selbst der »unfehlbare« Papst ist öffentlichen Angriffen ausgesetzt; ein Bundespräsident musste sich einem Heer von wissbegierigen, wieselflinken Staatsanwälten stellen wegen einer unbezahlten Übernachtung bei einem Freund; die Königin von England kam ins Trudeln und schrammte am Rücktritt vorbei, als sie den Tod Dianas nicht gebührend betrauerte. Nichts und niemand ist vor Kritik geschützt. Nur Richter und Rechtsanwälte empfinden Angriffe als Zumutung, die bestraft gehören.

Rücktritt, Amtsenthebung, öffentliche Schelte? Derlei Sanktionen haben deutsche Richter praktisch nie zu befürchten.

Seltener als ein Blitzschlag

Klagen gegen Richter sind eine Rarität. Dienstaufsicht spielt für sie eine kaum spürbare Rolle, sie ist nur im Falle »offensichtlich fehlerhafter Amtsausübung« zulässig. Mit dem Gericht kommen Richter, wenn es um sie selbst geht, so gut wie nie in Berührung. Beruhigend erklärte der Vorsitzende Richter beim Oberlandesgericht Oldenburg, Felix Merth, der dort auch noch Personalreferent war, seinen Kollegen beim Kamingespräch: »Sich nach unserem besonderen Amtsdelikt, der Rechtsbeugung, strafbar zu machen, ist angesichts der restriktiven Rechtsprechung des Bundesgerichtshofs kaum mehr möglich und verlangt jedenfalls einige Anstrengung und Ungeschicklichkeit«. Zusätzlich fügt der Oberlandesgerichts-Personalreferent noch hinzu, dass bei Verletzung einer Amtspflicht der Richter nur für den entstehenden Schaden verantwortlich ist, wenn die Pflichtverletzung in einer Straftat besteht. (*NRV Magazin Schleswig-Holstein* 12, 2012, S. 17)

Einmal Richter, immer Richter. Das gilt de facto bereits für die Probezeit. Der Richter auf Probe kann zwar theoretisch noch entlassen werden. Aber: »Eine solche Entlassung kommt jedenfalls in Schleswig-Holstein so selten vor, dass sie eher einen Blitzschlag fürchten müssen.« (Felix Merth)

Zu einer Richterentlassung kommt es in Deutschland demnach mit einer Wahrscheinlichkeit von circa 10 zu 80 Millionen. Selbst als – wie geschehen – ein Oberlandesgericht sehenden Auges mit seinem Urteil gegen Recht und Gesetz verstieß und das Verfassungsgericht dies sodann als eine »willkürliche Entscheidung« bezeichnete, passierte den Richtern nichts. Die vom Staatsanwalt von Naumburg beantragte Eröffnung eines Strafverfahrens wurde abgelehnt, weil angesichts des Beratungsgeheimnisses bei Zusammenwirken von drei Richtern nicht geklärt werden konnte, ob alle drei Richter die inkriminierte »willkürliche Entscheidung« getroffen hätten.

Diese ablehnende Entscheidung traf dasselbe Oberlandesgericht Naumburg, das Gericht, an dem die mutmaßliche Rechtsbeugung begangen worden war. Hat irgendwer irgendwo dabei oder danach auch nur ein laues Lüftchen der öffentlichen Verwunderung darüber gespürt? Vergleichbares hätte in der Politik einen Orkan der Windstärke elf ausgelöst.

Kollegialität und Verschwiegenheit

Nach der Logik des Oberlandesgerichts Naumburg können Mitglieder eines Kollegialgerichts nur dann wegen Rechtsbeugung angeklagt werden, wenn ihr Fehlurteil einstimmig ausfiel. Nur der Einzelrichter lebt also gefährlich. Er muss für sein Urteil allein geradestehen. Im Kollektiv dagegen sind Richter offenbar vor allen »Nachstellungen« gefeit. Denn Mehrheitsentscheidungen sind wegen des Beratungsgeheimnisses den beteiligten Richtern nicht zurechenbar. Das Beratungsgeheimnis schützt vor Strafe.

Darf ein kollegialer Banküberfall mit der gleichen Logik rechnen?

Das Landgericht Regensburg lehnte die Wiederaufnahme des Prozesses gegen Gustl Mollath ab, obwohl es massive Verfahrensfehler festgestellt hatte. Aber diese seien nicht mit Absicht geschehen, war die Begründung. Wenn also Richter ohne Absicht Fehler machen, sind es keine Fehler. Fazit: Für eine kostensparende Justiz gilt: Stellt Dummköpfe als Richter ein! Das senkt die Revisionsgefahren. Denn Dummköpfe machen ihre Fehler erfahrungsgemäß meist ohne Absicht. Dem gesunden Menschenverstand mutet die Justiz erstaunliche Gedankenverrenkungen zu.

In einem anderen Fall wurde eine Anzeige gegen die Familienrichterin Ulrike Hahn wegen vorsätzlicher Rechtsbeugung von der Generalstaatsanwaltschaft abgelehnt. Dabei wurde eingeräumt, dass »die Richterin möglicherweise zeitweise verwirrt, arbeitsüberlastet oder vergesslich« war – aber keineswegs vorsätzlich gehandelt habe. Verwirrung reicht unter Umständen für Führerscheinentzug. Die Urteilsfähigkeit deutscher Richter wird durch Verwirrung nicht tangiert.

Mollath als Paradefall

Das Bundesverfassungsgericht hat den Gerichten, die Mollaths Fall behandeln, ein vernichtendes Zeugnis ausgestellt: Sitzenbleiben! Karlsruhe rügt die Gerichte wegen Fehlern, von denen jedermann weiß, dass sie Vergehen gegen Selbstverständlichkeiten des Rechts sind. Es bedarf nicht des mehrjährigen Studiums der Jurisprudenz, es genügt das alltägliche Normalwissen, um den Eklat zu erkennen.

Sieben Jahre war Mollath auf Gerichtsbeschluss in ein psychiatrisches Krankenhaus eingesperrt. Seine Richter haben Entlastungsargumente durch das Sieb ihrer Aufmerksamkeit fallen lassen. Seine Beschwerde, dass er beim Hofgang nicht nur Handfesseln, sondern auch die schmerzhaften Fußfesseln tragen musste, wurde einfach nicht beschieden.

Das ist gerichtliche Freiheitsberaubung, ohne dass der »Beraubte« sich wehren konnte oder auch nur zu Wort gekommen wäre. Mollath war wie von einer Schallschluckmauer umgeben. Kein Wort drang nach außen. Kein Richter hörte ihn. Sind Richter taub? Können sich Gerichte tot stellen?

Das Fehlurteil ist ein Skandal. Noch skandalöser ist die Art, wie es zustande kam. Zehn Punkte führte Mollaths Verteidiger Gerhard Strate auf, die das Versagen des Gerichts belegen. Der wichtigste war, dass Gustl Mollath während des gesamten Verfahrens unverteidigt war. Springt man so mit einem Menschenleben um?

Die niedere Art der hohen Gerichte

Dass Mollaths Verfahren jetzt wieder in Gang kam, verdankte er dem Fehler, dass die Unterschrift für ein Attest, mit dem Verletzungen bestätigt wurden, die er angeblich seiner Ehefrau zugefügt hatte, auf falschem Briefpapier gestanden hatte. So sieht ein Rückzug des hohen Gerichts aus: Man mogelt sich aus der Verlegenheit, einen kapitalen Bock geschossen zu haben, indem man auf Lappalien ausweicht.

Wie ist die Einweisung in die Psychiatrie zustande gekommen? Das ist die entscheidende Frage und nicht, auf welchem Papier … Bloß keinen Fehler zugeben, und wenn doch, dann nur den allerkleinsten!

Wie mit Gustl Mollath umgesprungen wurde, zeugt von der erschreckenden Leichtfertigkeit, mit der Gerichte mit Lebensschicksalen umgehen. Unschuldige Menschen verschwinden auf Nimmerwiedersehen in der Psychiatrie, und niemand nimmt Notiz davon.

Es geschehen noch Wunder: Gustl Mollath verlässt nach mehr als sieben Jahren als freier Mann das Gericht. Seine ehemaligen Richter müssten sich eigentlich schämen.

Psychiatrie – Dunkelkammer der Rechtspflege?

Die Psychiatrie entwickelt sich zu einem Seitenarm der Rechtspflege mit wachsender Bedeutung. Die Zahl der Unterbringungen in psychiatrischen Einrichtungen stieg in den alten Bundesländern von 1996 bis 2012 von 3 000 auf 6 750. Jede Zahl steht für einen Menschen.

In die Entscheidung über die zwangsweise Unterbringung fließen nicht nur rechtliche Argumente ein, sondern vor allem medizinische Erwägungen. Gutachten sind zwar keine Verurteilungen. Sie nehmen jedoch in manchen gerichtlichen Fällen diese vorweg. Es muss mehr Schutz vor Falschgutachten geben. Deshalb darf es kein Gutachten ohne ein zweites geben. Außerdem sollte die gutachterliche Prüfung der weiteren Vollstreckung der Unterbringung nicht von demselben Gutachter vorgenommen werden, der die Ersteinweisung angeregt hat. Dazu kommt, dass viele Gutachter auch nach Jahren ihre vorangegangene Begründung nicht gerne revidieren. Es ist oftmals ihre Eitelkeit, die sie daran hindert, eine Veränderung des zu Begutachtenden als solche zu attestieren.

Die rechtspflegerische Standesgesellschaft

Mir scheint, Bürger und Richter trennen auch heute noch Welten, genau wie in der alten, längst überwunden geglaubten Standesgesellschaft. Damals legten sich nur Verrückte, Außenseiter oder Liebhaber des Martyriums mit dem Standesherrn an – Helden des Widerstands, von heute aus betrachtet.

Zwar leben wir im 21. Jahrhundert Gott sei Dank nicht mehr in dem Glauben, dass die Obrigkeit über alle Zweifel erhaben und zudem noch unangreifbar sei. Aber wir haben uns immer noch nicht von unseren unterwürfigen Gewohnheiten befreit und scheuen uns nach wie vor, offen und selbstbewusst Kritik zu üben an Vertretern der Obrigkeit, allen voran den Richtern. Uns ernsthaft mit einem Richter anzulegen, erscheint uns unerhört, und wir haben schon resigniert, bevor wir überhaupt anfangen, darüber nachzudenken, uns zu wehren. Denn wir ahnen, dass die Erfolgsaussichten eines sterblichen Menschen, strafrechtlich gegen einen Richter vorzugehen, in etwa den früheren Gewinnchancen der Klage eines Landarbeiters gegen seinen Gutsherrn entsprechen, als dieser noch das »Recht der ersten Nacht« hatte. Und damit liegen wir – leider – richtig.

Die Wand, gegen die man rennt

Unschöne Erfahrungen mit der erlauchten Selbstherrlichkeit der Gerichte machte vor Jahren ein Recht suchender Ingenieur aus Reutlingen. Das Landesarbeitsgericht hatte die Mobbing-Klage gegen seinen Arbeitgeber schroff abgewiesen, obwohl die Beweisaufnahme in erster Instanz schlampig, die Behandlung arrogant und die dem Urteil zugrunde liegenden Fakten manipulativ frisiert waren. Der Mann verfiel in eine tiefe Depression.

Doch dann erwachte ein neuer Kampfeswille in dem jungen Mann. Er gab nicht auf. Mit Hilfe eines erfahrenen Rechtsanwalts erarbeitete er eine Strafanzeige, die 500 Seiten umfasste. Er legte der Anzeige auch ein Protokoll bei, welches die offensichtlichen Fehler der Verhandlung und die Diskrepanz des Sachverhaltes zum Urteil belegte.

Gottes Mühlen mahlen langsam, sagt der Volksmund. Den Mühlrädern der Gerichte sagt man ein vergleichbares Tempo nach. In diesem Fall jedoch ging es um das Getreide eines Richters. Schneller als der Müller mahlt und die Preußen schießen, lag die Antwort vor. Schon vier Tage nach Absendung kam der Brief vom Oberstaatsanwalt. Die Anzeige werde keine Folgen haben, da keine Anhaltspunkte für strafbare Handlungen vorlägen, war der kurz gefasste Inhalt der ablehnenden Entscheidung.

Der Oberstaatsanwalt war offenbar ein Turbo-Leser. Wofür seine anwaltlichen Arbeitskollegen Monate brauchen, benötigte er nur wenige Stunden. Es handelte sich wohlgemerkt um 500 eng bedruckte DIN-A-4-Seiten. Wenn es den »eigenen Laden« betrifft, dann arbeitet die Rechtspflege plötzlich auf Hochtouren.

Die Wand ist stärker

Unser auf diese Weise »abgeschmierter« Rechtsuchender gab immer noch nicht klein bei. Er legte Beschwerde wegen Nichtaufnahme von Ermittlung ein. Entschieden hat die Generalstaatsanwaltschaft, die mit dem Fall befasst war. Was dabei herauskam, ist nicht schwer zu erraten: Abgelehnt! Basta. Der Herr Generalstaatsanwalt beschmutzt schließlich nicht das eigene Nest.

Die Kompetenzverteilung innerhalb des Gerichtswesens ist vergleichbar mit der Befugnis eines Torwarts, der entscheiden soll, ob ein

Ball über der Torlinie war. Das Resümee des Klägers war jedenfalls: Mit dem Recht gegen Richter ist es so aussichtslos wie mit dem Kopf gegen die Wand.

Blitzschnell, langsam oder scheintot

Es gibt mehrere Möglichkeiten, eine Sache ohne zu viel Aufsehen oder gar Belästigung durch das Recht relativ geräuschlos zu »erledigen«. Das blitzschnelle Niederschlagen einer Anzeige ist die eine Variante der Erledigung von Rechtsbegehren. Ihr Effekt liegt in der Überraschung. Die andere, entgegengesetzte Methode zielt auf die Zermürbung des Rechtsuchenden durch ein quälend langsames Verfahren.

Der Fall Mollath zeigte eine dritte, gesteigerte Variante: »Resignation durch Nichtstun«. Weder »zu schnell« noch »zu langsam« agierte dabei der Rechtsstaat, er tat einfach gar nichts. Die Rechtspflege stellte sich tot gegenüber rechtlichen Einwänden und öffentlichen Einwürfen.

Professioneller Zynismus

Weniger rabiat, aber ebenso kaltschnäuzig ist die Erklärung eines Familienrichters, der eine geschiedene Ehefrau über die niedrige Höhe des ihr von ihm zugeteilten Unterhaltsanspruchs damit tröstete, dass sie doch in der Zeit der Trennung auch mit weniger Geld ausgekommen sei, wieso dann nicht mehr nach der Scheidung? »Dann kann es ja so schlimm nicht sein«, meinte er. »Was vor dem Urteil reicht, muss auch nach dem Urteil reichen.« Aber wofür bedürfen wir dann der »Urteile«, wenn lediglich bestätigt wird, womit die klagende Ehefrau vor dem Urteil ausweglos zurechtkommen musste? Der banalisierende richterliche Zynismus verletzte das Rechtsgefühl der Klägerin zutiefst.

Man glaubt es kaum

»Es ist, wie es ist«: Mit dieser Phrase kommt ein fatalistisches Verständnis von der normativen Kraft des Faktischen zum Ausdruck. Sie scheint mir der Leitspruch so mancher Rechtspfleger zu sein, die jede Anstrengung für Gerechtigkeit im Keim ersticken. Ein Anwalt, von dem ich weiß, riet seiner Mandantin von einem Streit über den Versorgungsausgleich ab. »Es macht keinen guten Eindruck vor Gericht«, meinte er, »und bringt nichts oder wenig.« Die arme Klientin stand kurz davor, sich der Weisheit des Anwalts zu fügen, dem sie vertraute. Im letzten Moment stand sie auf und bestand auf Streit. Ergebnis: 50 000 Euro wurden ihr zugesprochen.

Einer anderen Frau empfahl deren Anwältin, »die Männer nicht zu ärgern«. Es ginge um zu wenig. Daher solle sie auf Streit verzichten.

Die Männer, die nicht geärgert werden sollten, waren Richter, Gegenanwalt und der scheidungswillige Ehemann. Wie blöd darf eigentlich ein Rechtsanwaltsargument sein? Gibt es eine Untergrenze?

Ist es Faulheit oder Kumpanei, die die Anwälte vor ihren Pflichten zurückschrecken lassen? Andererseits gibt es auch viele Anwälte, die ihre Berufspflichten vorbildlich erfüllen. Pech für den, der aus dem Lostopf eine Anwaltniete zieht. Leider sind die Verlierer dieser Anwaltslotterie die Schwächeren, nämlich die Klienten, die sich weder im Anwaltsgeschäft auskennen, noch das Geld haben, sich fachlich kompetent beraten zu lassen. Die Beratungen für eine sachgerechte Wahl des Anwalts durch die Kammer sind, was den damit verbundenen Informationswert betrifft, jedenfalls dem Losverfahren vergleichbar.

Der freiste Beruf weit und breit

Richter sind frei wie die Vögel unter Gottes weitem Himmel. Sie sind nur ans Gesetz gebunden. Und wenn sie dies fehlerhaft auslegen, werden sie schlimmstenfalls von den übergeordneten Instanzen zur Korrektur aufgefordert. Das muss sie nicht weiter beunruhigen.

Der Vorsitzende Richter eines Landgerichts fasste seine von keinem Berufungsgericht zu erschütternde Überheblichkeit einmal mit den Sätzen zusammen: »Der Beschluss ist endgültig. Was soll schon passieren? Nun ist keine Beschwerde mehr möglich. Sie können noch zum Bundesgerichtshof gehen, aber dann kommt es ja wieder zu uns zurück!« Recht hat er! Er richtet es schon zurecht, wie er will, und niemand wird ihn daran hindern. Seine Selbstsicherheit entspricht der Rechtslage.

Wird das Urteil an die Vorinstanz zurückverwiesen, wird es in derselben Werkstatt repariert, in der der Fehler gemacht worden war, selbst wenn der Werkstattleiter ein anderer ist. Keine Krähe kratzt einer anderen ein Auge aus. Im Notfall verweigern die Gerügten die

Überprüfung der Urteile mit der Begründung, eine erneute Beweisaufnahme sei nach so langer Zeit »unzumutbar«, wie in vergangener Zeit in Bayern zweimal geschehen.

Ist es Standhaftigkeit oder Rechthaberei, wenn ein Gericht sich von der Zurückweisung seines Urteils durch das übergeordnete Gericht nicht beeindrucken lässt?

Ein wegen Mordes zu 14 Jahren Haft verurteilter Mann focht das Urteil an. Der Bundesgerichtshof hob das Urteil auf und wies es zurück an eine andere Kammer desselben Landgerichts. Dort saß Richter Rosenow und wiederholte das Urteil seines Landgerichtskollegen. Man kann die Wiederholung als einen Ausdruck der Unabhängigkeit des Richters Rosenow schätzen, aber vielleicht auch als eine besondere Art trotziger Eigenwilligkeit, sich auch nicht von oberen Gerichten reinreden zu lassen. (In diesem Fall erlaube ich mir keine Bewertung, sondern lasse sie offen. Rosenow hat in der Sache Wulff ein hohes Maß an Souveränität gegenüber einem übereifrigen Staatsanwalt bewiesen).

Hoeneß: Respekt!

Der Vorsitzende Richter des Landgerichts München II, Rupert Heindl, ist ein Mann, der im Prozess gegen den Präsidenten des FC Bayern, Uli Hoeneß, eine gehörige Portion Standfestigkeit im Getöse des öffentlichen Stammtischs bewiesen hat. »Uli« war sich seiner Sache sicher, noch am Tage zuvor hatte er beim Spitzenspiel der Bayern gegen Arsenal auf der Tribüne der Allianz Arena davon gesprochen: »Alles läuft gut«. So gut lief es dann doch nicht: Drei Jahre und sechs Monate Haft lautete das Urteil. Hoeneß, ein Mann des Anstandes, verzichtete entgegen der Ankündigung seines Staranwalts auf Revision. Das ist gut so. Fehler kann jeder machen. Entscheidend ist, ob er sie einsieht und auch dafür büßt. Hinnahme der Strafe ist Anerkennung der Schuld. So weit – so gut. Deshalb Respekt für Richter und Angeklagten, Heindl und Hoeneß.

Aber war das alles?

»Dennoch bleibt ein schaler Nachgeschmack«, schreibt die *FAZ* am nächsten Tag (14. März 2014). Das Gericht hat überraschend schnell in einem bis dahin nicht bekannten Tempo entschieden. Während es Hoeneß viel Zeit zur Prozessvorbereitung gelassen hatte, war es plötzlich von Hast getrieben. So blieben wichtige Fragen auf der Strecke. Warum kam Adidas bei einem Ausrüstungsvertrag zum Zug, obwohl Konkurrenten ein günstigeres Angebot vorgelegt hatten? Der US-Konzern Nike soll mitgeboten haben (*Süddeutsche Zeitung* am 17. März 2014). Besteht ein Zusammenhang zwischen dem Geld, das der damalige Adidas-Chef Robert Louis Dreyfuß für die Zockerbedürfnisse von Hoeneß als Startkapital zur Verfügung gestellt hatte, und dem Zuschlag für den Ausrüstungsvertrag? 20 Millionen DM soll damals der Adidas-Chef für das Schweizer Zockerkonto zur Verfügung gestellt haben. Die Geldbeträge sind kein Trinkgeld und Hoeneß' Steuersünde kein Taschengeld.

Warum hat Hoeneß die letzten Finanzunterlagen erst 14 Tage vor Prozessbeginn geliefert? 70 000 Dokumente befanden sich nach Angaben des Schweizer Wirtschaftsmagazins *Bilanz* schon viel früher als kurz vor Prozessbeginn in Hoeneß' Besitz. 28,5 Millionen Euro betrug die Summe der Steuerhinterziehung. Das war das letzte Angebot, auf das die Verteidigung von Hoeneß eingegangen war, nachdem sie mit etwas über drei Millionen begonnen hatte. Die Zeugin der Steuerbehörde hat 27,2 Millionen als Betrag beziffert, um den es geht. Zwischendurch hatte Hoeneß bereits auf 18 Millionen aufgestockt. Der Richter selbst hat noch eine Million auf die Angabe der Steuerbehörde draufgeschlagen, weil diese den Solidaritätszuschlag vergessen hatte. Die bunte Zahlenreihe wirkte locker improvisiert und ähnelte in ihrer Progression dem Verfahren einer Versteigerung: 3, 18, 27, 28 Millionen – wer bietet mehr?

Die Staatsanwaltschaft jedenfalls bedurfte trotz offener Fragen wenig Zeit, um sich dem Verzicht auf Revision von Hoeneß anzuschließen.

»Erfahrene Strafverteidiger gehen davon aus, dass dies vorab zwischen beiden Seiten verabredet war«, schreibt die *FAZ* am 25. März 2014 und beruft sich auf Anwaltskreise.

Ist mein Jubel über die Standfestigkeit des Gerichts im Falle Hoeneß möglicherweise nur meiner amateurhaften Gutgläubigkeit geschuldet? Schade!

Die sorglose Unabhängigkeit

Es gibt keinen Beruf, in dem die Arbeit so unabhängig organisiert wird, in dem Zeit-Management so stark selbstbestimmt ist wie in dem des

Richterberufs. Der »Dienstplan« des Papstes ist fremdbestimmter als die Anwesenheitspflichten eines Richters.

Der Grund für die Richterprivilegien liegt in der Unabhängigkeit der dritten Gewalt, die zur Urausstattung der freiheitlichen Gewaltenteilung gehört. Die Gewaltenteilung ist ein Grundstein des freiheitlichen Staates. Die gewaltenteilende Unabhängigkeit wird von niemandem in Frage gestellt. Doch gehören zu dieser elementaren Unabhängigkeit zwangsläufig auch die Unkritisierbarkeit und der amtliche Verzicht auf Rechtfertigung? Bedeutet Unabhängigkeit »Unangreifbarkeit«?

Die mythischen Quellen der Unabhängigkeit

Schwingen in der devoten Formulierung, dass das Recht den Richtern »anvertraut« ist, gar unausgesprochene Reminiszenzen an vorrechtliche Zeiten mit, als Richter in magischen Zonen, von Tabus geschützt, agierten und der Beruf des Richters noch in symbiotischer Einheit mit dem des Priesters verschmolzen war? Waren nicht damals Urteile allesamt Gottesurteile? Sind etwa die letzten Götter der säkularisierten Gesellschaft gar nicht die als »Götter in Weiß« ironisierten Ärzte, sondern die »richterlichen Götter« in feierlichen Roben, die wir wie Untertanen »anbeten«?

Ärzte und Richter sind scheinbar die letzten beiden Berufe, die nie einen Fehler machen. Und wenn sie ihn machen, ihn nie zugeben. Denn nur so gelten sie als »göttlich«.

Bei der Berufsgruppe der Politiker gilt das Gegenteil. Sie machen angeblich nur Fehler. Und wenn sie keine machen, müssen sie dennoch so tun, als hätten sie Fehler gemacht. Denn nur wer sich fortwährend entschuldigt, ob mit oder ohne Grund, gilt als sensibel. Sensibilität erfüllt bei Politikern die gleiche Funktion wie die Selbstherrlichkeit bei Richtern. Beide »Tugenden« erheben ihre berufstypischen Träger. Glaubwürdig soll ein Politiker sein. Dabei ist Glaubwürdigkeit ein subjektiver Wirkungsbegriff, der im Unterschied zur Wahrhaftigkeit gar nicht objektiv begründet sein muss. Aber selbst diese Bedingung des Anscheins entfällt für die Akzeptanz des Richterstandes.

Richter und Politiker leben scheinbar auf verschiedenen Sternen. Hochmut und gespielte Unterwürfigkeit sind offenbar professionelle Deformationen, unter denen beide leiden.

Woher stammt die hoheitliche Distanz, aus der sich die richterliche Unabhängigkeit speist? Wenn die Unabhängigkeit der Judikative aus dunklen Quellen schöpfte, geriete sie leicht in einen Gegensatz zur aufklärerischen Tradition, aus der die Idee der Gewaltenteilung stammt. Die Unabhängigkeit der dritten Gewalt hat eine glasklare, rationale Funktion. Diese schützt uns davor, dass keine der drei Gewalten – Legislative, Exekutive, Judikative – »übermütig« wird. Jede der drei Gewalten wird in Schranken gewiesen. Das ist eine ganz und gar säkulare Aufgabe.

Der Richter als Prinzessin auf der Erbse

Wohin eine berufsbedingte Überheblichkeit führen kann, machte uns Richter Götzl zu Beginn des Münchener NSU-Prozesses vor. Die Kritik an seinem dilettantischen Verfahren bei der Vergabe der journalistischen Beobachterplätze, bei dem er sowohl im ersten wie im zweiten Anlauf jedes Gespür für Verhältnismäßigkeit fehlen ließ, konterte er mit der von Selbstmitleid triefenden Bemerkung, das Gericht sei Angriffen ausgesetzt, »die in der deutschen Geschichte ohne Beispiel« seien. Dem Manne muss geholfen werden! Er kennt die Gerichtskatastrophen der deutschen Geschichte nicht. Dabei gilt Richter Götzl unter sogenannten Insidern als »brillant«. »Er bohrt tiefer, als es sonst allgemein üblich ist«, bewunderte ihn einer aus seiner Branche. Zu seiner vergangenen Brillanz gehörte, dass er einen Gutachter, der einen Schluck Wasser während eines langen Vortrags zu sich nehmen wollte, anblaffte, er solle gefälligst eine Pause beantragen, wenn er Durst habe. Einen Staatsanwalt ließ er wegen eines flüchtigen Vortragsfehlers den langen Vortrag wiederholen.

Die Waage in der Hand der Dame Justitia erinnert nicht nur an die richterliche Kunst des Abwägens, sondern auch an die Proportionalität der Gewichte, die in die Waagschalen des Pro und Contra gelegt werden, also an die Verhältnismäßigkeit des Für und Wider. Augenmaß ist der richterliche Ausdruck für Verhältnismäßigkeit.

Im Namen des Volkes über dem Volk?

Kann es sein, dass die kleinen Skurrilitäten des Richters Götzl mehr als nur beiläufige Marotten sind? Kann es vielleicht auch sein, dass sie Ausdruck jener berufsbedingten Überheblichkeit sind, die Richter vergessen lassen, dass sie ihre Urteile im Namen des Volkes fällen, was nicht nur eine gewisse sprachliche Nähe zu ihrem Arbeitgeber, nämlich dem Volk, nahelegt, sondern auch alltagsverträgliche Umgangsformen?

Die Verwechslung von Unabhängigkeit mit Rechtfertigungsfreiheit befördert möglicherweise eine strukturelle wie professionelle Enthobenheit des Richteramtes, die zu einer Beschädigung der Gewaltenteilung und zudem bei den Amtsträgern zu einer beruflichen Deformation führt, so dass das Recht nur noch unzureichend »gepflegt« werden kann.

Richter ohne Grenzen

Die Überschätzung der Richterfunktion nimmt bisweilen absonderliche Züge an. Der ehemalige Präsident des Bundesgerichtshofes Günter Hirsch verstieg sich zu der Feststellung, dass es bei der gesetzesauslegenden Urteilsfindung, »also nicht darum gehe, was der Gesetzgeber – wer immer das sein mag – beim Erlass eines Gesetzes »gedacht« hat, sondern was er vernünftigerweise gedacht haben sollte«.

Der Richter ist also nicht nur Zensor, sondern auch eine Art von Gouvernante, die es besser weiß als die Abgeordneten des Parlaments, die von ihr erzogen werden.

So nähert sich der Richter dem Beruf des »gesetzgebenden Richters« wie Rupert Scholz kritisch feststellte, und so wird die Unabhängigkeit zu einer Ungebundenheit vom Recht, die nicht nur Recht auslegt, sondern erst schafft, was sie dann auslegt. Dadurch wird das Verhältnis von Auszulegendem und Auslegung so auf den Kopf gestellt, wie dies bei einer Verwechslung von Ursache und Wirkung geschieht. Die angemaßte Autarkie ist bei Licht betrachtet nicht so selbstgenügsam, wie sie heuchelt. Bundesrichter halten hochdotierte Vorträge vor potentiellen »Kunden« und gewähren so Beratungshilfe, wie man im Gericht am besten davonkommt. Das gleicht dem Verhalten eines Verkehrspolizisten, der Ratschläge gibt, wie man der Radarkontrolle entkommt. Als der Ex-Finanzminister Peer Steinbrück Referate vor Bankleuten hielt, geriet die Republik in politisches Jagdfieber. Die Vorträge von Bundesrichtern sind konsequenzenreicher, aber merkwürdigerweise erregungsärmer. Wieso? Weil Richter etwas Besonderes und deshalb über die Versuchungen des Geldes erhaben sind?

Fehlurteile naturbedingt?

Fehlurteile, die stadt- und bildzeitungsbekannte Promis betreffen, erregen die Leute. Wer aber kümmert sich um den »unbekannten Angeklagten«, der von der Justiz erledigt wird? Mancher verschwindet, ohne dass es jemand bemerkt. Andere werden zufällig als »lebende Leichen« des Justizsystems entdeckt. Sie haben »Glück«, sie erhalten eine Haftentschädigung. Wie viel Geld kostet ein gestohlenes Leben? Kann der Verlust von Freiheit entschädigt werden? Und selbst dieses Almosen der Haftentschädigung erreicht den zu Unrecht Verurteilten manchmal zu spät.

Arnold: Es war die Hölle

Horst Arnold, in die Psychiatrie eingewiesen, zu fünf Jahren Haft verurteilt wegen Vergewaltigung einer Lehrerkollegin, erreichte die Wiedergutmachung zu spät. Er fiel mit Herzschlag vom Fahrrad, ein paar Monate nachdem das Fehlurteil revidiert war. Arnold starb verbittert und verarmt, von einem Justizirrtum aus dem Leben geworfen. Er, der einst als Lehrer für Sport und Biologie im Mittelpunkt der Schule stand, Trainer einer Fußballmannschaft war, Besitzer eines properen Eigenheims und eines flotten Cabrios, wohnte nach seiner Entlassung aus dem Gefängnis als Hartz-IV-Empfänger in einer Sozialwohnung. 12 Jahre vorher, im Jahr 2001, hatte ihn der »Blitzschlag« der Justiz getroffen: Morgens um halb vier übergaben ihm zwei Kripobeamte den Haftbefehl wegen schwerer Vergewaltigung. Arnold war sich sicher, es könne sich nur um eine Verwechslung handeln. Ein Jahr später saß er nach nur fünf Verhandlungstagen und trotz verzweifelter Gegenwehr in Haft. Erst zehn Jahre später wurde er wegen erwiesener Unschuld rehabilitiert. Kurz darauf verstarb er. Wer gibt ihm seine geraubte Lebenszeit zurück?

Sexualdelikte versetzen manche Richter offenbar in Schockstarre, die ihre Untersuchungspflichten außer Betrieb setzt. »Opferschutz und Voreingenommenheit führen oft dazu, dass man kritische Fragen unterlässt«, sagt der erfahrene Hamburger Strafverteidiger Johann Schwenn.

Heidi K., die Frau, die Arnold beschuldigt hatte, stand 2013 vor Gericht. Psychologen bescheinigen ihr ein krankhaftes Geltungsbedürfnis. Das hatte sie damals schon und einen Richter, der dies nicht bemerkte oder nicht bemerken wollte. (Ausführlich wird der Fall Arnold geschildert in Thomas Darnstädt: *Der Richter und sein Opfer*, 2013).

Die Richterin, die jetzt Frau K. für fünf Jahre hinter Schloss und Riegel brachte, entschuldigt sich bei Arnolds Mutter für das Fehlurteil, das das Leben ihres Sohnes zerstörte. »Das Urteil bringt mir meinen Sohn nicht zurück«, antwortete die Mutter. Zehn Jahre hatte Arnold auf Gerechtigkeit gewartet. Zehn Jahre, von denen er sagte: »Es war die Hölle.« »Freigelassen« wurde er dennoch nicht von der verpfuschten Vergangenheit. Seinen Beruf als Lehrer konnte er nicht mehr ausüben. Hartz IV und Einsamkeit waren seine letzten Wegbegleiter.

Wiedergutmachung: schäbig!

Horst Arnold hat die materielle »Wiedergutmachung« nicht mehr erlebt. Als er verstarb, war sie noch in der bürokratischen Bearbeitung. Mit der Korrektur ihres Fehlers hatte es die Rechtspflege nicht so eilig wie mit der Inhaftierung. Aber selbst wenn sie ihn noch lebend erreicht hätte, wäre diese »Entschädigung« Arnold möglicherweise wie eine Verhöhnung erschienen: 25 Euro pro Tag, abzüglich der Verpflegungskosten, die er im Gefängnis verursacht hatte. In Sachen Wiedergutmachung sind wir die billigsten unter den Ländern rund um uns herum. Dänemark zahlt für den ersten Hafttag 250 Euro, für den zweiten 615 Euro, für jeden weiteren zwischen 80 und 100 Euro. Niederlande 95 Euro pro Hafttag, Luxemburg 200 Euro, Spanien 50 Euro pro Tag, ab 18 Monaten Haft 250 Euro, Finnland hat einen Mindestsatz von 100 Euro, Großbritannien 500 Pfund, ab zehnjähriger Haft 1 000 Pfund pro Tag.

Die schäbigen Entschädigungen von zu Unrecht Inhaftierten werden zudem hierzulande noch gemindert, wenn dem Geschädigten eine Mitschuld am Fehlurteil gegeben wird. Es genügt dabei, wenn der zu Unrecht Verurteilte nicht alle Rechte während des Verfahrens wahrgenommen hat. Die Gründe für ein angebliches Mitverschulden sind bisweilen absurd. So genügt ein Schweigen in bestimmten Konstellationen des Verfahrens, um Schadenersatzansprüche auszuschließen oder zu reduzieren.

Das Missverhältnis zwischen Fehlurteil und Wiedergutmachung

Jedes dritte Urteil wird korrigiert. Die Zahl der Fehlurteile ist somit nicht gering. Die Zahl der Entschädigungen ist jedoch minimal. Der Wiedergutmachungsfleiß hinkt meilenweit hinter dem Urteilseifer her. Die deutsche Justiz entfaltet großen Einfallsreichtum, wenn es gilt, sich vor den Konsequenzen ihrer Fehlurteile zu drücken.

Harry Wörz: die Berg- und Talfahrten der Gerichte

Das Leben des Harry Wörz wurde verfilmt. »Harry, unser Filmstar«, rufen ihm die Leute zu, die ihn auf der Straße erkennen. Harry gäbe alles, wenn er in sein früheres Leben ohne öffentliche Aufmerksamkeit zurückkehren könnte.

Viereinhalb Jahre saß Harry Wörz im Gefängnis. Zu elf Jahren Haft hatte das Gericht ihn wegen versuchten Totschlags verurteilt. Er soll seine von ihm getrennt lebende Ehefrau in der Nacht des 27. April 1997 mit einem Schal stranguliert haben, warf ihm das Gericht vor. Laut Polizeibehörde ging es ihm dabei um das Sorgerecht für seinen Sohn. Die Untersuchungen verliefen schlampig, dennoch war sich die Behörde ihrer Sache schnell sicher.

Harry wiederholte, wann immer er gefragt wurde, und sagte jedem, der ihn nicht fragte: »Ich war es nicht.« Und hätten seine Schwiegereltern nicht einen Schadenersatzprozess gegen Harry Wörz angestrengt, wäre der Fall nie mehr aufgerollt worden und Harry Wörz hätte als verurteilter Totschläger geendet. Doch die Eltern der verstorbenen Ehefrau haben – ungewollt – Harrys Rehabilitation verursacht. Nicht nur Gottes Wege sind manchmal unergründlich.

Das Landgericht Karlsruhe, unter dessen Dach die Verurteilung am 16. Januar 1998 stattgefunden hatte, wies am 6. April 2001 die Schmerzensgeldklage der Eltern des Opfers ab, weil es Zweifel an der Schuld des Beklagten hatte. Jetzt sah Wörz berechtigterweise die Chance zur Revision seiner Verurteilung. Doch das Landgericht Mannheim lehnte die Wiederaufnahme ab. Jetzt griff das Oberlandesgericht Karlsruhe ein und ordnete eine erneute Prüfung des Falles an. Der Haftbefehl wurde aufgehoben.

Jetzt ist das Landgericht Mannheim wieder an der Reihe und lehnt wie ein trotziges Kind die Wiederaufnahme ab. Das Oberlandesgericht ordnet aber die erneute Verhandlung an, Harry Wörz wird am 8. Oktober 2005 vom Landgericht Mannheim freigesprochen.

Endlich ist Harry Wörz am Ziel – denkt man. Der Mensch denkt, das Gericht lenkt – Staatsanwalt und Nebenkläger legen Revision ein, und die Quälerei beginnt von vorn. Nun ist es der Bundesgerichtshof, der den Freispruch aufhebt und den Fall Wörz an eine andere Kammer des Landgerichts Mannheim verweist. Diese Kammer spricht Harry Wörz am 22. Oktober 2009 frei. Doch die Staatsanwaltschaft stellt einen Revisionsantrag, den der Bundesgerichtshof wiederum am 15. Dezember 2010 verwirft.

Wie hält ein Mensch solche Schicksalswendungen aus, die mit jahrelangem Wechsel zwischen Hoffnung und Resignation verbunden sind? Was muten Richter einem Menschen zu?! Warum sind sie so häufig unfähig, sich in die Grenzen der Leidensfähigkeit eines Menschen einzufühlen?

1 672 Tage und Nächte verbrachte Wörz hinter Gefängnismauern. Auch ihm stehen 25 Euro »Entschädigung« pro Tag zu, das Geld für Kost und Logis wird abgezogen. Es reicht nicht einmal, um die Rechtsanwälte zu bezahlen. Wörz hat zwar die Gefängnismauern überwunden, aber innerlich ist er noch lange nicht frei. Seine traumatischen Erfahrungen begleiten ihn auf seinem weiteren Lebensweg.

Keiner ist fehlerlos, aber …

100 000 Menschen werden allein in Bayern Jahr für Jahr strafrechtlich verfolgt. Es wäre erstaunlich und nach menschlichem Ermessen auch völlig unwahrscheinlich, wenn dabei nicht auch Fehlurteile unterliefen. Es sind jedoch trotz dieser großen Zahl nur ein Dutzend Wiederaufnahmeverfahren nach Verurteilungen zustande gekommen. Sie verliefen meist im Sande. Der für Revisionsverfahren zuständige Senat des Bundesgerichtshofs gilt unter Kennern als »Oli-Kahn-Senat«. Der Torhüter Kahn hielt Bälle, die gar nicht zu halten waren. Das Revisionsgericht hält Urteile, die gar nicht zu halten sind.

Piloten machen Fehler, Lokführer versagen, Kapitäne lenken ihre Schiffe auf Riffe. Keiner kommt ungeschoren davon. Wer untersucht eigentlich die Fehlleistungen von Richtern? Nach einem Flugzeugabsturz wird der Flugschreiber, wenn es sein muss, in 6 000 Meter Tiefe gesucht. Wer sucht nach den Gründen von gerichtlichen Fehlleistungen? Niemand! Sie sind offenbar so nebensächlich, dass sie noch nicht einmal gezählt werden. Ganz anders als im Straßenverkehr, wo genaue buchhalterische Unfallstatistiken geführt werden. Die »Unfälle« der Justiz bleiben im Dunkeln. Obwohl in Gerichtssälen Fehlurteile »passieren« wie auf der Straße Unfälle. Kenner vermuten, dass jedes vierte Strafurteil nicht stimmt, das jedenfalls behaupten Kenner der Materie wie Thomas Darnstädt vom *SPIEGEL*. Kein Bundesminister der Justiz, kein Landesminister der Branche hat je eine Untersuchung über Fehlverhalten der Richter vorgelegt. Einen TÜV des Rechts gibt es nicht; eine Verkehrswacht, die Unfallverhütung in der Rechtspflege betreibt, ebenso wenig.

2280 Behandlungsfehler hat die Bundesärztekammer 2012 festgestellt. Wie viele Fehlurteile hat die Bundesrechtsanwaltskammer festgehalten? Wie viele hat der Richterbund aufgeschrieben? Oder interessieren sich die Organe des Rechtsstaates nicht für »ihren Betrieb«?

Wer hört die »Vergessenen« im Gefängnisbetrieb? Wer nimmt ihren Ruf an? Wer gibt ihn weiter? Was nützte gar ein »Notruf« bei einer juristischen Rettungsstation, wenn der Hilferuf der Verschollenen und Vergessenen beim selben Richter landet, der die Ursache für das Verschwinden geliefert hat?

Für alle möglichen Fälle steht in Deutschland ein Ombudsmann/ eine Ombudsfrau zur Verfügung. Warum gibt es keine »Seenotrettungsstation« für jene, die von den hohen Wellen der Gerichte verschluckt zu werden drohen? Warum nicht eine personale Rufsäule für Gefangene?

Jetzt endlich regt sich Gegenwehr. Der Verein »Justiz-Opfer e.V.« wurde am 5. Januar 2014 in München gegründet.

Kulturverspätete Justiz

Wird in der Justiz zu viel unter den Teppich gekehrt? Zur Errungenschaft der Aufklärung gehört die Fähigkeit zur kritischen Selbstreflexion. Selbsterkenntnis ist bekanntlich der erste Weg zur Besserung, diese Volksweisheit gilt für alle Lebensbereiche. Selbst die Natur lernt aus Fehlern, wie wir seit der Entdeckung der selektiven Evolution wissen; der methodische Zweifel ist der Motor des wissenschaftlichen

Fortschritts; technologische Weiterentwicklung ist auf permanente Fehleranalyse angewiesen; in der Luftfahrt wird ausdrücklich zum Widerspruch gegen Vorgesetzte aufgefordert; die Fähigkeit, aus Fehlern zu lernen, gilt als Eignungstest für den Pilotenschein; selbst die Kirchen müssen sich ständig reformieren (»ecclesia semper reformanda«). Nur in der Justiz wird die Bereitschaft dazu allzu oft als Nestbeschmutzung diffamiert.

Eine Justiz, die sich der lern- und besserungswilligen Selbsterkenntnis verschließt, leidet unter Kulturverspätung. Sie verharrt in voraufklärerischen Zeiten.

Schwund gibt's überall

Die Richterschaft selbst ist offenbar von keinen Selbstzweifeln geplagt. Der Vorsitzende Richter beim Bundesgerichtshof Armin Nack brachte die standesgemäße »Gesinnungslage« ungeschminkt zu Wort: »Eine gewisse Fehlerquote ist unvermeidbar.« Das erinnert an coole Geschäftsleute, die sagen: »Schwund ist überall.« Im Falle des Rechts geht es allerdings nicht um Verlust von Waren oder um das Ranzigwerden von Butter, Verdunsten von Flüssigkeiten und ähnlichen Schwunderscheinungen, sondern um das Schwinden von Gerechtigkeit.

»Ohne Fehlerquote müsse man alle Angeklagten freisprechen«, schlussfolgerte der Herr Richter. Wollte uns der Richter etwa damit sagen: »Lieber ein paar unschuldig Verurteilte als einen freigesprochenen Schuldigen«?

»Auch im Straßenverkehr gibt es Unfälle, und nicht alle sind vermeidbar«, räsonniert der Herr Richter weiter. Sind Fehlurteile so unvermeidbar wie Autounfälle infolge von Materialermüdung? Soll etwa gelten, dass man Fehlurteile hinnehmen muss wie technisches Versagen oder Unwetterschäden? Was ist vermeidbar? Was tut der Richterstand gegen Unfälle im Rechtsverkehr? Gibt es eine der Unfallverhütung im Straßenverkehr entsprechende juristische Prophylaxe gegen Fehlurteile?

Revision – ein schwacher Trost

Revision ist eine schwache Sicherung gegen Fehlurteile. Geprüft wird das Urteil auf seine Rechtmäßigkeit, um die Tatsachen, auf denen die

Urteile beruhen, geht es dabei nicht. Dabei ist die Tatsachenfeststellung der wunde Punkt der Prozessführung. Die Wahrheit der Fakten interessiert in den höheren Instanzen offenbar nur wenig. »Es geht in der Revisionsinstanz noch viel weniger als in der Tatsacheninstanz um einen direkten Zugriff auf die Wahrheit, sondern beinahe nur um deren Darstellung – die kann gut oder schlecht sein – gleichgültig, was wirklich war. Wer 600 Revisionen im Jahr erledigen muss, hat weder Zeit noch Lust, auch noch in den Landgerichten nachzuschauen, ob vielleicht eine Spur übersehen wurde.« (Thomas Fischer, zitiert nach Thomas Darnstädt: *Der Richter und sein Opfer*, 2013) Am Fließband zählt auch nur die vorgegebene Taktzahl. Justitia arbeitet also auch als Akkordarbeiterin.

Im Mittelpunkt der Juristenausbildung steht nicht die Tatsachenermittlung, sondern das »faktenfreie Recht«, befindet Walter Grasnick. Vom Recht verstehen die Richter viel. Vom Leben, auf das es angewandt werden soll, leider oft zu wenig. »Im Zweifel für den Richter« scheint die unausgesprochene Vorfahrtregel bei Revisionsgerichten zu sein.

Gewissensbisse? Unbekannt!

76 Prozent von 500 Strafrichtern antworteten auf die Frage »Kommt es vor, dass Sie nach einem Urteilsspruch an dessen Wahrheit zweifeln?« mit »nein« oder »selten«. Die Angst vor dem Fehlurteil scheint nicht allzu weit verbreitet. Warum auch? Mit der Produktion des Urteils ist die Sache für den Richter erledigt. Was danach kommt, ist ihm egal. Ein Tischler dagegen muss den Tisch verkaufen, den er produziert hat. Die Selbstkritik ist ein Teil seiner Selbsterhaltung, welche zur Fehlerkontrolle zwingt. Pfusch ist für jeden Handwerker geschäftsschädigend. Bei Gericht hingegen schadet Pfusch nur dem »Kunden«. Der Produzent kommt ungeschoren davon.

Marktwirtschaftliche Konsumentenmacht hat vor Gericht zu Recht nichts zu suchen. Das unterscheidet die Kunden des Tischlers von denen der Richter. Aber wer oder was kompensiert das fehlende Feedback bei Gericht, wenn die Richter nicht selbst ihr Tun kritisch reflektieren?

Zum Problem der mangelnden Selbstreflexion bei Richtern bemerkt Reinhard Müller: »Eigene Fehler zu korrigieren, im vorgesehenen Verfahren natürlich, Fehler zuzugeben, gar Mitgefühl anzudeuten, das ist in der Justiz und ihren politischen Spitzen dagegen unterentwickelt.« (*FAZ*, 25. Juli 2013).

Doch Richter ohne hochsensibles Gewissen scheinen mir für dieses Amt völlig ungeeignet. Ihnen müsste, genau wie schweren Verkehrssündern, der »Führerschein« für richterliche Amtsführung entzogen werden.

Unrecht aufgrund falscher Beschuldigung findet jedoch selten Ahndung. Kachelmann wurde freigesprochen, nachdem die Beschuldigungen der Vergewaltigung der Simone D. sich als haltlos erwiesen hatten. Immerhin hatte Kachelmann zu Unrecht 132 Tage in Untersuchungshaft gesessen. Was geschieht mit der Frau, welche die Beschuldigung aufgestellt hatte? Was geschieht Lügnern vor Gericht? Nichts?!

Kachelmann hätte beweisen müssen, dass die Frau, die ihn beschuldigte, eine wissentlich unwahre oder leichtfertige Anzeige erstattet hat, wenn er mit seiner Schadenersatzklage durchgekommen wäre. Hat die Frau die falsche Behauptung ihrer Vergewaltigung gar unwissentlich aufgestellt?

Der Einfachheit halber stützten sich die Zivilrichter in Frankfurt auf die Strafrichter von Mannheim. »Einer erneuten Beweisaufnahme, die etwa der Kläger zu einigen Punkten beantragt hat, bedurfte es nicht.«

Ein Gericht beruft sich auf das andere – das spart Arbeit

»In der Regel wird allerdings den strafrechtlichen Feststellungen zu folgen sein, sofern nicht gewichtige Gründe für die Unrechtlichkeit von den Parteien vorgebracht werden«, schreiben die Frankfurter Zivilrichter, die Kachelmann mit einer Schadenersatzklage angerufen hatte. Mit meinen Worten: Hauptsache, das Urteil stimmt, auch wenn unterwegs ein paar Lügen passiert sind. So einfach ist das, wenn man sich Arbeit vom Hals halten will.

Das »Opfer« von Kachelmann beantragte für das weitere spätere Verfahren vor dem Oberlandesgericht Frankfurt Prozesskostenhilfe. Die Frau erhielt sie auch prompt, obwohl sie durch die vorherige Vermarktung ihrer Kachelmann-Erlebnisse bereits 135 000 Euro eingestrichen hatte. Dieses Geld hat die wahrheitsliebende Frau an nicht genannte Personen verschenkt. Wer's glaubt, wird selig. Das Frankfurter Gericht ist mit Seligen besetzt. Sie glauben, was sie glauben wollen.

Wahrheit – was ist das?

»Wahrheit ist, was Richter glauben«, schreibt die renommierte Gerichtsbeobachterin Gisela Friedrichsen im *Spiegel* (23. Juni 2014). Und was Richter einmal glauben, das wird als hohes Glaubensgut auch von anderen Richtern übernommen. So kann die Lüge, einmal ins System gerutscht, sich unbemerkt durch die Instanzen schleichen.

Im Fall Kachelmann lässt sich die Spur leicht verfolgen. Widerwillig sprach das Landgericht Mannheim Kachelmann vom schweren Vorwurf der Vergewaltigung frei. »Freispruch bedeutet nicht, dass die Kammer von der Unschuld des Herrn Kachelmann überzeugt ist«, bemerken sie gequält rechthaberisch.

Von den Vorwürfen des vermeintlichen Opfers konnten sie allerdings beim besten Willen nicht überzeugt sein, weil sie sich als unwahr herausstellten. Wenn wir schon den Rückzug antreten müssen, dann wenigstens mit ein paar Stinkbomben, die wir im Wohnzimmer des Entlasteten zurücklassen. So agieren trotzige Kinder, wenn sie erwischt wurden.

»Wahrheit interessiert mich nicht!«

Woran aber orientieren sich die Gesetzgeber ohne Volk? Woraus schöpfen sie ihre Weisheiten? Besitzen Richter ihre eigenen Wahrheiten? »Die Wahrheit interessiert mich nicht«, erklärte ein Richter, der dafür allerdings vom Bundesverfassungsgericht zu Recht belangt wurde. Für den Kläger, der auf Tatsachen hingewiesen hatte, muss das geklungen haben wie: »Tatsachen zählen hier nicht, Sachkenntnis stört die Urteilsfindung.«

Abseits der rechtlichen Würdigung stelle man sich Vergleichbares im Berufsverständnis beispielsweise eines Piloten vor, der stolz erklärte, die Landebahn interessiere ihn nicht. Oder einen Arzt, welcher der Ansicht wäre, Krankheit ginge ihn nichts an. Er betreibe Therapie ohne Diagnose. Ein Richter ohne Interesse an Wahrheit ist wie ein Priester, der nicht an Gott glaubt. Das Recht kann sich nicht von der Unterscheidung Gut oder Böse abkoppeln, und dieser Gegensatz hat mit dem Unterschied von Wahrheit und Lüge zu tun.

Wenn ein Gärtner einen Fehler macht, wächst die Blume nicht, die er säte. Wenn ein Geschichtsprofessor die Jahreszahlen verwechselt, mit der die Völkerwanderung begann, bricht die Weltgeschichte nicht nachträglich zusammen. Bei Fehlleistungen von Ärzten und Richtern ist das anders, sie schneiden tief ins Leben ein und richten zuweilen irreversible Schäden an.

Die Eignungsprüfung der Richter

Was macht einen guten Richter aus? Ist es Intelligenz oder mehr? Vielleicht Weisheit? Wie entsteht Weisheit? Gescheitheit und Gesetzeskenntnis sind hilfreich, aber nicht genügend. Die klassische deutsche Richterkarriere setzt unmittelbar nach dem zweiten Staatsexamen ein, also im Lebensalter zwischen 25 und 30 Jahren und endet mit der Pensionierung. Vor und während ihrer Amtszeit berührt sie kein Lüftchen von außen. In Deutschland ist das Richteramt das Ergebnis einer guten Examensnote.

Der weise Salomon

Ist Weisheit die Frucht von Lebenserfahrung? Wenn Lebenserfahrung der Urteilsfindung hilft, dann können 26-Jährige, die direkt vom Gymnasium ins Studium und von da aus ins Amt gerutscht sind, nicht die lebensklügsten Richter sein, denn ihnen fehlt es an praktischer Lebenserfahrung. In vielen Kulturen war das Richteramt auch mit dem Ansehen verbunden, das dem Alter galt. Die weisen Richter waren alte Menschen. Im Alten Testament beispielsweise ist kein Rechtspruch bekannt, der aus dem Mund eines Jünglings kam. Der weise Salomon war jedenfalls kein Jüngling.

Bis ins Alte Testament müssen wir allerdings nicht zurückgehen. In Großbritannien wird noch heutzutage nur Richter, wer über eine längere Zeit Anwalt war. Richter ist der krönende Abschluss einer Karriere, in welcher ein Anwalt sich in der Praxis bewährt hat. Das schließt jugendliche, unerfahrene Richter und auch die ohne Kenntnis der anderen Seite aus. Richter ohne Sicht von unten kommen nicht zum Zuge. Das ist bei uns anders. In unserem Bundesverfassungsgericht sitzt kein Richter, der Anwaltserfahrung besitzt.

Die richterliche Eignung à la carte

26-jährige Richter und Richterinnen »auf Probe«, ausgestattet mit dem zweiten Staatsexamen (allerdings mit Spitzennote), entscheiden über das lebenslange Schicksal von Kindern, deren Lebenslauf sie mit ihren Urteilen bestimmen. Umgeben sind sie unter Umständen von jungen gutachtenden »Fachleuten«, die gerade ihr Examen an der Fachhochschule für Sozialpädagogik et cetera hinter sich gebracht haben. Auf deren Exegesen und Elaborate stützt sich der junge Richter.

Um Notar werden zu können, muss ein Anwalt zehn Jahre tätig gewesen sein. Selbst für den Führerschein gelten »charakterliche Eigenschaften« als Zulassungskriterium. Für den Zugang zum Richteramt bedarf es derlei nicht. Es genügen gute Noten.

Der richtige Richter am richtigen Platz

Die Selbstverwaltung der Gerichte befördert nicht immer den richtigen Richter in die für ihn passende Zuständigkeit. Ermittlungsrichter werden zum Beispiel oft die, welche von den etablierten Selbstverwaltern auf die ungeliebten Gerichtsposten abgedrängt werden. Es sind selten die Besten, die auf Weisung des richterlichen Kollegialorgans zu Ermittlungsrichtern berufen werden. Und das, obwohl der Ermittlungsrichter oft schwerwiegende Eingriffe in die Freiheitsrechte der Bürger vornimmt, indem er beispielsweise ohne viel Federlesens Haft anordnen kann.

Amtsanmaßende Ignoranz

So geschlossen und selbstverliebt das Gerichtswesen auch ist, ab und zu durchbricht einer von denen, die nicht mehr mitmachen können und wollen, das Schweigekartell. David Jungbluth gab nach zwei Jahren in seinem Wunschberuf, an der Rechtsprechung mitzuwirken, desillusioniert auf: »Es war kein Schnellschuss. Ich konnte es mit meinem Gewissen nicht mehr vereinbaren« war seine Begründung. Jungbluth spricht von »amtsanmaßender Ignoranz«, die er kennengelernt habe.

Er muss es wissen. Besser als ich. Denn er ist ein Insider. Jungbluth erklärt die »pönale Quote«, nach der er bei der Staatsanwaltschaft arbeiten sollte, als ein Ärgernis, das er nicht mehr ertragen wollte. Danach sollen 20 Prozent aller Verfahren in einer Anklage oder einen Strafbefehl münden. Wie die Quote erfüllt wird, ist freigestellt. Mit Bagatellfällen leichter als mit komplizierten Fällen. Die Einstellung eines Verfahrens dauert fünf Minuten, eine komplizierte Anklage aber Stunden.

Seit wann arbeitet die Gerechtigkeit mit einer Quote?

Im Zivilgericht, so berichtet Jungbluth, gelte die Maxime: »Die Akte muss vom Tisch – so schnell wie möglich.« Dabei helfe der Vergleich. Von Kollegen sei ihm empfohlen worden, mindestens 60 bis 70 Prozent der Verfahren müssten im Vergleich enden, wenn er sein Arbeitspensum schaffen wolle.

Vergleiche sparen Arbeitszeit.

Soll jetzt die Gerechtigkeit wegrationalisiert werden?

Das Zwitterwesen Staatsanwalt

Staatsanwälte sind von Amts wegen weder Fisch noch Fleisch. Sie wissen wahrscheinlich selbst nicht, ob sie zur zweiten oder dritten Gewalt gehören. Im angelsächsischen Recht sind sie Gegner der angeklagten Partei. Dies ist eine klare Position. Bei uns sind sie als weisungsabhängige Agenten des Staates Teil der Exekutive und agieren andererseits im Gericht als Funktionäre der Judikative. Kein Wunder, dass sie oft in Gefahr geraten, ihre Bedeutung zu überschätzen. Mediengeil bedienen sie des Spießers Schadenfreude. Mit einer rechtsstaatlichen, gelassenen Objektivität hat das wenig zu tun.

Staatsanwälte ohne Grenzen

Das Gerichtswesen hat nicht nur personelle Schwächen. Diesen Defekt teilt sie mit vielen Institutionen. Anstoß zum Ärgernis geben auch die institutionellen Schwachstellen. Die sich so unabhängig gebärdenden Richter nehmen fast widerstandslos hin, dass ihnen von der Exekutive fortgesetzt in Gestalt weisungsabhängiger Staatsanwälte in die Suppe gespuckt wird. Schließlich sitzt die Regierung mit ihrem verlängerten Arm, dem Staatsanwalt, im Gerichtssaal und mischt mit.

»Staatsbesitzende« Parteien, wie beispielsweise die SPD in NRW, setzen den Staatsanwalt in Notfällen als letzte Waffe im Wahlkampf ein. So ließ am 11. Mai 2000, drei Tage vor der Landtagswahl, ein nordrhein-westfälischer Staatsanwalt das Haus des designierten Justizministers einer möglichen CDU-Regierung, Roland Pofalla, durchsuchen. Einen Tag nach der Wahl stellte sich die Aktion als blinder Alarm heraus. Sorry! Macht nix! Hauptsache, es blieb noch ein bisschen Dreck vor der Wahl hängen.

Nordrhein-Westfalen zog ein Konsequenzchen aus der Pofalla-Attacke. Die Generalanwälte verloren ihren politischen Status und wurden reguläre Beamte. Das bedeutet, dass sie nicht mehr aus politischen Gründen entlassen werden können. Na und? An den Abhängigkeiten ändert sich nichts Elementares. Es bleibt bei dem Berichtswesen, in dem Staatsanwälte der Obrigkeit Rapport erstatten müssen. Kenner wissen, dass Berichtswesen und Beförderungswesen Verwandte sind.

Fest steht, die Staatsanwälte sind nicht unabhängig. Als Teil der Exekutive sind sie ein Fremdkörper in der Judikative. Der Anwalt der Anklage aber sollte nur einen Weisungsberechtigten haben: das Gesetz. Die dazugehörigen Verwaltungsfragen kann die Judikative selbst regeln. Auch indirekte Abhängigkeiten von der Exekutive stören die Unabhängigkeit.

Die Weisungsgebundenheit des Staatsanwaltes entstammt obrigkeitsstaatlichen Zeiten. Dieses vordemokratische Fossil erfreut sich einer erstaunlichen Duldung des unabhängigen Richterstandes. Wieso eigentlich? Bei der hauchdünnen richterlichen Haut, die sonst so empfindlich auf Einflüsse reagiert.

Staatsanwalt, TV und Pranger

Es kann einem nicht verborgen bleiben: Die staatsanwaltlichen Sitten haben sich gelockert, Vorverurteilungen durch eine konspirative Zusammenarbeit der Staatsanwaltschaft mit Presse, Rundfunk und Fernsehen sind heute keine Seltenheit. Zumwinkel, dessen Verehrer ich nie war, der ehemalige Postboss und offensichtlich erfahren darin, wie man Geld am Finanzamt vorbeischleust, wurde in aller Herrgottsfrühe von der Polizei »heimgesucht«: Hausdurchsuchung. Und siehe da, wie durch ein Wunder war die Kamera minutengenau rechtzeitig zur Stelle. Der mittelalterliche Pranger hatte damals weniger Resonanz als die »Überfälle« der Staatsanwaltschaft heutzutage. Diese Art von öffentlicher Lynchjustiz gleicht einer Hinrichtung ohne Urteil. Sie verstößt gegen elementare Grundsätze des Rechtsstaates und geschieht mancherorts mit staatsanwaltlichen Zubringerdiensten. Das jedenfalls ist nicht gemeint, wenn mehr Transparenz der Rechtsprechung gefordert wird. Der Pranger ist kein Symbol der Aufklärung, und die Geilheit der öffentlichen Schadenfreude ist keine rechtsstaatliche Tugend.

Zwischendurch entsteht gar der Eindruck, dass Ermittlungsbehörden die Medien benutzen, um durch öffentlichen Druck die Beschuldigten zum Sprechen zu bringen. Was aber, wenn sie die Falschen in Verdacht haben?

Durch verfrühtes Einschalten der Medien schaffen die Staatsanwälte Fakten, die noch gar nicht feststehen. Der Schaden bleibt, selbst wenn später der Verdacht ausgeräumt wird. Der Schaden überlebt sogar den Freispruch.

Das Fehlurteil der Öffentlichkeit kann durch kein Gerichtsurteil leicht aus der Welt geschafft werden. Es bleibt immer etwas hängen. Rufmord klebt fest.

Die Aktionen der Ermittlungsbehörden wirken zunehmend überspannt. Staatsanwälte schießen mit Kanonen auf Spatzen. Für eine Bewirtungsrechnung von 758,40 Euro setzte sich ein Invasionskommando von niedersächsischen Staatsanwälten in Trab, begleitet von einer heulenden Meute von journalistischen Jagdhunden. Zu klären war zu guter Letzt, wer die Rechnung auf dem Münchner Oktoberfest für den damaligen Ministerpräsidenten Christian Wulff bezahlt hat.

Oberstaatsanwalt Clemens Eimterbäumer rückte mit einer ganzen Kompanie von Staatsanwälten an, um Wulff, inzwischen Bundespräsident, zu Fall zu bringen (*Bild* war dabei). 30 000 Seiten Akten legte der fleißige Staatsanwalt an, 45 Bankkonten ließ er inspizieren, acht Büros auf den Kopf stellen. Des übereifrigen Eimterbäumers Chef war Generalstaatsanwalt Lüttig, der war einst Abteilungsleiter bei Wulffs Intimfeind Justizminister Busemann. Staatsanwälte sollten sich nicht in der Unabhängigkeit sonnen, wenn sie nicht unabhängig sind.

Die publikumswirksame Jagd stärkt die Auflage der Zeitungen und hebt die Wichtigkeit der Staatsanwälte und Beamten des Landeskriminalamtes. So ist allen, bis auf den Gejagten, geholfen.

Wer verfolgt mit gleichem Eifer die Bestechungsübungen großer Unternehmen, mit denen sie sich lukrative Aufträge auf dem globalen

Markt an Land ziehen? Wer verfolgt die Bewirtungspraxis angesehener journalistischer Korruptionsjäger, mit der sie von reichen Leuten stillgelegt werden, denen sie auf die Spur gekommen sind? Die Heuchelei der medialen Korruptionsjäger kennt keine Grenzen. Es beginnt beim gesponserten Firmenwagen, den sie benutzen, wenn sie gegen Leute recherchieren, denen sie Bestechung vorwerfen. Selbst linke Bundestagsabgeordnete fahren gesponserte Skoda-Autos.

Das Feinste vom Feinsten: Die Deutsche Bank

Ihre Manipulationen kostete die hoch angesehene Deutsche Bank inzwischen 735 Millionen Euro Strafe. Vorsichtshalber hat sie für zukünftige Strafen schon mal vier Milliarden zur Seite gelegt. Ihre Machenschaften werden von den Ermittlungsbehörden mit weit weniger Eifer verfolgt als die »Trinkgelder« von kleinen Handwerkern.

Auch bei den Zinsmanipulationen handelt es sich nicht um Trinkgelder, sondern um weltwirtschaftliche Finanzgrößen, die alltägliche Geldvorstellungen – auch die von Staatsanwälten – weit übersteigen. Vermutlich nicht zuletzt deshalb bewegte sich die Aufklärung des Libor-Skandals im Schneckentempo.

Die für die Weltwirtschaft entscheidenden Zinsen, wie beispielsweise Libor-Zinsen, mit denen Geschäfte in Höhe mehrerer hundert Billionen Dollar bewegt werden, ermitteln angeblich ein paar Banker aus der zweiten Reihe auf Zuruf. Wenn gemogelt wird, weiß die erste Reihe nichts davon, sagt man. So heißt es in einem Bericht der Deutschen Bank, dass »nach aktuellem Stand der Untersuchungen kein amtierendes oder früheres Mitglied des Vorstands in irgendeiner unangemessenen Weise in die untersuchten Vorgänge im Referenzzeitraum verwickelt war« (*Der Spiegel* 2/2014). Nur dem, der seine Unterhosen mit der Beißzange anzieht, kann man solche Märchen auftischen. Dem Anschein nach haben sich die Bank-Bosse um die Peanuts gekümmert und ihre Angestellten um die billionenschwere Hauptspeise.

Vier Mitarbeiter, die für die Ermittlung der Libor-Zinsen in der Deutschen Bank zuständig waren, wurden entlassen. Die Vier wehrten sich und klagten mit Erfolg vor dem Frankfurter Arbeitsgericht auf Wiedereinstellung. Die Bank ging in Revision, so hatte es der Aufsichtsrat klarstel-

lungshalber verlangt. Doch 3 Tage vor dem Revisionsverfahren setzte Anshu Jain, einer der beiden Vorstandssprecher, durch, dass die Bank in ein
Güteverfahren eintreten sollte. Warum fürchtete Anshu Jain das Urteil?

Für die interne Prüfung ihres Libor-Handelsbereiches wurde von der
Deutschen Bank ein Report erarbeitet. Dass seine Erstellung acht Monate
dauerte, fiel schon unangenehm auf, aber noch misstrauischer machte die
Tatsache, »dass es bis zu dessen Finalisierung mindestens 89 identifizier-
bare Entwurfsversionen gab« (*Der Spiegel* 2/2014). Vertuschen ist eben
ein zeitaufwendiges Geschäft, das auch Kreativität erfordert.

Wie lange brauchen Staatsanwälte, um Wirtschaftskriminalität auf
die Spur zu kommen? Finanzämter sind jedenfalls sehr schnell, wenn
es gilt, den Betrieb eines kleinen Handwerkermeisters überfallartig auf
den Kopf zu stellen, selbst wenn dies nur routinemäßig und ohne Anlass geschieht.

Zinsmanipulationen dagegen sind schon 2005 bei internationalen
Banken ohne besondere Aufregung von den Kontrolleuren ans Tages-
licht geholt worden. Neu ist die Sache also nicht. Neu ist also auch die
Gewohnheit nicht, das Bankgeschäft zu schonen.

Der unterschiedliche Eifer im Aufspüren von Straftaten ist offensichtlich disproportional, wenn man die staatsanwaltlichen Aktivitäten gegen Christian Wulff mit denen gegen die Deutsche Bank vergleicht. Die
Unabhängigkeit der dritten Gewalt scheint gegen populistische Versuchungen so wenig gefeit wie gegen die Ehrfurcht vor dem Geld.

Es ist dringend erforderlich, dass über die Verbeugung der Justiz vor
dem Kapital intern mehr reflektiert und öffentlich mehr diskutiert wird.

Treiber und Jäger

Staatsanwälte kommen mir manchmal vor wie Großwildjäger, die –
wenn sie ein öffentliches Prachtexemplar im Visier haben – alles drum-
herum vergessen und übersehen. Eine devote Ängstlichkeit vor großem Geld und eine publizistische Geilheit kommen sich allerdings
gelegentlich in die Quere. Manche werden von einem solchen Jagdfieber erfasst, dass sie die Reviergrenzen ignorieren.

Tönnies, der »Schweinebaron«, im Nebenberuf Schalke-Chef, sah sich
über Nacht einer anonymen Anzeige ausgesetzt, dass in seiner Wurstfab-
rik nicht alles Schwein sei, was Schwein genannt wird, und auch die Rin-

der nicht immer ihre Gattungsbezeichnung zu Recht trügen. So etwas ist schon als Verdacht fast geschäftstödlich für eine Firma, die als Lieferant von Aldi und Lidl im Lichtkegel des öffentlichen Geredes steht.

Das staatsanwaltliche Unternehmen startete im Stil einer Treibjagd. Das Jagdgebiet war groß. Bis Zypern reichten die Untersuchungen. Der »Mammutprozess zur Verteidigung der Ehre des deutschen Fleisches« (*Der Spiegel* 9/2014) konnte beginnen. 24 Punkte umfasste die Anzeige. Nach 25 Verhandlungstagen wurde das Verfahren eingestellt. Gezahlt wurde für einen geringen Verstoß lediglich eine Geldbuße …

Viel Lärm um nichts. Die lautstarke Show ist nicht Ausdruck von Transparenz, sondern ein die Würde des Rechts verletzender Radau, mit dem die Akteure ihren Geltungsdrang befriedigen. Staatsanwälte vergessen oft, dass sie Diener des Rechts sind und nicht seine Arrangeure.

Im Tönnies-Verfahren gab noch zu denken, dass ein Oldenburger Staatsanwalt sogar bei der anonymen Anzeige mitgeholfen haben soll, mit der Tönnies zur Strecke gebracht werden sollte. Nach Angabe des Magazins *Der Spiegel* (9/2014) soll dieser die Anzeige redigiert haben, »die zusammen mit einem Anwalt angefertigt wurde«. So etwas nenne ich ein Arbeitsbeschaffungsprogramm der Staatsanwaltschaft.

Das Jagdfieber des Staatsanwaltes scheint so unbändig gewesen zu sein, dass er in seiner Freizeit als Treiber fungierte, der die Beute vor die Flinte der Jäger treibt, um sie tagsüber professionell mit dem staatsanwaltlichen Fangschuss zu erlegen.

Ein Biotop der Beziehungen

Richter, Staatsanwälte und Rechtsanwälte arbeiten in enger kooperativer Nachbarschaft im gleichen Gelände, wenn auch mit offiziell klar unterschiedenen Rollen. Diese Funktionsgrenzen können jedoch durch alltagsgewohnte Kumpanei leicht verwischt werden. Die institutionellen Trennlinien verfallen in eine routinierte Beiläufigkeit, die deren Nichtbeachtung erleichtert.

Richter und Staatsanwälte sind mancherorts in ein rotierendes Karrieresystem integriert. Das mag dem Perspektivwechsel zwischen den unterschiedlichen Aufgaben von Richtern und Staatsanwälten guttun und Laufbahnblindheit mindern. Die Üblichkeiten einer solchen Rotation enthalten jedoch auch rechtliche Fallen. Es kann vorkommen, dass dem Richter ein Fall vorgelegt wird, an dessen Ermittlung er als Staatsanwalt mitgewirkt hat. Die sachlichen Zuständigkeitsgrenzen werden durch die unterschiedlichen Fließgeschwindigkeiten von Fallbearbeitung und Versetzungen aufgehoben.

Bedrohlicher für die Unabhängigkeit sind die Konstellationen, in denen begehrte Richterposten in den höchsten Karriereetagen mancherorts von der Bewältigung höherer Staatsanwaltsaufgaben abhängig sind. Einem Staatsanwalt auf dem Sprung in höhere Richterämter mag es nicht opportun erscheinen, sich mit der Richterschaft anzulegen. Die Verwischung der Grenze zwischen dem Amt des Richters und dem des Staatsanwalts zeigt sich auch darin, dass das Präsidentenamt im Deutschen Richterbund zwischen Richter und Staatsanwalt alternierend wechselt.

Rechtsanwälte ohne Grenzen

Richter schwingen sich zuweilen zu Gesetzgebern empor, aber nicht nur sie. Auch viele Rechtsanwälte, die von ihrem traditionellen Selbstverständnis her ebenfalls großen Wert auf ihre Unabhängigkeit legen, sind dabei, die Gesetzgebung als neues Geschäftsfeld zu entdecken. Große Kanzleien schreiben inzwischen für die Regierung Gesetzentwürfe. Die Branche ist lukrativ und nachhaltig – und vor allem anmaßend. Gesetzgebende Richter und Gesetze erfindende Anwälte unterwühlen die Grenzmauern der Gewaltenteilung.

Schamlos, aber erfolgreich schrieb der Rechtsanwaltskonzern Freshfields Bruckhaus Deringer die Entwürfe für die Finanzstabilisierungsgesetze, die Verordnung zum Finanzmarktstabilisierungsfonds und ergänzende Gesetze. Das war Arbeit und Brot für mehrere Jahre und kostete den Steuerzahler 1,8 Millionen Euro. Rechtsanwälte fungieren so als Subunternehmer des Staates, der sie bezahlt.

Auch das Investmentfinanzierungsgesetz aus dem Jahre 2003/2004, das den Heuschrecken in Deutschland Landerechte einräumte, verdankt seine Formulierung den anwaltlichen Lobbyisten. Diese waren freilich nicht nur dem Staat bei der Herrichtung der rechtlichen Landebahnen für Heuschrecken behilflich, sondern anschließend auch noch den Finanzierungsinvasoren bei Betankung und Wartung.

Qualität lieferten die anwaltlichen Servicebetriebe bei ihrer Staatsarbeit allerdings nicht. Die Gesetzestexte mussten nachgebessert werden. Der erhoffte Sachverstand stand offensichtlich im proportional umgekehrten Verhältnis zum Finanzaufwand, den er verursachte. Gesetze machen und Gesetze auslegen sind zweierlei.

Das Perpetuum mobile des rechtspflegerischen Lobbyismus

Aber Gesetzesproduktion ist noch nicht alles, was die Kanzleien an Rundumbetreuung zu bieten haben. Clevere Rechtsanwälte agieren mit unterschiedlichem Hut auf mehreren Seiten. Nach Vorlage der Gesetzentwürfe treten die Gesetze schreibenden Rechtsanwälte als Gutachter in Parlamentsausschüssen auf, sie beraten als Lobbyisten die vom Gesetz betroffenen Kunden, um zu guter Letzt auch noch am Klientel zu verdienen, das mit dem Gesetz, das sie formuliert haben, ins Gedränge gekommen ist. Das neoliberale Outsourcing staatlicher Funktionen ernährt durch Mehrfach-Nutzung seine multifunktionalen Agenten.

Staatsanwaltschaft als Auftraggeber für Rechtsanwälte

Die Staatsanwaltschaften nehmen an der Privatisierung der Justiz teil. Die Anklage gegen die Zockergeschäfte von Groß- und Staatsbanken ist vielfach offenbar eine Nummer zu groß für die Staatsanwaltschaften. Hilfesuchend wenden sie sich an Experten großer Anwaltskanzleien. Es sind arrivierte Kanzleien, die auf allen großen Hochzeiten tanzen. Etliche Anklagen der Staatsanwaltschaft Leipzig basieren zum Teil auf Expertisen der »Mehrzweckkanzlei« Freshfields Bruckhaus Deringer. Rechtsanwälte sind hier und da Zulieferer der Anklage, Verteidiger des Angeklagten und Schreiber von Gesetzen. Mehr Diversität geht nicht. Die Anwaltskanzlei mendelt sich so zu einem diversifizierten Großkonzern, der möglichst alle Bereiche der Rechtspflege abdeckt. So wird Gewaltenteilung unterlaufen.

Anwaltskanzlei als Filiale des Staates

Bei Hypo Real Estate, Bayern LB, HSH Nordbank, HypoVereinsbank beruhte die Anklage nicht nur auf Ermittlungen der Staatsanwaltschaft, sondern auf Berechnungen, welche die Staatsanwaltschaften bei Rechtsanwaltskanzleien und Gutachtern in Auftrag gegeben haben. »Parteigutachten« nennen dies die Insider. Die Justiz bezahlt Gutachter mit einem Stundenlohn zwischen 65 und 125 Euro. Dafür hebt ein Anwaltsexperte der Großbanken noch nicht einmal den Kuli (falls er so ein billiges Schreibgerät überhaupt besitzt). Die cleveren Freshfields-Anwälte rechnen brav 85 Euro vor Gericht ab, lassen sich aber von Hilfskräften aus der Kanzlei bedienen, die sie ungehemmt den Ermittlungsbehörden in Rechnung stellen. 425 Euro pro Stunde erhielten die Freshfields vom Staat. Pikanterweise geht es bei diesem anwaltlichen Slalom um Korruptionsgeschäfte. Da sind die Richtigen beisammen. Es wächst zusammen, was zusammengehört.

Die Lage der Rechtsanwaltschaft

Wie gut das Recht ist, darüber entscheiden nicht nur die Gesetze selbst, sondern auch deren Anwendung. Die Rechtsanwälte sind die Gehilfen der Rechtsuchenden. Der Rechtsstaat ist auf gute Anwälte angewiesen. Rechtsanwälte sind, wie sie selbstbewusst von sich sagen: »Organe der Rechtspflege«.

Ein Verfall des Rechtsanwaltsstandes ist nicht nur ein standespolitisches Debakel für den Beruf des Rechtsanwalts, sondern ein rechtsstaatliches Desaster für die Bürgerinnen und Bürger, die nach ihrem Recht verlangen. (Siehe Teil II: »Der Verfall des Rechtsanwaltsberufes oder die Verkümmerung der Berufsethik«).

Die materiellen Verhältnisse

Im Kontrast zur Personaldürre der Gerichte steht die »Anwaltsschwemme«. Üblicherweise setzt die Klage der Anwälte mit der Beschwerde über den Massenandrang zum Beruf des Rechtsanwalts ein. Für die Rechtsanwaltskammer ist dies eine institutionserhaltende Betätigung. Sie sichert Aufmerksamkeit der Öffentlichkeit und Zustimmung ihrer Zwangsmitglieder. Die Klage über zu viele Anwälte ist nicht unbegründet, erklärt aber nicht ausreichend den Verfall eines Berufsstandes.

Tatsächlich ist es inzwischen relativ leicht, nach Abschluss des juristischen Studiums sich ein entsprechendes Türschild zu beschaffen und sich so als Rechtsanwalt niederzulassen. Diese Freiheit liegt im Trend der Zeit, die global nach Deregulierung lechzt.

Angebot und Nachfrage regeln bekanntlich nach marktwirtschaftlichen Gesetzen den Preis. Was knapp ist, ist teuer. Knapp ist die Zahl der Anwälte nicht. Nach marktwirtschaftlichen Preisregeln müssten also die Müllmänner mehr verdienen als die Anwälte, denn es gibt zu wenige Müllmänner und zu viele Anwälte.

Bei einem Großteil der Rechtsanwälte funktionieren die Marktgesetze offensichtlich richtig. Sie verdienen, dem Angebotsüberschuss geschuldet, weniger als Müllmänner: zum Leben zu wenig – zum Sterben zu viel.

Das Durchschnittseinkommen der Anwälte ist nicht hoch. Der Durchschnitt ergibt sich allerdings auch in diesem Fall aus einer Mitte zwischen Spitzenverdienern und Hungerlöhnern. Dem einen geht es noch schlechter, als das Durchschnittseinkommen vermuten lässt. Dem anderen allerdings himmelhoch besser.

Die multifunktionalen Mehrzweckanwälte

»Ein nicht geringer Teil der Anwälte hat ein zu versteuerndes Monatseinkommen von weniger als 2 000 Euro. Deshalb spaltet eine Zahl von ›Anwälten‹ ihre Tätigkeit in eine Kombibeschäftigung, deren zweiter Einkommensteil als Taxifahrer, Reiseführer, Versicherungsvertreter, Babysitter et cetera erwirtschaftet wird. Dabei sind ein erstes Haupteinkommen als Anwalt und ein zweites Nebeneinkommen als ›Allzweck-Beschäftigungs-Joker‹ austauschbar. Das ›Anwaltsalmosen‹ wird in vielen Fällen zum ›Zubrot‹«, schreibt der ehemalige Präsident des Anwaltsvereins Helmut Kilger. (*FAZ*, 14. Juni 2012)

Im Zeitalter der hoch geschätzten beruflichen Mobilität und Flexibilität ist das professionelle Kunterbunt, welches einen Hauptverdienst mit mehreren Nebenerwerbseinkünften kombiniert, »systemadäquat«. Die Protagonisten dieser Flexibilität sind eine Art moderner Wanderarbeiter, die im Unterschied zu ihren handwerklichen Vorfahren nicht nacheinander bei verschiedenen Arbeitgebern ihr Geld verdienen, sondern gleichzeitig, größtenteils freiberuflich und in unterschiedlichsten Branchen. Das geht auf Kosten der Erfahrungsdichte im Hauptberuf des Anwalts, der unfreiwillig zum »Gelegenheitsanwalt« wird und mangels kontinuierlicher Berufspraxis seine seltenen, aber deshalb nicht minder verantwortungsvollen Mandate im Zweifel nicht so professionell wahrnehmen kann wie sein viel beschäftigter Kollege. – Das Recht ist eben keine Wurstbude, die man nach Bedarf auf- und zumachen kann.

Auch das hauptberufliche »Anwaltsproletariat« befindet sich im unteren Drittel des Anwaltsstandes und ist von ständiger Armut begleitet, was der seriösen Ausübung des Berufes nicht förderlich ist. Manche von ihnen haben sich auf das billige Massengeschäft spezialisiert und bedienen Kunden zu Rabattpreisen im Fließbanktakt.

Besonders geeignet für anwaltliche Akkordarbeit sind Betreuungsfälle. 1,3 Millionen betreuungsbedürftige Menschen werden in Deutschland anwaltlich betreut. Betreuung von älterem, verarmtem Klientel bringt zwar wenig Geld, lässt sich aber auch mit wenig Zeitaufwand organisieren. Von Rechtspflege kann in diesem Zusammenhang nur in einem entfernten Sinne gesprochen werden.

Im Hinblick auf die demografische Entwicklung in Deutschland blühen dem Betreuungsgeschäft rosige Zeiten. Doch wer sich darin auskennt, kann schon heute gute Geschäfte machen. Betreuungsfälle in dreistelliger Zahl sollen in der Hand eines Bonner Anwalts liegen. Wenn sich unter den Betreuten auch Begüterte befinden, lässt sich mit einem guten Stundenlohn viel Geld verdienen. Beispielsweise besuchte der Bonner Betreuer D. die von ihm betreute Frau zwischen 2010 und 2013 nur dreimal. Im ersten Jahr der Betreuung stellte er eine Auslagenpauschale von 3 630 Euro in Rechnung, im zweiten Jahr betrug die Rechnung 2 376 Euro. Das Einkommen aus Betreuung ist noch nicht alles, was sich aus einem solchen Fall herausschlagen lässt. Wenn der Betreuungsanwalt mit einem Notar kooperiert, lässt sich das Geschäftsfeld im beiderseitigen Interesse lukrativ um Erbschaft erweitern.

Gemeinsame Mitgliedschaft von Richter, Anwalt und Notar in einer studentischen Verbindung lässt nicht nur nostalgische Erinnerung aufblühen, sondern erleichtert auch die Kooperation und macht aus der ursprünglichen Rollenverteilung zwischen Richtern und Anwälten eine rechtspflegerische Kommune.

Clevere Rechtsanwälte kommen mit Betreuung mehr als gut über die Runden, besonders bei eingespielter Kooperation mit Richtern, Notaren und Gutachtern … Es grüßt das Kartell! Verbunden mit Erbstreitigkeiten muss sich der Betreuer nur rechtzeitig auf die Seite der zahlungskräftigeren Partei schlagen.

Cicero am Fließband

Was im Massengeschäft die Staatsanwälte, sind in Starkanzleien die zuarbeitenden Referendare und sonstige Handlanger der Rechtspflege. Sie scheinen nach Organisationsplänen zu arbeiten, die Frederick Winslow Taylor eigentlich für die Ford'sche Fließbandarbeit entworfen hatte. Jedwede Leerzeiten müssen danach aus dem Arbeitsablauf eliminiert werden. Jeder Handgriff am Fließband wie jeder Gedankengang in der Kanzlei muss ohne Umwege »sitzen«. Da hilft nur noch das Schema F. Mit der Stoppuhr wird die Arbeitszeit getaktet. Die Rechtsqualität verwandelt sich in eine Rechtsquantität. Das versachlicht die Kostenrechnung. Es zählt das messbare Quantum. Zeit ist Geld und das Recht eine monetäre Variante. Dem »Kunden« (ehemals Mandant) wird die exakte Zeitrechnung präsentiert. Objektiver geht es nicht mehr.

Man stelle sich die großen Anwälte der Rechtsgeschichte in der Disziplin der Stoppuhr vor, Cicero etwa, der die Argumente nach dem Zeitaufwand ihrer Entstehung, Begründung und Niederschrift misst.

Die arbeitsteilig getrimmte Großkanzlei ließe sich nachträglich gut in Charlie Chaplins Film »Moderne Zeiten« einbauen: Vorn kommt der Fall in die Maschine, und hinten kommt der Schriftsatz für das Gericht heraus. Das junge juristische Räderwerk klappert wie das alte industrielle.

Der gedeckte Tisch und die Brotkrumen

Die Anwaltschaft spiegelt eine Klassenspaltung wider, die wir in unserer Gesellschaft längst überwunden glaubten. Die Pfründe sind höchst ungleich verteilt: hier der gedeckte Tisch großer Wirtschaftsprozesse, dort die Brotkrumen, die vom Rechtsstreit der armen Schlucker abfallen. Wer als Anwalt im Gefilde der Wirtschaftsberatung und -vertretung mit saftigen Stundenhonoraren oder größeren Beteiligungen sein Geld verdient, hat ausgesorgt. Wer Prozesse mit hohem Streitwert für Versicherungen führt, gehört zu den Glückspilzen seines Standes (diese Pilzart verfügt oft über ein dicht verflochtenes Wurzelwerk von Beziehungen).

Die Gelder, die man in den Sparten des Gerichtswesens verdienen kann, spiegeln das Prestigegefälle der Rechtspflege. Für eine Testamentsvollstreckung lassen sich mit fünf Prozent oder mehr Honorar schon mal leicht 70 000 Euro verdienen. Bei einem Arbeitsgerichtsfall sind in der Regel so rund 2 500 Euro fällig, berichtet ein Anwalt, der es wissen muss.

Was aber macht der arme Schlucker, der die saftigen Honorare nicht zahlen kann? Er nimmt sich einen billigeren Advokaten! Und was macht der, um sich über Wasser zu halten? Er schwimmt im Massengeschäft. Der Markt trennt die Spreu vom Weizen. Doch die Weisheit der Dreschmaschine hilft dem armen Schlucker wenig. Für ihn bleibt nur die Spreu, die der Markt für ihn ausgesiebt hat. Der blinde Marktmechanismus löst das Problem so wenig wie das einer stupiden Planwirtschaft.

Das Niveau der berufsethischen Ansprüche

Der Markt überwindet die Klassenspaltung nicht. Eine planwirtschaftliche Verwaltung der Zulassung kann aber auch nicht die Rettung des Anwaltsberufes sein. Vielleicht geht es doch nicht ohne erneuertes Standesrecht und eine anspruchsvollere Berufsethik als die, welche von den abgewirtschafteten Rechtsanwaltskammern erwartet werden kann. (Siehe Teil II: »Der Verfall des Rechtsanwaltsberufs oder die Verkümmerung der Berufsethik«).

Juristenausbildung statt Anwaltsausbildung

Hartmut Kilger lenkt den Blick auf die Ausbildung der Anwälte: »Viele Juristen haben eine Ausbildung hinter sich, bei der sie den bequemen Weg gingen und weder Grundlage noch Berufsrealität wirklich kennengelernt haben«. Resigniert stellt er fest: »Juristenausbildung statt Anwaltsausbildung« (*FAZ*, 14. Juni 2012). Der Anwaltsberuf verlangt mehr als Gesetzeskenntnis. Jetzt rächt sich, dass die Berufsethik verkümmert ist. Die Kammern selbst sind zu Herolden des Verfalls verkümmert (siehe Teil II). Wenn die »armen Leute« nur schwer einen guten Anwalt finden, den sie bezahlen können, betreibt die Rechtspflege Selbstdemontage. Gerhard Strate, der renommierte Verteidiger Gustl Mollaths, beschreibt den Verfallszustand so: »Die jüngeren Kollegen, wenn sie halbwegs intelligent sind, was machen sie als erstes? Sie drucken eine Visitenkarte, wo draufsteht: ›Wirtschaftsstrafrecht‹.

Die Botschaft lautet: Bitte verschone mich mit Mandaten, die kein Geld bringen.« (*FAZ*, 22. August 2013)

Einen Fall Mollath könne er sich nicht mehrmals leisten, bedauerte Rechtsanwalt Strate. Es gibt leider mehr Mollaths und weniger Strates. Aber Gott sei Dank gibt es sie überhaupt noch, die Strates! Dieser, der seine Berufskollegen besser kennt, beklagt allerdings den Verfall rechtsanwaltlicher Verantwortung für das allgemeine Wohl: »Ich kenne noch ein paar Kollegen, die sich engagieren, aber das Gefühl, dass man auch die erste Silbe von ›Rechts-Anwalt‹ betonen muss, ist leider nicht sehr verbreitet.« (Strate: *Die Zeit*, 22. August 2013)

Der gute alte Doktor versorgte auch den armen Kranken. Er besorgte den Sozialausgleich unter der Hand. Je mehr das ärztliche Ethos zerfiel, umso stärker musste der Sozialstaat ausgleichen. Am Ende wurde die ärztliche Praxis abhängig von der kassenärztlichen Vereinigung. Die Ärzte wurden so unter der Hand zu Abhängigen ihrer kassenärztlichen »Standesvertretung«, die ihre Zulassung regelt und das Einkommen zuteilt. Vielleicht landen die Anwälte entweder als Quasi-Leiharbeiter der Rechtsanwaltskammer oder als Wilderer in der Rechtspflege. Es hängt von den Anwälten selbst ab, ob sie die Synthese von Freiheit und Verantwortung finden.

Die zwei Seiten des Anwaltsberufes: Qualität und Quantität

Die Zahl der Anwälte und die Qualität des Anwaltsberufes stehen in gewissem Grad im proportional umgekehrten Verhältnis: Mit der Zahl der Anwälte fällt das allgemeine Niveau. Die Anhebung der qualitativen Anforderungen an den Rechtsanwaltsberuf ist allerdings nicht nur aus qualitativen Gründen erforderlich.

Berufsethik als Zugangsvoraussetzung

Die qualitative Eignung für den Anwaltsberuf hängt nicht allein vom rechtlichen Wissen ab, sondern auch von der charakterlichen Integrität. Gerissene Anwälte mögen erfolgreich sein. Zu viele Kollateralschäden allerdings senken das Niveau. Schlechte Beispiele verderben gute Sitten. Deshalb bedarf es sowohl für die Zulassung wie auch für die Ausübung des Berufs verbindlicher berufsethischer Mindeststandards. (Siehe Teil II).

Richter und Anwalt

Die Rechtsanwälte sind Vertreter der Rechtssubjekte. Der Richter vertritt die Geltung der objektiven Rechtsordnung. Die unterschiedlichen Rollen prägen ein Verhalten, das mit einer in der Natur der Sache liegenden Distanz zwischen Richter und Anwalt verbunden ist.

Kumpanei von Richter und Anwalt

Lokal bedingte Nähe lässt mancherorts Richter und den dazugehörigen Anwalt wie eine geschlossene Gesellschaft mit eigenem Verhaltenskodex erscheinen, der jeden von außen Kommenden zunächst einmal vor die Wand laufen lässt. Ein mir bekannter Richter zeigt dem Anwalt, wo der Bartel den Most holt: Er erklärt ihm, wie in seinem Bereich die Schriftsätze auszusehen haben, selbst wenn das in der ganzen Republik anders ist.

So werden von außen in die Gerichtsbezirke »eindringende« Anwälte mit den Gewohnheiten des Platzhirschs unsanft bekannt gemacht. Sich unterordnen muss, wer im Rudel aufgenommen und so überleben will.

Wer im fremden Bereich antrete, müsse gegen einen Heimvorteil von geschätzten 50 Prozent antreten, bekannte ein »mutiger« junger Anwalt »freimütig«, aber streng vertraulich. Die Schweigespirale dreht sich.

Wer sich »streng vertraulich« die Leidensgeschichte junger Rechtsanwälte anhört, erfährt Erstaunliches. Jedenfalls Sachen, die man sich als unbescholtener Bürger, der das Glück hatte, nie in das Räderwerk der Rechtspflege zu geraten, nicht vorstellen konnte. Offenbar gibt es die rechtsstaatlichen Prinzipien für das öffentliche Schaufenster und daneben den Schuppen, in dem die Alltagswerkzeuge gelagert werden.

Ein junger Anwalt erzählt, wie ein Mandant ihn aufgesucht hatte und berichtete, er sei ihm von dem Richter als Anwalt empfohlen worden, der das Verfahren führen werde. »Und ich muss sagen, in solchen Situationen gibt es keinerlei Interesse des Rechtsanwaltes, sich mit dem Gericht anzulegen«, bekannte der verhinderte Held. Der Richter habe sogar offen gefragt, man habe doch »kein Problem untereinander – oder?«

Die telepathischen Übereinkünfte

Von Überraschung berichten mir Betroffene, als Richter Informationen in den Verhandlungen auftischten, die in keinem Schriftstück zu finden waren, sondern nur einer außergerichtlichen Kommunikation von Richter und Gegenanwalt entspringen konnten. Bisweilen entpuppen sich solche Regelverstöße als offensichtliche Selbstverständlichkeiten, die man glaubt, gar nicht mehr verheimlichen zu müssen. Etwa wenn Richter und Anwalt nach Sitzungsschluss sich lauthals gemeinsam über angebliche Unverschämtheiten der Gegenseite erregen.

Das Gefühl für die sich aus unterschiedlichen Rollen ergebenden Distanzpflichten zwischen Richter und Anwalt scheint nicht hoch entwickelt zu sein. Der an einer Formverletzung dieser Art beteiligte Anwalt ist der Präsident einer Anwaltskammer und anerkannte Koryphäe für Berufsethik. Der Respekt vor Formen, welche die Berufsausübung des Anwalts verlangt, ist offensichtlich verlottert.

»Die Form ist die geschworene Feindin der Willkür und die Zwillingsschwester der Freiheit.« (Rudolf von Jhering)

Befangenheit – ein unbekannter Zustand

Befangenheitsanträge gegen Richter sind rar, jedenfalls im gerichtlichen Alltag, in dem das Licht der öffentlichen Aufmerksamkeit nur trüb leuchtet. Ein mir bekannter Rechtsanwalt begründet diese Vorsicht mit Klugheit. Schließlich wolle er im Zuständigkeitsbereich des Gerichts »noch ein Bein auf die Erde bringen«.

Dienstaufsichtsbeschwerde? »So was macht man nicht.« Diesen Rat befolgt ein mir bekannter junger Anwalt. Er bekam ihn von seinem alten Lehrmeister, in dessen Kanzlei er eingetreten war, und er wird ihn wohl für den Rest seines Berufslebens beherzigen.

Richter und Anwälte kommen sich rechtlich nicht in die Quere, wenn es um ihre Berufsposition geht. Das jedenfalls scheint ein ungeschriebenes Gesetz, das auch von renommierten Kanzleien eingehalten wird. Als ein Anwalt einer solchen Kanzlei gegen den Regelverstoß eines Bundesrichters vorgehen wollte, der ein Urteil in einem hochdotierten Vortrag erläuterte, bevor dieses überhaupt verkündet worden war, gab ihm seine große, global agierende Kanzlei die als Rat maskierte Direktive, sich nicht gegen den Bundesgerichtshof zu Wort zu melden: »Schließlich wollen wir doch noch Prozesse gewinnen.« Die Angst des Anwalts vor der Rache des Richters als Handlungsmotiv? Die hohle Geste der Unabhängigkeit verdeckt allzu oft die schäbige Wirklichkeit, in der jeder um seinen kleinen Vorteil bangt und damit den Verrat am Recht in Kauf nimmt.

Die Fleischtöpfe Ägyptens ...

Die Versuchungen der Abhängigkeit der Anwälte von Richtern sind ins System eingebaut. Richter sind nicht ohne Einfluss auf Rechtsanwälte, wenn sie Pfründe zu vergeben haben. Schiedsstellen, die Einsetzung einkommensträchtiger Insolvenzverwaltungen, Gutachterbestellungen erfolgen häufig von Richters Gnaden. Wer wird es sich denn mit dem Brötchengeber verderben?

Moses hatte es nach dem Auszug aus Ägypten trotz gewonnener Freiheit mit dem Heimweh nach den Fleischtöpfen Ägyptens zu tun, von dem seine Israeliten in der Wüste erfasst wurden. Unabhängigkeit mag gut und schön sein. Aber ohne oder mit wenig Einkommen ist sie nur noch schön. Kein Anwalt will in Schönheit untergehen. Wer kann, greift gerne nach dem Zubrot, das ihm ein Richter zusteckt.

Kumpanei oder Unabhängigkeit? Filz oder Freiheit? – Wer Gerechtigkeit sucht, muss sich darauf verlassen können, dass die Organe der Rechtspflege sich durch nichts korrumpieren lassen. Doch er wäre naiv, wenn er es täte.

Die bunte Schar der Sachverständigen

Zu der großen Zahl der Rechtsanwälte gesellt sich eine bunte Schar von Sachverständigen mit extrem unterschiedlichem Qualifikationslevel: »Die Qualität der Gutachter steht in proportional umgekehrtem Verhältnis zu ihrer Bedeutung für das Urteil« (»Gutachter: die heimlichen Richter«, NDR Panorama am 31.10.13). Die Richter entlasten sich um Arbeit, und die Gutachter »belasten« sich mit mehr Einnahmen. Die Arbeitsteilung hat inzwischen auch eine profitable Rechtsform gefunden.

Gutachten-Gesellschaften sind das Auffangbecken für verunglückte Psychologen und Sozialarbeiter. Gute Menschen, die sonst keine Einnahmequelle gefunden haben, können sich in der Rechtspflege austoben. Wie nachlässig hierzulande Sachaufklärung betrieben wird, zeigt sich in der mangelnden Eignung der Gutachter. Gutachter ohne ausreichende Qualifikation entscheiden Schicksalsfragen. Eine Mindestqualifikation ist für Gutachter gesetzlich nicht vorgeschrieben. Psychologische Sachverständige sollen nach gängiger Rechtsprechung Fachwissen besitzen, worunter ein abgeschlossenes Psychologiestudium zu verstehen ist. Bei Familiengerichten geht dies etwas lockerer zu, das entspricht den um sich greifenden Gewohn- und Gepflogenheiten dieser Gerichte. Hier sind Hochschulstudium und Weiterbildung nicht unbedingt erforderlich. So kommen auch Heilpraktiker zu Wort und liefern Gutachten darüber, wo das Kind nach der Scheidung hin soll, wem es abgenommen und wem es zugesprochen wird, in welche Pflegefamilie es soll et cetera.

Bei der Prüfung eines verrosteten Kessels durch den TÜV ist mehr geprüfter Sachverstand im Spiel als bei Schicksalsfragen eines Kindes, über dessen Leben in Sorgerechtsverfahren entschieden wird. Kessel ist kostbarer als Kind?

Oma ist die beste?

Die Richter sind Könige und wen sie als Gutachter bestellen, der ist auch Gutachter.

Bestellung ersetzt Prüfung.

»Wenn der Richter meint, seine Oma sei sachkundig und der Richter sie bestellt, dann ist sie sachkundig«, sagt Elmar Bergmann, ein pensionierter Familienrichter.

Vielleicht besitzt die Oma sogar mehr Sachverstand durch Lebenserfahrung als junge Jugendamtsmitarbeiter, deren Kenntnisse durch keine Praxis »getrübt« sind.

Viele Köche …

Die Zahl der bei Gericht mitredenden Experten erhöht sich im Maß ihrer mangelnden Qualifikation. Im Kinder-, Jugend- und Familienrecht umkreisen Heerscharen von Dilettanten das Objekt Kind. Der Schutz der Kinder ist dabei nicht stärker geworden, wie die von Jugendämtern verschleppte Aufklärung von grausamen Kinderqualen belegen.

Wenn es zum Beispiel um die rechtliche Zukunft der Kinder geht, reden viele mit. Richter der ersten und zweiten Instanz, Jugendamt, Verfahrensbeistand, Gutachter, Umgangspfleger, Mediatoren teilen sich die Verantwortung. Im hochstrittigen Verfahren dringen mehr Leute als eine Fußballmannschaft in die Familien ein und bequasseln Kinder und streitbare Eltern, um anschließend zu sagen, was richtig ist. Die moderne Quasselgesellschaft spielt Schicksal. Die zwanzigjährige ledige Sozialarbeiterin erzählt der vierzigjährigen Mutter, wie sie ihr fünftes Kind hätte erziehen sollen.

Wem das Sorgerecht im Scheidungsfall zugesprochen wird, hängt unter Umständen von der Stellungnahme junger erfahrungsungestörter Jugendamtsmitarbeiter ab. »Es fehlt eben (dem Gutachter) an Sachverstand und an Wissen, wie man Gutachten erstellt«, bekannte Gabriele Papst-Sick vom Vorstand des Bundesverbandes der Sachverständigen«. Recht hat Frau Papst-Sick. Nach einer Studie der Universität Tübingen, an der 543 Eltern beteiligt waren, die von dem Biometriker Hans Peter Dürr befragt wurden, ergab sich eine Fehlerquote von 16 Prozent »nachweislich falscher Gutachten«. Wenn man bedenkt, dass mit solchen »Papieren« oft Fragen entschieden werden, die ein ganzes Leben bestimmen, wird klar, dass Gerechtigkeit in den Händen von Zufällen liegt.

Der Bauernverband ist besser informiert als der Richterbund

Die Fernuniversität Hagen stellte in einer Erhebung, die sich über 2 Jahre erstreckte und vier exemplarisch ausgewählte Gerichte umfasste, in 50 Prozent der untersuchten Gutachten für Familiengerichte gravierende Mängel fest. Jedes zweite Gutachten enthält »erhebliche handwerkliche Fehler.«

Die »Gutachterei« nähert sich auf diese Weise dem Lotteriespiel. Wer gewinnt, entscheidet der Zufall. Beim Lotteriespiel geht es um Geld. Beim Gutachten über das Sorgerecht um das Lebensschicksal von Kindern. Geld oder Kind – das sind himmelweite Unterschiede. Gerichte sind keine Spielstätten und Gutachten keine Lottoscheine.

Die Reaktion des richterlichen Establishments zeigt Schockwirkung:

»Wir waren nicht nur überrascht. Wir waren schockiert von den Ergebnissen der Studie«, stellt Joachim Lüblinghoff vom Deutschen Richterbund fest.

Wissen die Funktionäre der Rechtsprechung nicht mehr, was unter dem Dach der Gerichte los ist?

Die Hände über dem Kopf zusammenschlagen, überrascht sein und folgenloses Bedauern reicht nicht: Für Richter nicht und nicht für den Gesetzgeber.

Ich bin sicher, der Deutsche Bauernverband ist besser über Ernteausfälle informiert als der Richterbund über die »Rechtsausfälle« in deutschen Gerichten.

Justitia in der Hand von Pfuschern

Justitia macht bisweilen mit Pfuschern Bekanntschaft, die sich Sachverständige nennen. Psychologische Sachverständige sollen nach geltender Rechtsprechung ein abgeschlossenes Psychologiestudium vorweisen. Das Familiengericht jedoch arbeitet offenbar mit »herabgesetzten Ansprüchen und Preisen«. Dort tummelt sich eine bunte Schar von selbsternannten Kennern und Könnern, die offenbar kein Gespür dafür hat, dass ihre Gutachten in vielen Fällen die Konsequenz von früheren Gottesurteilen haben, die damals so unberechenbar waren wie heute die Gutachten vor Familiengerichten. Einer der »Experten« riet der Mutter, deren Klage von seinem Gutachten abhing, mal im Vorbeigehen, »keine Kinder mehr zur Welt« zu bringen. Was maßt sich ein so hergelaufener Schwätzer eigentlich vor deutschen Gerichten an, ohne dass ein Richter »ihm übers Maul fährt«? Wie kommen solche Leute zu Gutachterstellen? Thomas Sachenbrecher, der Rechtsanwalt, der die Mutter vertrat, fasst seinen Eindruck in dem Resümee zusammen: »Manchen Eltern wird schon das Sorgerecht entzogen, wenn sie nicht den Anforderungen der vom Experten definierten Erziehungsvernunft genügen.« (*Frankfurter Allgemeine Sonntagszeitung* 11. November 2012)

Der letzte Schrei des jeweils herrschenden pädagogischen Mainstreams

»Immer häufiger bestellt ein Richter sogar in den Fällen ein Gutachten, die sich mit gesundem Menschenverstand ohne zusätzliche Belastung der Beteiligten durch die Begutachtung entscheiden ließen. Was früher die Ausnahme war, nämlich ein Gutachten ist heute zum Standardprozedere geworden« schreibt Barbara Thieme, die Vorstandsvorsitzende der »Mütterlobby e.V.«. Dabei ist die Vernunft der pädagogischen Experten gerade der geltende letzte Schrei eines florierenden Erziehungsgewerbes, in dem auch die guten Eltern schlecht abschneiden, wenn sie nicht auf dem letzten Stand der neueren pädagogischen Erkenntnisse sind.

Oft versucht das Gutachten, ein Elternteil zum Guten zu stempeln, da bleibt für den anderen nur die Schlechtigkeit, urteilt Uwe Jopt, ein renommierter Familientherapeut. Diese Art von Gutachten nützt »keinem außer dem Sachverständigen«.

Das Geschäft boomt

Das Geschäftsmodell Gutachten boomt, und die schnellen Gewinner stehen fest in allen Gerichtszweigen. Schnelligkeit ist ein Geschäftsvorteil im Gutachterbetrieb. Es gibt die Gutachten-Fabriken wie GWG mit Sitz in München. Das Absatzgebiet umfasst Deutschland, Österreich, USA. In Bayern hat GWG fast ein Gutachtermonopol. Im Raum München gab es 2008 in zehn Landkreisen einen GWG-Gutachter-Anteil von 50 Prozent.

Die bei GWG beschäftigten Gutachter müssen 40 Prozent ihrer Honorare beim Konzern abdrücken. Dafür bietet GWG ein buntes Angebot von Workshops, bei denen auch Richter auftreten, die bei GWG Gutachten bestellen. Eine Hand wäscht die andere. So haben beide etwas davon, Richter und Gutachter. So etwas nennt man in der Betriebswirtschaftslehre Synergieeffekt.

Bei Gutachten geht es »nicht um Wahrheitsfindung, sondern um schnelle reibungslose Geschäfte«, behauptet der renommierte Wirtschaftsjurist Volker Boehlen und nennt dies einen Skandal. Die Schnelligkeit, mit der manche Gutachten geliefert werden, steht oft im umgekehrten Verhältnis zu ihrer Seriosität.

Im Geflecht der Gutachten überwintern Relikte der Klassengesellschaft

Die »Gutachten-Großgemeinschaften« (siehe GWG) sind die eine Möglichkeit, aus dem Gutachtengeschäft eine Geldmaschine zu machen. Versteckter, aber ertragreich wirkt ein »Gutachterkauf«, der ein spätes

Relikt der Klassenjustiz ist. Der angesehene Münchner Rechtsanwalt Dr. Hugo Lanz beschrieb das Gehege 1998 in der ebenso angesehenen Zeitschrift für Rechtspolitik: »Da diese Großen (Industrie, Versicherungen, Berufsgenossenschaften) laufend mit Gutachten zu tun haben, lohnt es sich, die Gutachter gefällig zu machen. Zuweilen geschieht das durch direkte Zuwendungen, meist geht man legal vor.« Man braucht keine besonders einfühlende Fantasie, um sich vorzustellen, dass es einer gewissen gutachterlichen Standfestigkeit bedarf, einem zahlungskräftigen Auftraggeber ein Gutachten zu liefern, das dessen »Bedürfnissen« krass widerspricht.

Die Ansicht von Rechtsanwalt Lanz wird von erfahrenen Kennern bestätigt, die von der Gegenseite, also der Staatsanwaltschaft, kommen. Staatsanwalt Erich Schondorf schrieb im Spiegel 1999: »Zahlreiche Sachverständige begutachten einfach falsch. Sie irren nicht, sie lügen. Und sie lügen mit Kalkül, immer zugunsten des am Verfahren beteiligten wirtschaftlich Mächtigeren, des Unternehmers, des Konzerns, des Herstellers.«

Transparenz ist das Gegengift gegen Korruption. Richter und Staatsanwälte dürfen die Gutachter nicht als die gefälligen Gehilfen ansehen, die ihnen die Arbeit abnehmen, und die Gutachter sollen die Richter nicht wie ihre Lehnsherren anbeten, von denen ihre Pfründe abhängen. Mehr institutionelle Distanz erhöht die Unabhängigkeit. Die Abhängigkeit der Gutachter vom Wohlwollen des Richters, von dem sie neue Gutachtenaufträge zu erhalten begehren, könnte möglicherweise dadurch umgangen werden, dass Richter nicht mehr direkt Gutachter beauftragen, sondern eine Stelle im Gericht die Aufträge vergibt. Doch zunächst muss sich überhaupt die schmerzliche Einsicht durchsetzen, dass auch die Justiz nicht nur aus guten Menschen besteht, die über jeden Versuch der Bestechlichkeit erhaben und von keinerlei Hang zur Bequemlichkeit beseelt sind. Wobei es zwischen beiden Lastern noch einige Abstufungen gibt, welche die Rechtsfindung behindern.

Gutachten: das Versteck für faule und/oder feige Richter

Richter verstecken sich hinter Gutachten. Das spart die Mühen der Rechtsfindung und Urteilsbildung. Die Richter des Bundesverfassungsgerichts attestierten ihren mit dem Fall Gustl Mollath beschäftigten bayerischen Kollegen, dass sie sich fast blind auf Gutachten verlassen hatten, die zudem noch schludrig gewesen seien.

Faktisch reicht die Macht der Gutachter weiter als vermutet. Es sind nicht Stellungnahmen, sondern Vorentscheidungen, die sie liefern. Die Gerichte schließen sich den Gutachten in der Regel an. Es ist für Richter oft aufwendiger, sich gegen Gutachten zu entscheiden. In der Praxis präjudiziert das Gutachten daher die richterliche Entscheidung. Die Machtverschiebung vom Richter zum Gutachter ist eine sublime Unterhöhlung der richterlichen Unabhängigkeit und die Einbruchstelle für den Verlust der richterlichen Autorität.

Dieter Gill – das »Gutachtenopfer«

Fünf Jahre saß Dieter Gill im Gefängnis, unschuldig. Als Kinderschänder hatten sie ihn verurteilt. Seine eigene Tochter bezichtigte ihn der Vergewaltigung. Alles erlogen. 17 Jahre nach der Verurteilung wird er freigesprochen. Die 17 Jahre liefern den Stoff für ein Lehrstück, in dem vorgeführt wird, was im Rechtsstaat Bundesrepublik Deutschland passiert, wenn ein Mensch in das Räderwerk gerät, das von angeblich wissenschaftlichen Gutachten angetrieben wird.

Ein Kind lügt. Zwei Gutachterinnen bestätigen dem Gericht die Wahrheit der Kindesaussage. Der Vater fleht das hohe Gericht an, dem Kind keinen Glauben zu schenken. Es hilft nichts. Das Gericht folgt ohne Federlesen dem wissenschaftlichen Gutachten. Der Vater wird verurteilt und in Handschellen abgeführt. Jeden Tag seiner Gefängnisstrafe sitzt Dieter Gill ab in einem Hochsicherheitsgefängnis. Er ruft das Bundesverfassungsgericht an. Er bettelt, ihm zu glauben, dass er seine Tochter nicht vergewaltigt hat. Die höchsten Richter, Hüter der Verfassung, nehmen seine Klage noch nicht einmal an. Sie lehnen ohne Begründung ab.

Warum hat seine Tochter gelogen? Er versteht die Welt nicht mehr. Warum hat sie kurz vor der Entlassung aus der Justizvollzugsanstalt Straubing sogar noch eine fünfjährige Führungsaufsicht über ihn mit der Begründung durchgesetzt, sie habe Angst vor ihm. Er hat dem Kind nie etwas angetan. Gill hat nach der Haft keinen Job gefunden. Alte Freundschaften zerbrachen. Man meidet ihn. Das ist die Fortsetzung der Gefängnisstrafe mit anderen Mitteln.

17 Jahre später legt der Rechtspsychologe Günter Köhnken im wiederaufgerollten Prozess dar, wie schlampig die Gutachterinnen ihre damalige Arbeit erledigt hatten. »Gesinnungsdiagnostik« nennt er das. Die Tochter widerruft unter Tränen ihre Aussage.

Gill wird vom Makel der Kindesschändung befreit, der 17 Jahre an ihm gehaftet hatte. Verliert sich der Makel spurlos? Keine der beiden Gutachterinnen, keine Staatsanwältin, keinen Richter plagten offenbar Gewissensbisse. Die Mühle dreht sich weiter, als sei nichts geschehen. Keine Schlüsse werden aus den Fehlern gezogen. Wird in der Justiz niemand aus Schaden klug oder lernt aus Fehlern? Eine der beiden Gutachterinnen arbeitet weiter wie vor 17 Jahren als Kinder- und Jugendpsychiaterin. Die Staatsanwältin, die trotz Widerruf der Tochter die Wiederaufnahme des Verfahrens für nicht zulässig erklären wollte, zeigte sich unbeeindruckt.

Das Erste, was dem Richter einfiel, der das folgenreiche Fehlurteil gesprochen hatte, war der Vorschlag, dass die Justiz sich das Geld für die Haftentschädigung von Gill von dessen Tochter holen müsse, welche als Kind die damalige Falschaussage machte. Offenbar ist die 17 Jahre zurückliegende Falschaussage für den Richter wichtiger als der heutige Mut der Tochter, ihren Fehler zuzugeben.

Der Richter Straßer, der Gill zu Unrecht hinter Gitter gebracht hatte, beeilte sich schon wenige Tage, nachdem Gill freigesprochen worden war, festzustellen, dass er nichts falsch gemacht habe. Er berief sich darauf, dass der Bundesgerichtshof im Revisionsverfahren seine Arbeit im Hauptverfahren bestätigte. Der Mann klopft sich nach dem Desaster auch noch auf die Schulter. Sind Richter Autisten? Formal war alles richtig. Nur materiell lag ein falsches Urteil vor. Dem Richter hätte bedauerlicherweise ein Falschgutachten vorgelegen, war die Begründung für das Fehlurteil. »Sorry!« Sonst war alles korrekt?

Ja, der Richter hat alles richtig gemacht. Das Räderwerk der Rechtsmaschine klapperte fehlerfrei. Es war lediglich ein falscher Input. Vorn wurde ein Gutachten in die Rechtsfindungsmaschine gesteckt, und hinten kam das Urteil heraus – und mit ihm ein beschädigtes Leben. Ist halt dumm gelaufen! Schade für Gill. Die Rechtsmaschine war schuld. Die Bedienung kann nichts dafür.

Das Revisionsgericht verhielt sich wie Pontius Pilatus und wusch seine Hände in Unschuld. Schließlich prüft die Berufungsmaschine in der Regel nicht die Beweise, nur wenn Widersprüche und Denkfehler oder Lücken auftauchen. Die Revisionsmaschine ist auf das störungsfreie Rotieren des formalen Räderwerks spezialisiert.

Der Strafverteidiger Johann Schwenn, der Gill im Wiederaufnahmeverfahren verteidigt, nennt Gills Schicksal keinen Einzelfall. Gill habe Glück gehabt, dass seine Tochter nach 13 Jahren zugegeben hat, gelogen zu haben. »Das ist mutig und kommt selten vor.« (*Die Zeit*, 7. November 2013) Trotzdem dauerte es noch vier Jahre vom Widerspruch der Tochter bis zum Freispruch. Die Justiz hat keine Eile, ihre Fehler zu korrigieren, und Entschuldigungen kennen Richter auch nicht.

Der selbstgefällige Komplex

Der rechtspflegerische Komplex von Richtern, Staatsanwälten und Gutachtern ist offenbar immun gegen Selbstzweifel. So schnell wie den Angeklagten kann keinem aus diesem Gewerbe der »Urteiler und Beurteiler« etwas passieren. Falschgutachtern stößt so schnell nichts zu. »Strafrechtlich müssen Sachverständige nur für vorsätzlich falsche Gutachten einstehen, es sei denn, sie sind vereidigt worden«, stellt der Verteidiger von Gill bedauernd fest. »Das kommt fast nie vor.« (Johann Schwenn, *Die Zeit*, 7. November 2013) »Das Schicksal von Gill ist kein Einzelfall«, sagt Johann Schwenn.

Thomas Fischer, der dem Zweiten Senat des Bundesgerichtshofs vorsitzt, hat auf die Gefahr hingewiesen, dass das Recht aus den Händen des Richters in die von Sachverständigen abgleitet: »Denn im Rechtsstaat haben Richter über den Entzug der Freiheit zu entscheiden, nicht Ärzte, Ingenieure oder Informatiker, weil allein sie legitimiert sind.« (*Die Zeit*, 22. August 2013) Ohne Gutachten wird die Rechtsprechung nicht auskommen. Aber sie sind ein Hilfsdienst, mehr nicht. Sie ersetzen den Richter nicht. »Die Richter müssen die dunklen Ecken kennen und das schlechte Gewissen des Rechtsstaates erleiden und im Zweifel für den Menschen und seine Freiheit entscheiden.« (Fischer, *Die Zeit*, 22. August 2013) Der Richter agiert nicht nur mit Paragraphen. Zu seiner Verantwortung gehört die Kenntnis der Lebenswirklichkeit. Richter sind keine juristischen Fachidioten.

Psychologie verdrängt Rechtswissenschaft: Justitia auf der Couch

Es besteht akute Gefahr, dass die Psychologie der Justitia die Arbeit wegnimmt. Die Gutachten der forensischen Psychologen und Psychiater beginnen, das Recht zu dominieren. Der Patient verdrängt den Angeklagten. Doch der Patient hat weniger Rechte.

Eine gerichtliche Psychoreligion mit großer Glaubenskraft und wenig Objektivität ist im Entstehen. Daniel Morric von der University of Virginia berichtet im Fachmagazin *Psychological Science* von Ergebnissen einer Untersuchung: »Das Justizsystem verlässt sich häufig auf Gutachter, und die meisten von ihnen glauben, dass sie ihre Aufgabe objektiv erledigen. Unsere Ergebnisse lassen vermuten, dass dies nicht der Fall ist.«

Das Experiment, an dem sich 118 forensische Gutachter beteiligten, bestand aus dem Vergleich von Gutachten über Sexualdelikte. Die Auswertung ergab, dass Gutachten über die gleichen Fälle, die mit denselben Methoden erstellt worden waren, unterschiedlich ausfielen. »Diejenigen Gutachter, die für die Strafverfolger arbeiteten, bewerteten die Gefährlichkeit der vermeintlichen Straftäter deutlich höher als jene Experten, die angeblich für die Verteidigung arbeiteten.« (*Süddeutsche Zeitung,* 29. August 2013) Wes Brot ich ess, des Lied ich sing.

Der Fall Bernert

Daniel Bernert ist inzwischen 30 Jahre alt. Er kann sich nicht selber helfen. Er ist schwerstbehindert, kann sich nicht waschen, nicht anziehen, nicht lesen, nicht schreiben. Er leidet unter schweren Sprechstörungen.

Seine Mutter Claudia kämpft seit zwei Jahrzehnten darum, dass sie für die Fehler entschädigt wird, die bei der Geburt ihres Sohnes passiert sind. 22 Richter, 20 Gutachten, 5 Urteile hat Claudia in der langen Geschichte ihres Kampfes um ihr Recht erlebt. Zweimal hat das Landgericht Kempten ihr recht gegeben (1995 und 2011) und verfügt, dass sie entschädigt wird. Und zweimal hat daraufhin das Oberlandesgericht München (2004 und 2013) die Urteile wieder aufgehoben. Der Wahnsinn ist, dass jedesmal wieder ein neues Gutachten erstellt wird. (*Süddeutsche Zeitung,* 8. April 2014)

Die Gerichte sind in solchen Fällen auf den medizinischen Sachverstand von Gutachtern angewiesen. Diese »fällen« das eigentliche Urteil.

Kläger und Beklagte können Privatgutachter beauftragen. Die kosten Geld. Welche Partei mehr Geld hat, bestimmt oftmals über die Gewichtung der Gutachten. Je größer der Name, desto teurer das Gutachten.

Der verantwortliche Arzt war »allianzversichert«. So schnell gibt Deutschlands größter Versicherungskonzern nicht auf, wenn's ums Geld geht. Und davon hat Allianz mehr als die Bernerts. Allianz gegen Bernert, das ist wie Bayern München gegen die Reservemannschaft von FC Kleinhausen.

Frau Bernert aber ließ sich nicht mit einem Vergleichsalmosen abspeisen und ging auf keinen Vergleich mehr ein. Zu lange wurde sie hingehalten. Sie will jetzt ihr Recht. Der Bundesgerichtshof muss entscheiden. Ein Recht, auf das Frau Bernert drei Jahrzehnte warten musste, hat allerdings viel von dem Glanz eines Frieden stiftenden Rechts verloren, selbst wenn das Urteil für Frau Bernert gut ausgeht.

Frau Bernert will das Geld gar nicht für sich. Sie denkt an die Zukunft ihres Sohnes, an die Zeit, wenn sie nicht mehr für ihn sorgen kann. »Ich darf nicht aufgeben«, sagt die Mutter.

Der Fall H.

Im Fall H. weisen alle Spuren in ein Gestrüpp von Recht, Wirtschaftsinteressen und Beziehungen, das ein Normalsterblicher nur schwer durchschauen kann. Aufmerksam gemacht wurde ich vom Vater des Betroffenen, einem anständigen Menschen, den ich seit Jahren kenne. Sein Bericht führt in die dunklen Gänge, mit denen ein zahlungskräftiger Lobbyismus das Rechtsgebäude untertunnelt hat.

Es geht bei dem Rechtsstreit H. um unbezahlte Rechnungen für pharmakologische Gutachten im Auftrag eines Pharmaunternehmens. Die Klage wurde 2009 beim Landgericht München eingereicht, 2010 erließ ein Einzelrichter einen Beweisbeschluss über die Grundlagen der Gutachterbeauftragung. 2011 war die Beweisaufnahme angesetzt.

Nach einem ersten Beweisaufnahmetermin, in dem nur allgemeine Grundlagen der Geschäftsbeziehung verhandelt wurden, fand der nächste Beweisaufnahmetermin nicht statt, da der Zeuge des Prozessgegners nicht erschienen war. Die Beweisaufnahme entfiel deshalb. Der Anwalt der Kläger hob die weiße Fahne und machte unabgesprochen und urplötzlich einen Vergleichsvorschlag. Die Kläger stimmten dem Vorschlag ihres Anwalts nicht zu, weil er viel zu niedrig war.

Die zuständige Einzelrichterin trug den gleichen ungewöhnlichen Familiennamen wie ein Mediziner, der eine tragende Rolle bei der Medikamentenzulassung zugunsten dieser Pharmafirma spielte, welche die Gutachten nicht bezahlt hatte. Das brachte die Kläger auf den naheliegenden Gedanken einer verwandtschaftlichen Beziehung. Sie beauftragten ihren Rechtsanwalt, der Frage nachzugehen. Doch bevor der Anwalt die Frage offiziell hätte stellen können, war die Einzelrichterin ausgewechselt. Danach hat sich der Anwalt trotz wiederholter mehrfacher Aufforderung nicht mehr bei den Klägern gemeldet. Die gesamten Rechtsanwaltsgebühren für den Prozess hatte er vorher als Vorschuss kassiert. Unterlagen für den Prozess hat er nicht mehr eingereicht, Anträge nicht mehr gestellt.

Die Kläger mussten einen neuen Anwalt beauftragen und die gesamten Anwaltskosten noch einmal bezahlen.

Die Kläger klagten gegen ihren Anwalt und gewannen. Dabei hat sich der Anwalt »Munition« (Unterlagen) bei dem Anwalt des Pharmaunternehmens (ehemals Prozessgegner) besorgt und bei Gericht eingereicht.

Beim nächsten Beweistermin im Verfahren gegen die Pharmafirma mit der neuen Richterin wurde nur noch Beweis erhoben über vier Telefonate. Der unerledigte Beweisbeschluss des ersten Richters wurde nicht aufgehoben, aber auch nicht bearbeitet, noch nicht einmal erwähnt wurde er.

Nach diesem Beweistermin reichte der Anwalt der Kläger noch einen Schriftsatz ein. Acht Tage danach kam das Urteil: Klage abgewiesen. Von den Einwendungen des Schriftsatzes fand kein Wort Erwähnung und Berücksichtigung.

Zur Berufung beim Oberlandesgericht München trat Richter D. auf die Bühne. Der Berichterstatter dieses 10. Senats, Richter T., rief etwa sechs Wochen nach Eingang der Berufung den Anwalt der Klägerseite an und schlug eine Vergleichsmöglichkeit in einer konkreten Höhe vor, weil aus seiner Sicht eine Erfolgsaussicht der Klage gegeben sei. Das war Ende Oktober 2012.

Dann folgte die Überraschung. Das Oberlandesgericht teilte mit Datum vom 20. März 2013 durch einstimmigen Beschluss mit, die Klage sei wegen fehlender Erfolgsaussichten abzuweisen. Gottes und der Justitia Wege sind unerforschlich.

Da unterbreitet ein Richter eine konkrete Vergleichssumme, verlagert die mündliche Verhandlung quasi an den Telefonhörer, was rechtswidrig und unzulässig ist, um dann anschließend die Berufungsklage abzuweisen, weil er offenbar mit seinem Vergleichsvorschlag bei der Pharmafirma auf taube Ohren stieß und ihm und seinen Kollegen ein arbeitsreicher Prozess drohte.

Wenn eine Berufung offensichtlich unbegründet ist, kann es nicht den geringsten Anlass zu Telefonaten des dargestellten Inhalts, erst recht auch nur den geringsten Anlass zu telefonischen richterlichen Vergleichsvorschlägen in konkreter Größenordnung geben.

An Dreistigkeit nicht zu überbieten ist, dass Richter D. in diesem Hinweisbeschluss zur Berufungsabweisung als Referenz seiner »Erwägungen« sogar ein eigenes Urteil aus einem vorhergehenden Prozess zitiert, das allerdings das Bundesverfassungsgericht gerügt hatte.

Der Anwalt der Kläger stellte innerhalb der Frist einen Antrag auf Fristverlängerung für die Erwiderung auf diesen Hinweisbeschluss, um den völlig auf den Kopf gestellten willkürlichen »Erwägungen« in einem ausführlichen Schriftsatz entgegenzutreten.

Elf Tage nach Fristende wurde der Antrag des Anwalts rückwirkend abgelehnt, entgegen der höchstrichterlichen Rechtsprechung des Bundesverfassungsgerichts und des Bundesgerichtshofs und der Tatsache, dass der Gegenseite großzügig Fristverlängerung um mehrere Wochen gewährt wurde.

Somit wurde der Erwiderungsschriftsatz der Kläger aufgrund des vom OLG herbeigeführten Fristversäumnisses nicht anerkannt.

Auch hier hatte Richter D. seine Hände im Spiel. Wie sich herausgestellt hat, behielt er, obwohl er von den Klägern abgelehnt worden war, in der fraglichen Zeit der beantragten Fristverlängerung die Prozessakten bis lange nach Fristablauf bei sich zurück, so dass das Fristverlängerungsgesuch den zuständigen Richter nicht erreichte.

Richter T., der geflissentliche Helfer, dessen Eifer für Vergleiche am Telefon unter allen Umständen den Aufwand einer mündlichen Verhandlung verhindern sollte, arbeitet als Ausbilder für eine Schulungseinrichtung der Industrie- und Handelskammer, deren zahlende Kunden auch führende Mitarbeiter der beklagten Pharmafirma sind.

Richter D. ist ebenfalls hinzuverdienender Richter einer privatwirtschaftlichen Fortbildungseinrichtung. Wer da nicht auf den Verdacht kommt, dass Recht und Wirtschaft sich im Zustand der Verfilzung befinden, muss ein harmloses Gemüt besitzen.

Sind Richter auch empfängliche Menschen wie viele andere?

Der Fall H. ist noch nicht zu Ende. Insgesamt zehn Richter haben die Kläger abgelehnt. Es rücken junge Richter nach. Sie stehen unter der Knute ihrer Chefs, die den Geschäftsverteilungsplan nach ihren Bedürfnissen auslegen. Junge Richter werden zu willfährigen Gehilfen, wenn sie ihrer Karriere nicht massiv schaden wollen. Über Befangenheitsanträge entscheiden die Arbeitskollegen der Richter, gegen welche sich der Befangenheitsantrag richtet, oder – noch schlimmer – fungieren nur als Strohmänner und -frauen für ihre Richterkollegen. Richter entscheiden über ihre richterlichen Nachbarn. Es ist sogar davon auszugehen, dass abgelehnte Richter in den meisten Fällen, so zum Beispiel am Oberlandesgericht, selbst über das gegen sie gerichtete Ablehnungsgesuch befinden.

Ist das die Unabhängigkeit, die wir meinen?

Festzuhalten ist, dass der Vorsitzende Richter D., zuständig beim Oberlandesgericht für den Fall H., in einem ähnlichen Fall wegen »Unvereinbarkeit mit maßgeblichen Rechtssätzen« vom Bundesverfassungsgericht in die Schranken gewiesen worden war. Dürfen Richter ihre Fehler unbelehrbar wiederholen?

Der Trend der Zeit

Neben die personale Schwächung der Rechtspflege treten strukturelle Probleme. So gehen »schwache« Personen Hand in Hand mit »schwachen« Institutionen. Zweimal Minus ergibt in der Rechtspflege jedoch kein Plus.

Das Recht und seine Normen weichen zurück und eine geschwätzige Kommunikation drängelt sich vor. Diener des Rechts werden Manager des Richtigen, Dienlichen. Aus dem Recht, das Regeln des Zusammenlebens festsetzt und Verstöße sanktioniert, wird eine Art Bedienungsanleitung für Konfliktmanagement. Einigung statt Urteil, Konsensualität statt Normalität. Therapie statt Recht. Güter- und Interessenabwägung verdrängen die klassische Orientierung an Gesetzestexten. Rechtssicherheit ist jedoch auf ein unverzichtbares Maß Normativität angewiesen, auf verlässliche Regeln, die mentale Moden überstehen.

Rechtsstabilität und -gewissheit

Rechtsstabilität und -gewissheit bringt Erwartungssicherheit. Man muss wissen, wofür man bestraft werden kann und welche Geschäfte erlaubt sind. Erwartungssicherheit wird von der Normalität markiert. Normalität im Rechtssinne ist etwas anderes als eine kollektive Bequemlichkeit, die dem Ungemach opportunistisch aus dem Weg geht. In der Normalität steckt die Norm, die das Verhalten am Richtigen (dem Guten) ausrichtet.

Aus Normen, welche die Normalität konstituieren, folgt Verlässlichkeit, die auf Dauer eingestellt ist und deshalb nicht wechselnden Launen und Moden folgen darf. Unsere Verfassung, also unsere höchste Norm, kann nur mit Zweidrittelmehrheiten in Bundestag und Bundesrat verändert werden. Artikel 1 und 20 unserer Verfassung sind sogar mit einer »Ewigkeitsklausel« ausgestattet, die selbst von Mehrheiten nicht angetastet werden kann. Nur innerhalb der Grenzen des Grundgesetzes ist die Gesetzgebung frei. Das Gesetz bindet die Rechtsprechung, Gerichtsurteile sind Ableitungen aus Gesetzesvorschriften.

Die Gerichte sind an das Gesetz gebunden. So weit – so klar!

Güterabwägung und Interessenausgleich

Doch in der Realität der Rechtsprechung stoßen nicht selten die gesetzlichen Ansprüche aufeinander. Hier hilft das Gebot der Güterabwägung. Im Strafrecht kollidiert zum Beispiel unter Umständen das Lebensrecht des ungeborenen Menschen mit dem Überlebensrecht seiner Mutter. Güterabwägung vermittelt dabei zwischen Ansprüchen, ohne diese einfach zu annullieren. Einen Schritt weiter als die Güterabwägung führt der Interessenausgleich. Er zielt auf den Kompromiss zwischen unterschiedlichen Interessen und hat besonders im Grenzbereich zwischen staatlicher Hoheit, Gesellschaft und innergesellschaftlichen Kräften wie beispielsweise Tarifpartnern sein Aufgabenfeld.

Ableitung, Abwägung und Ausgleich sind eine Aushilfe. Sie setzen das Gesetz nicht außer Kraft und sind deshalb kein Freifahrschein für Gerichte. Dennoch wohnt in der Abwägung die richterliche Versuchung, die Konsequenzen des Gesetzes ins Eingemachte abgleiten zu lassen. Beide tragen gewissermaßen einen Kompromisscharakter.

Vom Sollen zum Wollen

Mit dem richterlichen Interessenausgleich wird der Wandel vom »richtigen Recht« zum jeweils »gewollten Recht« weitergetrieben. Rechtsprechung nähert sich der Politik an. Die Interessenjurisprudenz tritt in Konkurrenz zur Gesetzestreue. Der politische Ehrgeiz hat inzwischen auch das Bundesverfassungsgericht erfasst. Was gewollt wird, ist jedoch umstrittener als das, was »gesollt« wird. Das Verfassungsgericht verliert auf einem solchen Weg – vom Sollen zum Wollen – seine Frieden stiftende Autorität. Freilich ist diese Entwicklung auch Frucht der politischen Feigheit der Legislative, welche sich die heißen Eisen von den Verfassungsrichtern aus dem Feuer holen lässt.

Von der Norm zum Interesse

Wieder liefert das Familiengericht das Paradebeispiel für den Paradigmenwechsel von der Norm zum Interesse. Verhandlungen vor dem Familiengericht sind Interessenkämpfe unter Aufsicht eines Maklers, der sich Richter nennt, mit minimaler Erinnerung an den normativen Charakter von Ehe und Familie, wie er in Artikel 6 des Grundgesetzes festgehalten wird. (siehe Teil III: »Ehe auf Abruf: Scheidungsrecht als Fluchthilfe«). Familiengerichte entwickeln sich zur Wetterfahne des Zeitgeistes. Sie sind mithin Institutionen, die der Entkernung des normativen Gehaltes des Rechts dienen.

Ausfransen des Rechtsstaats

Allzu schnell schlagen Richter eine Abkürzung zur Beendigung des Streits vor: In Zivilsachen werden Vergleiche angestrebt, in Strafsachen Deals. Ein Deal, in dem Geständnis mit Strafmaß abgewogen wird, mindert die Anstrengung, das richtige Urteil zu finden. Je mehr Geständnis, desto niedriger das Strafmaß. Ein Vergleich ähnelt einer tariflichen Schlichtung, der Deal dem mittelalterlichen Ablasshandel, nur dass anstelle von Gebeten Geständnisse treten.

Friedhof der Gerechtigkeit

Meine eigenen Erfahrungen in einer zivilrechtlichen Auseinandersetzung vor dem Darmstädter Landgericht, in der es um die Kinderarbeit
in indischen Steinbrüchen ging, bestätigten meine Vermutung, dass
nicht immer die Aussichtslosigkeit einer Urteilsfindung der Grund für
eine Vergleichsempfehlung des Richters ist, sondern dessen prakti-
sches Bedürfnis, Ärger zu vermeiden. Der gute alte Richter, kurz vor
seiner Pensionierung stehend, empfahl damals, sich zu vergleichen.
»Wenn's weitergeht, wer weiß, wie das Oberlandesgericht entscheidet?«, gab er zu bedenken. Der furchtsame Blick auf die nächsthöhere
Instanz als Handlungsmaßstab eines unabhängigen Richters?

Im Zivilprozess verdrängt der Vergleich den Beschluss. Die Vereinbarung anstelle der rechtlichen Entscheidung dient aber nicht in jedem Fall der Gerechtigkeit. Der Vergleich gerät leicht aus dem Gleich-
gewicht, wenn sich die Kontrahenten nicht auf Augenhöhe begegnen.
Von seinem Ursprung her soll das Recht Schutz vor Übermacht gewähren, daher sind gerade die Schwächeren auf es angewiesen.

Das Urteil folgt der Rechtslage, es ist gebunden an Vorgegebenes,
nämlich an Gesetze. Der Vergleich dagegen ist freier und bisweilen
mehr von der Tüchtigkeit eines cleveren, teuren Anwalts als von der
Konsequenz des Rechts abhängig. Rechtsfriede durch Vergleich kann
also auch der Friedhof der Gerechtigkeit sein.

Der Vergleich oder Justitia mit der Zange

Manchmal gleicht der Vergleich einer Zangengeburt, nämlich dann,
wenn der Richter mehr oder weniger behutsam darauf hinweist, dass
dem Unwilligen die Alternative eines saftigen Urteils mit unbequemen
Folgen droht. Justitia mit der Zange in der Hand entspricht zwar nicht
dem traditionellen Bild von dieser Dame, stellt aber die prozessuale
Wirklichkeit besser dar. (Ich möchte an dieser Stelle anregen, Sit-
zungssäle an deutschen Gerichten entsprechend umzudekorieren).

Fest steht: Ein Vergleich ist für den Anwalt meist lukrativer, dem
Richter erspart er die Urteilsfindung und -begründung und bewahrt
ihn vor Revisionsverfahren. So ist beiden Juristen geholfen. Und das ist
doch wichtig! Oder?

Krämerseelen auf dem Richterstuhl

Bei Widersprüchen die Mitte als Wahrheit anzunehmen entspricht einer Krämerweisheit: Ein bisschen Nachlass ist immer noch das bessere Geschäft, als gar nichts zu verdienen. Die Vergleichsvariante ersetzt die Wahrheitsfindung auch dort, wo schlicht Bequemlichkeit das Auffinden der Wahrheit behindert. Eine Richterin am Familiengericht beendete den Streit zwischen Ehepartnern im Unterhaltsverfahren über die Quadratmeterzahl der bewohnten Wohnung mit einem salomonischen Vergleich zwischen den Angaben 205 qm und 140 qm mit der definitiven Festlegung auf 180 qm. In diesem Fall hätte ein Zollstock genügt, die exakte Wahrheit zu finden. Das freilich hätte Mühe gemacht. Willkür erspart Arbeit. Festsetzung geht flotter als Nachmessung.

Vergleich auf dem Rücken des Schwächeren

Eine Richterin am Oberlandesgericht X fragt Rechtsanwalt Y, ob er seine Klage zurückziehe oder ein Urteil wolle, das dann der Vorinstanz entspreche. Auf die Bitte um eine Begründung für diese Alternative antwortet sie: »Wenn ich Begründung liefern soll, dann urteile ich lieber.« So ist das: Wenn Arbeit, dann Urteil.

Die Vorstellung, dass es einer noblen Gesinnung entspricht, jeder Seite ein bisschen recht zu geben, ist bei genauerem Hinsehen eine Illusion: Meist läuft es darauf hinaus, dass der Schwächere auf einen Teil seiner Forderung verzichtet aus Furcht, sonst gar nichts zu erhalten. Für den, der etwas hergeben soll, ist der Vergleich fast immer ein Gewinn, weil er weniger hergibt als gefordert und nach Beschluss hätte zahlen müssen. Der Vergleich im Scheidungsrecht wird tendenziell auf dem Rücken des Schwächeren ausgetragen, und das ist meist die Frau.

So begünstigt der Vergleich in der Mehrzahl der Fälle den Mann, weil er in der Regel das hohe Einkommen bezieht, von dem er Unterhalt abzweigen soll.

Erpresstes Sorgerecht

Im Familiengericht umfassen die Vergleichsmöglichkeiten auch so delikate Fragen wie das Kindeswohl. Das Kind wird zum Objekt des Vergleichs, der über sein weiteres Leben entscheidet. Zwar kann auch hier Streit durch Einigung geschlichtet werden. Doch wenn der Friede der Einigung das Ergebnis einer erpressten Zustimmung ist, sind die Folgen mit großen seelischen Verletzungen verbunden. »Keine (gesunde) Mutter wird einem Vergleich nicht zustimmen, wenn ihr im Vorfeld erklärt wird, dass sie zum Beispiel die elterliche Sorge verliert, wenn sie nicht kooperiert.« (Mütterlobby, 31. Oktober 2013). Das Sorgerechtsverfahren birgt große Gefahren für das Kind, wenn es aus allen Bindungen geworfen wird und zum Verlust eines Elternteils noch der Verlust der vertrauten Umgebung hinzukommt.

Das Betreuungswechselmodell, nach dem die Kinder ihren Aufenthaltsort zwischen Mutter und Vater wechseln, gilt in letzter Zeit als Ausdruck konfliktlösender Modernität. Das »Paritätsmodell« wird entsprechend beworben und medial vermarktet. Es nimmt seine gestalterische Anregung offenbar aus dem System des Legobaukastens, aus dem die Klötzchen nach den Ideen des Bastlers gelöst, eingesetzt und umgebaut werden. Doch Kinder sind keine leblosen Klötzchen. Der familiengerichtliche Eifer übersieht, dass Kinder ihr Umfeld mit sich tragen, es ist nicht beliebig auswechselbar. Heimat gibt es nur im Singular. Selbst die Nomaden wussten dies. Ihre Fortbewegungen waren keine Pendelbewegungen.

Das Wechselmodell bietet den Vorteil, dass der unterhaltspflichtige Elternteil seine Kosten mindert, wenn der Kindesaufenthalt geteilt wird. In der Regel sind die Mütter die Benachteiligten. Sie behalten die Sorge – der Vater zahlt weniger Unterhalt.

Peitsche statt Zuckerbrot

Paradoxerweise ist der Deal vor Gericht nicht in jedem Fall günstiger für den Angeklagten. Er kann sogar ein Ergebnis zustande bringen, das »teurer« ist, als es ein Urteil geworden wäre. Bisweilen geben Angeklagte sogar mehr zu, als sie verbrochen haben. »Nur raus, raus hier«, erzählte mir ein guter Freund. Sie hatten ihn in der Untersuchungshaft weich gekocht. Weihnachten stand vor der Tür. Er gab alles zu, was seiner Haftentlassung nützlich war und mehr, als er getan hatte. So wird aus dem Deal vor Gericht statt Zuckerbrot die Peitsche.

Ablasshandel – oder freie Fahrt für Ecclestone

> »Wenn das Geld im Kasten klingt,
> die Seele in den Himmel springt.«

Dass man mit Geld sich von Sündenlast befreien könne, war der Anstoß, der die Reformation auslöste. Wo bleibt der Luther, der die Justiz von den Geldgeschäften des Rechts befreit?

Eine Spitzenleistung des juristischen Ablasshandels liefert das Landgericht München im Falle Ecclestone.100 Millionen Dollar und Du verlässt von Sündenlast befreit den Gerichtssaal. Bei Gott und vor Gericht ist kein Ding unmöglich.

44 Millionen Dollar überwies Charles Bernard Ecclestone, Chef der Formel 1, an Gerhard Gribkowsky, Vorstandsmitglied der Bayerischen Landesbank. Gribkowsky sorgte dafür, dass der fast 50-prozentige Formel-1-Anteil der Landesbank an den britischen Investor CVC veräußert wurde, der Ecclestone genehm war. Ecclestone blieb ungefährdet »Herr der Formel 1«

Sechs Jahre später wird Gribkowsky wegen Bestechlichkeit, Untreue und Steuerhinterziehung zu achteinhalb Jahren Gefängnis verurteilt. »Der einstige Bayern LB Vorstand hatte gestanden, von Ecclestone bestochen worden zu sein.« (Frankfurter Rundschau 6.8.2014)

Wo ein Bestochener ist, ist auch ein Bestecher, so wie zu jeder Tat nach den einfachen Gesetzen des gesunden Menschenverstandes ein Täter gehört.

Denkt man. Das Gericht denkt, Ecclestone lenkt!

Jetzt beginnen die Komplikationen.

Um welche Art von Bestechung handelte es sich? War es eine Bestechung sozusagen erster Klasse also eines Amtsträgers oder eine alltäglich geschäftsmäßige?

Gribkowsky war als Vorstandsmitglied der Bayerischen Landesbank Amtsträger. Das reicht normalerweise für eine Bestechung der gehobenen Güte. Ecclestone, der sonst alles weiß, wusste angeblich nicht, dass Gribkowsky Amtsträger sei. Er wäre dann mehr aus Versehen in die Höchstklasse der Bestechung gestolpert. Dass er den Bankmanager nach Zeugenaussagen öfter als civil servant, also Staatsdiener angesprochen hatte, soll nur eine Frotzelei des humorvollen »Bernie« gewesen sein.

Gribkowskys Erinnerungsvermögen war glücklicherweise auch etwas geschwächt, möglicherweise durch den längeren Gefängnisaufenthalt in Mitleidenschaft gezogen, so dass er wenig zur Sachaufklärung beitragen konnte.

»Wie ist es möglich, dass er sich vor Gericht systematisch in Widersprüche verheddernde und unter plötzlichem Gedächtnisschwund litt?« fragt die ZEIT.« Ob er sich vor allem an den einen Satz erinnerte, den Ecclestone ihm einmal zuflüsterte: »Ich werde mich um dich kümmern!« (ZEIT 7.8.2014)

Auch der Vorwurf, Ecclestone habe Gribkowsky zur Untreue angestiftet, konnte »nicht erhärtet« (Welt 6.8.2014) werden, wie Richter Noll bemerkte.

Das Gericht konzentrierte sich auf das, was die Juristen die »subjektiven Tatbestände« nennen.

Es gibt kein strafrechtlich relevantes vorsätzliches Handeln, wenn der Täter nicht die Umstände gekannt hat, die seine Strafbarkeit auslösen.

Dass Ecclestone angab, nichts vom Status Gribkowskys geahnt zu haben, dem er großzügig Geld übergeben hatte, war der Durchbruch zu seiner Entlastung.

Ich hoffe, nach einem Autodiebstahl mit einer Geldzahlung davon zu kommen, wenn ich dem Gericht klarmachen kann, nicht gewusst zu haben, dass das Auto mir nicht gehört.

Nach so viel Erleichterung war der Weg zum Deal zwischen Staatsanwalt und Verteidiger nicht mehr weit. Es blieb ja nur noch die kleinere »Bestechung im geschäftlichen Verkehr«, (die laut Richter Noll »nicht so schwer wiegt«, TAZ 6.8.2014)

Ecclestone hatte ohnehin behauptet, er habe Gribkowsky nicht bestechen wollen, sondern sei von ihm erpresst worden. Wie immer auch es zwischen diesen »ehrbaren Kaufleuten« zuging: 100 Millionen Dollar zahlt Ecclestone und die Sache ist vergessen. Schwamm drüber!

Bernie ist gut davon gekommen. Der Poker um den Ablass soll nach Informationen der Welt (6.8.2014) bei mehr als 250 Millionen Dollar eingesetzt haben. Ecclestone ist ein sparsamer Mann. Er soll zäh verhandelt haben. Die Staatsanwaltschaft soll auf einer dreistelligen Zahl bestanden haben. Na gut, wird sich Bernie gedacht haben. Dreistellig ja, aber dann in Dollar, damit hatte er rund 25 Millionen Dollar gespart, die eine Zahlung in Euro mehr gekostet hätte.

Alte Bekannte

An dem Zustandekommen des Ergebnisses, das andere einen »Kuhhandel« (Frankfurter Rundschau 6.8.2014) nannten, wirkten alte Bekannte mit. Richter Noll, der Ecclestone laufen ließ, hat vor zwei Jahren Gribkowsky wegen Bestechung, Untreue und Steuerhinterziehung rechtskräftig in den Knast gebracht. Er war mit Sache und Personen vertraut. Sven Thomas, Ecclestones Verteidiger, kennt sich im Deal-Gewerbe gut aus, nämlich wie man mit Geld und Recht umgeht. Im Mannesmann Prozess bewahrte er Ackermann und Konsorten vor dem Schlamassel einer Verurteilung. Auch jetzt ist er Sieger. Die Einigung über die Einstellung des Verfahrens ist mehr wert als ein Freispruch. Die Einigung ist endgültig. Der Freispruch hätte angefochten werden können.

Richter Peter Noll erwies sich als ein würdiger Nachfahre des freundlichen Königlich bayerischen Amtsrichters. »Schmunzelnd« wie die Süddeutsche Zeitung berichtete (6.8.2014) und gütig beendete er die Verhandlung mit dem frommen Wunsch: »Ich gehe davon aus, dass wir uns nur noch im Fernsehen sehen.« (Süddeutsche Zeitung 6.8.2014) Dem Mann kann geholfen werden. Richter Noll wird Ecclestone gut gelaunt und gut in Form an allen Pisten der Formel 1 auf der ganzen Welt sehen können. Kein Weg ist dann für Bernie zu weit, kein Flug zu lang.

Wo doch das Gericht vielleicht auch durch das hohe Alter des Angeklagten Ecclestone Milde gestimmt war. Der Staatsanwalt hatte in seine Begründung für die Einstellung des Verfahrens auch einfließen lassen, »Ecclestone sei mit 83 Jahren recht alt und die lange Hauptverhandlung für ihn wohl sehr belastend«. (Süddeutsche Zeitung 6.8.2014)

Man stelle sich auch die Belastung vor, monatelang wöchentlich mit dem Privatjet von London nach München zur Verhandlung anzureisen. Der Mann hat schließlich was Besseres zu tun.

Richter Noll beeilte sich auch vorsorglich festzustellen, dass von der Höhe des Geldbetrages nicht auf die Schwere der Schuld geschlossen werden konnte.

Wie einfühlsam doch deutsche Richter sein können.

»Yes,yes« antwortete Bernie eifrig, als Richter Noll ihn fragte, ob er das Geld in den nächsten Tagen flüssig machen könne. Keine Sorge. Bernie Ecclestone steht auf einer britischen Reichenliste (The Sunday Times Rich

List) an 26. Stelle. 100 Millionen sind für einen Mann zu verkraften, der »33 Millionen Dollar für die Hochzeit der beiden Töchter und 140 Millionen für die neusten Villen der Hübschen, die aber natürlich nur für die Zweit- und Drittwohnsitze«, springen ließ. (ZEIT 7.8.2014)

Ecclestones Geschäfte florieren, auch wenn sie so verwickelt sind, wie die Gänge des Labyrinths, in denen sich der Minotaurus einst verbarg.

Die ehemalige Bundesjustizministerin Leutheusser-Schnarrenberger hat das Ergebnis im Ecclestone-Verfahren eine »Frechheit« genannt. Recht hat sie. Aber vielleicht ist das Resultat mehr als nur eine juristische Ungezogenheit, sondern eher ein Tiefschlag gegen das Vertrauen in den Rechtsstaat. Wenn der Rechtstaat aus dem Ecclestone-Prozess keine Konsequenzen zieht, muss man sich nicht wundern, wenn sich Gerichtssäle zunehmend in Basare und Gerichtsgebäude sich in Handelshäuser verwandeln.

Richter Noll geht davon aus, dass mit der Zahlung von vielen Millionen das öffentliche Interesse an einer Strafverfolgung gestillt sei. »Das kann man auch genau anders herum sehen«, stellt die FAZ fest. (6. August 2014)

Der Deal ist der neue Hit vor Gericht. Die Klassengesellschaft entpuppt sich als »Kassengesellschaft« (Heribert Prantl). Sieben Vorstandsmitglieder der Baden-Württembergischen Landesbank konnten sich in diesem Frühjahr mit je rund 40 000 bis 50 000 Euro freikaufen. Siemens-Vorstand Thomas Ganswindt kam für 175 000 Euro an der Strafe vorbei, Ex-Deutsche-Bank-Chef Breuer zahlte 350 000 Euro.

Der Freikauf, der sich Deal nennt, wird zum Gesellschaftsspiel für gehobene Kreise.

Der Deal, einmal gedacht, um Gerichte von der Verurteilung im Massengeschäft der Kleinkriminalität zu entlasten, wenn der Täter geständig und mit einem Strafrabatt einverstanden war, ist jetzt zum Agenten des großen Geldes geworden, welches das Recht zersetzt. Es wird nicht über eine Straftat entschieden, sondern ob überhaupt entschieden wird.

Im Strafrecht tritt Justitia als Ablasshändlerin auf. Nicht mehr Waage und Schwert sind ihre Insignien, sondern ihr Erkennungszeichen ist die ausgestreckte Hand, mit der sie Geld einnimmt, um den Strafrichter zu besänftigen, auf dass er den gewünschten Strafnachlass gewährt. Josef Ackermann, ehemaliger Vorstand der Deutschen Bank, konnte zum Beispiel mit rund drei Millionen Euro im Mannesmann-

Prozess eine Vorstrafe wegen Bestechung abwehren. Auch Peter Hartz nutzte im VW-Prozess seine Befähigung zum Feilschen, die er als Tarifpolitiker jahrelang geübt hatte. So wurde der Prozess zur Fortsetzung von Tarifverhandlungen mit anderen Mitteln. Die Verwechslung besteht allerdings darin, dass der Richter kein Tarifpartner ist.

Das gedealte Ergebnis des Strafprozesses hat für Richter und Anwälte die gleichen angenehmen Folgen wie der Vergleich im Zivilprozess. Richtern, Staatsanwälten und Verteidigern erspart das Arbeit. Mit einer solchen »Arbeitsrationalisierungsmaßnahme« wird möglicherweise auch Gerechtigkeit eingespart. Aber ein schnelles Geständnis zahlt sich eben für alle Seiten aus.

Und so wird's gemacht: Lange bevor die Gerichtsverhandlungen beginnen und nach Aktenlage, ohne Beteiligung der Schöffen, setzen sich Gericht, Staatsanwalt und Verteidiger an einen Tisch und verhandeln wie Tarifpartner: »Do ut des.« Ein kleines Geständnis – ein kleiner Strafnachlass. Ein großes Geständnis … je nachdem. Strafrabatt nach den Regeln von Angebot und Nachfrage. Auch hier helfen Drohungen und Versprechungen nach.

Justitia muss sich in ständigen Kosten-Nutzen-Analysen bewähren. Als Rationalisierungsspezialistin, Tarifpartnerin, Ablasshändlerin und Marketenderin in einer Person ist sie in allen Funktionen eine Scheinselbständige. Ihr geheimer Arbeitgeber ist die Geldwirtschaft.

Wirtschaft und Gericht auf Augenhöhe

Wirtschaftskriminelle haben gewöhnlich die größte Verhandlungsmasse und damit die Chance, die Prozesse endlos in die Länge ziehen zu können. Auch verfügen sie über mehr Pokerbegabung als der reuige Sünder, der schon bei der ersten Vernehmung alles zugibt und damit sein Angebot zum Deal frühzeitig verschleudert.

Banken und Unternehmen treten zum Duell mit dem Staat an. Das Gefecht nennt sich Deal. Dabei werden keine Wunden geschlagen, sondern mit Finten angedeutet, was jeder dem anderen antun könnte, wenn es ernst wird. Der eine deutet die Strafe an, der andere den Rückzug vom Spielfeld durch Auszug aus dem Land des Standortes. Wer sitzt am längeren Hebel? Justitia, die Gerechtigkeit, ist derweil auf Betriebsurlaub. Sie ist beim Schachern zwischen Staat und Wirtschaft nicht gefragt, sie stört. Aber was ist ein Staat ohne Gerechtigkeit? Eine Räuberbande, antwortete Augustinus vor 1700 Jahren.

JP Morgan, BP und Deutsche Bank

Staat oder Wirtschaft – res publica oder Ökonomie? Wer sitzt am längeren Hebel? Wer ist Herr und wer ist Knecht? Immer öfter scheint der Staat der Knecht der Wirtschaft zu sein. Verändert hat sich dabei auch das Verhältnis von Regel und Ausnahme. Es hat sich umgedreht. Die Ausnahme »Deal« wird zur Normalität. Wenn der Deal der Normalfall in Wirtschaftsprozessen wird, könnte die Suche nach Schuld und Unschuld zur Nebensache verkommen und das schnelle Ergebnis, welches Arbeit und Kosten spart, die Hauptsache werden. Die Nutznießer dieses »Wertewandels« sind Angeklagte mit komplizierten Delikten, denen es um viel geht und die sich teure Anwälte leisten können.

Der Deal entscheidet häufig auch auf der großen Weltbühne den Wettstreit zwischen Geschäft und Recht: 13 Milliarden Dollar zahlte JP Morgan Chase, um dem Rechtsstreit mit dem amerikanischen Justizminister Eric Holder zu entgehen. 13 Milliarden Dollar sind viel Geld. Aber weniger Geld als Jamie Dimond, den Chef der US-amerikanischen Großbank, ein Schuldeingeständnis gekostet hätte. Stellt man in Rechnung, dass sie einen Teil, vielleicht sogar einen Großteil »von der Steuer absetzen« kann (SPIEGEL 44, 2013), lässt sich die Buße leicht abbuchen. Mit wieder blühenden Geschäften und Milliardengewinnen lässt sich die Zahlung verschmerzen.

Im April 2010 explodierte die Ölplattform Deepwater Horizon, wodurch allein elf Menschen starben.

BP hat für die größte Ölkatastrophe auf dem Meer, in deren Gefolge See und Land verseucht wurden, 4,5 Milliarden Dollar Strafe bezahlt. Wie wenig ist das für so viel.

Geld setzt offenbar Recht außer Kraft. »Too big to fail« ist das globale Motto, um dem Knast zu entgehen.

Auch die Deutsche Bank ist dabei, wenn es darum geht, sich vom Recht »freizukaufen«: Über vier Milliarden Euro hat sie zurückgelegt, um mit der Klage zurechtzukommen, die ins Haus steht. Fast eine Milliarde hat sie bereits bezahlt.

Nochmals: Kirch und die Deutsche Bank

In welchem Keller liegen die Leichen? Wer den Deal zwischen der Deutschen Bank und den Kirch-Erben verstehen will, muss wahrscheinlich eine Begabung besitzen, die ihn zum Autor verwickelter Kriminalgeschichten prädestiniert.

Es standen sich ursprünglich gegenüber der bereits erwähnte Breuer, und der Medien-Zar Kirch. Kirch ist inzwischen im Himmel, Breuer pensioniert. Breuer hatte vor laufender Kamera ausgeplaudert, dass es um das Medienimperium von Kirch schlecht steht. »Was alles man darüber lesen und hören kann, ist ja, dass der Finanzsektor nicht bereit ist, auf unveränderter Basis noch weiter Fremd- oder gar Eigenmittel zur Verfügung zu stellen.« (TV am 3. Februar 2002) Die Folge war, dass aus einer nur angedeuteten Prognose knallharte Wirklichkeit wurde. Kirch musste aufgeben.

Kenner der Szene wissen, dass anständige Bankleute über die Kreditwürdigkeit ihrer Kunden nicht öffentlich parlieren. Das gehört zu den ehernen Gesetzen des Gewerbes. Breuer, der damalige Bankboss, hatte die offensichtlich vergessen – welch peinlicher Aussetzer bei einem ausgewiesenen Bankprofi! Wie ein altes Waschweib schwatzte der Vorstandschef der Deutschen Bank das aus, was so etwas wie ein »Bankgeheimnis« ist. Aber vielleicht war das Breuer'sche Ausrutschen gar kein Versehen, sondern eiskaltes Kalkül eines Routiniers des Bankgeschäfts, also eines Mannes, der alle Tricks beherrscht, die ihn auch an die Spitze der Deutschen Bank gebracht hatten. Die Deutsche Bank wollte nämlich beim Zerlegen der Kirch-Masse gute Geschäfte machen, dafür gab es sogar Pläne. Wollte man zweimal Kasse machen: erst beim Fangschuss und dann beim Verkauf des zerlegten Unternehmens?

»Hatte das Geldinstitut seinen Kunden unter Druck setzen wollen? Um den Auftrag zu erhalten, dessen Film- und Fernsehkonzern zu zerlegen? Um daran kräftig verdienen zu können? War Breuers Fernsehauftritt Teil eines heimlichen Plans gewesen?«, fragte die *Süddeutsche Zeitung* am 24. März 2014. Um auf diese Gedanken zu kommen, bedarf es keiner überschäumenden Fantasie, sondern nur ein durch Erfahrung gewitztes Misstrauen.

Der Hasenstall

Doch von der Zerlegung will Breuer nichts gewusst haben, und der Name aller weiteren Vorstandsmitglieder ist Hase, und der weiß bekanntlich von gar nichts. Pseudonyme des Herrn Hase sind bekannte Banknamen: Ackermann, Fitschen, Borsig, der später noch Aufsichtsratchef war. Von Breuers Plänen hat angeblich kein Hase auch nur eine Ahnung gehabt, selbst Breuer nicht, der Vorarbeiter aller Hasen bei der Deutschen Bank.

Die Herren aus dem Hasenstall Deutsche Bank verdächtigen sich gegenseitig. Ackermann lässt durchblicken, dass sein Vorgänger eine »letzte große Tat« habe vollbringen wollen, indem er die deutsche Medienlandschaft neu sortierte. Dafür musste allerdings das Kirch-Imperium zuvor in Scherben gehen. Mit einem Vergleich wurde die Peinlichkeit unter den Teppich gekehrt. Die Kirch-Erben erhalten von der Deutschen Bank fast eine Milliarde Euro, und der Fall ist erledigt.

Eigentlich war die Affäre ein gefundenes Fressen für die Justiz, in der sie durch ein Urteil die Hierarchie zwischen Recht und Wirtschaft hätte zurechtrücken können. Doch ihr ist der Appetit abhanden gekommen.

Der große Rechtsstreit verkommt zu einem kleinen, aber teuren Deal.

Die Vergleichsmaschine in der Dunkelkammer

Eine »Vergleichsmaschine« besonderer Art ist das Internationale Zentrum zur Beilegung von Investitionsstreitigkeiten (ICSID) mit Sitz in Washington im Hause der Weltbank. Seine Geburt verdankt dieses Gericht den Investitionsschutzabkommen zwischen Staaten. Aber eigentlich ist das Gericht gar kein Gericht, sondern eine internationale Schiedsstelle, die Streitigkeiten zwischen Unternehmen und Staaten klärt. Das »Gericht« tagt unter Ausschluss der Öffentlichkeit. Rechtsmittel vor einer höheren Instanz sind ausgeschlossen. Zur Klage berechtigt sind ausländische Unternehmen, die sich durch staatliche Gesetzgeber in ihren Rechten verletzt sehen.

Die Konstellationen sind verzwickt und auf Anhieb nicht verstehbar. Vattenfall klagt gegen die Bundesrepublik Deutschland vor ICSID; RWE verklagt die Bundesrepublik vor dem Bundesverfassungsgericht. Es geht um den Atomausstieg und Schadenersatz. Vattenfall will vier Milliarden Euro. Der Unterschied: Vor dem ICSID können nur Unternehmen antreten, die ihren Sitz nicht in dem Staat haben, durch den sie sich verletzt fühlen. RWE hat seinen Sitz in Deutschland, Vattenfall nicht. Das Ergebnis ist zweierlei Recht. Dabei geht es nicht um Peanuts, auch nicht nur um Geld, sondern um die Tatsache, dass ein »Club« in Washington bestimmt, welche Folgen im Rechtsstaat Deutschland entstehen.

Die Löcher im Käse

So unterläuft die Globalisierung den Rechtsstaat. Mit der in internationalen Investitionsschutzabkommen eingeleiteten Entwicklung verbindet sich eine Abdankung des Rechtsstaates auf Raten. Der vertragschließende Staat garantiert dem Investor die rechtlichen Bedingungen, unter denen er sein Kapital auflegt. Es geht dabei nicht um Entschädigung bei Enteignung, sondern um den staatlichen Verzicht auf rechtliche Veränderung. Das ist die Kapitulation des nationalen Rechtsstaates vor dem Kapital. Der Gesetzgeber bindet sich die Hände und begibt sich in Gefangenschaft. Philip Morris verlangt von Uruguay zwei Milliarden Dollar Schadenersatz, weil Uruguay seine Rauchergesetzgebung verschärft hat, wodurch die Anlagen von Philip Morris entwertet worden seien. Zwei Milliarden sind ein Siebtel des Staatshaushalts des kleinen lateinamerikanischen Staates.

Ohne viel Fantasie kann man sich ausdenken, was vom Rechtsstaat übrig bleibt, wenn ein dünnmaschiges Netz von Investitionsschutzabkommen über den Erdball gestülpt ist. Dann bleibt von der Souveränität der Staaten so viel übrig, wie die Investitionsschutzabkommen großzügig übrig gelassen haben. Der Rechtsstaat erfüllt dann die Funktion, welche die Löcher im Käse haben.

Die »rechtliche Weltmacht« ICSID ist einem »Geheimclub« in Washington übergeben, der sich aus Branchenanwälten zusammensetzt. Kein Richter ist an der Schlichtungsstelle beteiligt. Es treffen nicht wie bei internationalen Schiedsgerichten die streitenden Parteien auf eine Schiedsinstanz, sondern Anwälte, die paritätisch von den Parteien ausgesucht werden. Sie handeln unter Ausschluss der Öffentlichkeit ihr endgültiges Ergebnis aus, gegen das es keinen Einspruch gibt. Die Staaten sind nur als Schiedsbeklagte beteiligt. Sie können nicht die Gegenseite beklagen.

Das Schiedsgeschäft wird von einer kleinen Schar auserwählter Anwälte exklusiv betrieben. Fünfzehn Anwälte entschieden in den letzten Jahren die Hälfte aller Streitfälle. Die Schadensumme betrug vier Milliarden Dollar, was drei Viertel des Geldes ausmacht, um das es ging. Auf dem Schleichweg des Geldes wird das Recht ins Exil geschickt. Wohin? Die Metamorphose des Rechts erobert bereits die Sprache. Aus Regeln werden Regulierungen, aus Ordnungen Handelsregime. Nicht Recht ordnet das Zusammenleben, sondern Input, Output und Effizienz. Das Recht gehorcht den Flexibilitätsanforderungen der Wirtschaft.

Der Rechtsstaat, in dem Legalität und Legitimität zählen, zieht sich in einen nationalen Schrebergarten zurück, in dem nur noch Gesetze für den Hausgebrauch gepflegt werden.

Das Recht geht in die Binsen

Die globale Metamorphose des Rechts wird im nationalen Biotop vorbereitet. Deal und Vergleich drängen Recht und Ordnung zurück. Die Gegenwehr ist nur schwach. Wo sind die eifrigen Verfassungshüter?

Das Bundesverfassungsgericht hat jüngst (19. März 2013) Korsettstangen für das Rückgrat bei Verhandlungen über Strafnachlass eingezogen. An der Dealerfunktion des Richters ändert das prinzipiell nichts. Eigentlich besteht der »Fortschritt« in Binsenwahrheiten. Der Verständigung muss die Wahrheitserforschung vorangehen. Das Geständnis muss geprüft werden. Die Strafe darf nicht ohne Rücksicht auf das Tatgeschehen ausgehandelt werden. Dass so etwas Selbstverständliches vom höchsten Gericht definiert werden muss, zeigt den Grad der Entfremdung der Judikative. Am verwerflichen Charakter des Strafhandels ändern diese »neuen« Regeln jedoch nichts.

Wahrheit – eine Nebensache

Aus einer Umfrage unter 330 Richtern und Staatsanwälten aus Nordrhein-Westfalen geht hervor, dass die »Erforschung der Wahrheit«, die der Deal nicht überflüssig macht, in der Praxis eine Nebensache ist. Hauptsache Deal. Dem muss sich alles unterordnen, notfalls auch die Wahrheit. Die Richter selbst schätzen die Neuregelung nicht hoch ein, stoßen sich offenbar wenig an dem neuen Recht. Fast zwei Drittel glauben, in jeder zweiten Absprache werde gegen die Neuregelung des Paragraphen 257c der Strafprozessordnung verstoßen. (*Süddeutsche Zeitung*, 2. November 2010) Das ist halt so – oder doch nicht. Die richterliche Laxheit in der Beachtung von Recht und Gesetz nimmt offenbar zu.

Die Dünenwanderung des Rechts

Die Veränderung der Gepflogenheiten vor Gericht vollzieht sich wie das lautlose Wandern einer Düne. Landschaften werden nicht immer mit dem Bagger umgeschaufelt, und Rechtsprechung wandelt sich nicht durch spektakuläre Umbrüche. Der lautlose Flug der Sandkörner verändert die Landschaft bisweilen nachhaltiger, als das gewaltsame Eingriffe schaffen.

Mehr als die Hälfte der Richter greift zum informellen Deal, der nicht vom Recht gedeckt wird. Besonderer Beliebtheit erfreut sich vor Verkehrsgerichten das »Wegverhandeln des Führerscheinentzugs«.

Es geht dabei nicht immer um die großen Sachen, wenn das Geklüngel vor Gericht einsetzt. Kleinigkeiten werden im Vorbeigehen, sozusagen unter der Ladentheke erledigt. Das dient der Rationalisierung. Doch die Summe der so bearbeiteten Regelverstöße verändert allmählich das Bewusstsein für die Geltung des Rechts.

Schnelligkeit geht vor Genauigkeit

Schnell sollen die Strafrichter sein, damit sie nicht unter einer anrollenden Prozesslawine verschüttet werden. Beschleunigung wird auch im Rechtsstaat goutiert. Strafprozesse im Fließbandtakt sind auch das Ergebnis schwindenden Rechtsbewusstseins. »Die schnelle Justiz interessiert sich weniger für penible Aufklärung als für ein schnelles, effektives und kostengünstiges Verfahren.« (Heribert Prantl)

Familienrecht – die Krone der Dekadenz

Den stärksten Abstieg im Gerichtswesen hat ausgerechnet das jüngste Gericht geschafft, nämlich das Familiengericht. »Wer zuletzt kommt, steigt als Erster ab.«

Das Familiengericht entwickelt sich relativ unbelastet von Gerechtigkeitsvorstellungen zu einer Instanz nachträglichen Konfliktmanagements. Sein Ziel ist offenbar, die Streitenden ruhigzustellen. Familienrichter agieren oftmals wie Tarifpartner. Das mag vordergründig und vorübergehend zur Entspannung beitragen, langfristig treten jedoch schmerzhafte Nachwirkungen auf. Recht und Gerechtigkeit sind nämlich Friedensstifter, was man von der Kungelei nicht sagen kann.

Unrecht eitert. Besonders wenn der oder die Schwächere über den Tisch gezogen wird, können die Schmerzen des Unrechts chronisch werden. Schwächer ist im Kompromiss wie vor dem Familiengericht der Fordernde. Er ist auf die Nachgiebigkeit des Stärkeren angewiesen.

Von einem Extrem ins andere

Im Familienrecht hat sich die Emanzipation des Rechts von Moral am gründlichsten vollzogen. Es spielt kaum eine Rolle mehr, wer recht hat, sondern wie die Partner möglichst schnell voneinander loskommen.

Von der einstigen totalen Moralisierung der Ehescheidung ohne Rücksicht auf Lebenswirklichkeiten ist das Pendel in eine moralfreie Zone umgeschlagen, in welcher die Frage von Ursache und Schuld gar keine Rolle mehr spielt, genauso wenig wie Treuepflichten, die den normativen Kern der Ehe ausmachen, oder die Kontinuitäten des Lebenslaufs, bei deren völligem Verschwinden schwerlich eine personale Identität zustande kommt.

Das neue Scheidungsrecht geht von einem anderen Menschenbild aus als das alte. Das neue annulliert die Vergangenheit und die in ihr begründete Nachhaltigkeit. Der neue Mensch besteht aus Erwartungen an die Zukunft ohne Erinnerung an die Vergangenheit, aus der sich Pflichten ergeben. Der Mensch ohne Gedächtnis ist der Prototyp der Familiengerichte. Gedächtnisschwund ist kein Hindernis für familienrechtliche Verhandlungen. Gefragt ist der Augenblicksmensch. Für das neue Scheidungsrecht reicht der »Kassensturz«, weil nur das Jetzt und das, was gezählt werden kann, gilt. Für den neuen Menschen reicht der Istzustand zur Begründung der Beendigung einer Bindung. Jeden Tag wird das Leben neu organisiert.

Die Richterschaft der Familiengerichte hat sich der flüchtigen Gesetzeslage angepasst und in vorauseilendem Gehorsam die Erwartungen des Zeitgeistes übertroffen. Es wird gehandelt und verhandelt, bis die Kontrahenten weichgeklopft sind. Wahrheit spielt so gut wie keine Rolle, sie stört die Stromlinie.

Beihilfe zur Lüge

Rechtsanwälte werfen mit Vorwürfen um sich wie die Jecken im Kölner Karnevalszug mit Kamellen. Geprüft werden die schwersten Vorwürfe nicht, selbst wenn davon weitreichende existentielle Folgen abhängen. Großeltern soll der Zugang zu ihren Enkeln »definitiv« verwehrt werden, weil sie angeblich die Kinder gegen den Vater in Stellung bringen. Viel Schlimmeres gibt es jedenfalls für viele Kinder und deren Großeltern nicht.

Storys, die dem gesunden Menschenverstand als unwahrscheinlich erscheinen, werden noch nicht einmal auf ihren Wahrheitsgehalt geprüft. Es gilt, was dem Richter gefällt, und es gefällt ihm, was die Sache bald zum Abschluss bringt (siehe Jagdszene I).

Familiengericht im rechtsverdünnten Raum

Das Recht hat bei Verhandlungen im Familiengericht in etwa den Stellenwert von nerviger Hintergrundmusik. Es stört die Einigung, und um die geht es; notfalls auch um den Preis, den der Schwächere für die Einigung zahlt. Es kann gelogen und betrogen werden, dass die Balken sich biegen, wen interessiert es? Den Rechtsanwalt, der mit Lügen sein Geld verdient, jedenfalls nicht. »Wir sind hier nicht im Strafgericht.« Trennungskriminalität ist dem Familiengericht offenbar unbekannt. Es übergibt auch dem Staatsanwalt keine Indizien für Lügen, selbst wenn sie klar erkennbar sind. »Die Staatsanwaltschaft geht Straftaten i.d.R. nicht nach, egal, ob es sich um Gewalt oder um falsche eidesstattliche Erklärungen handelt, um den Prozessausgang zu manipulieren. Von Verleumdungen ganz zu schweigen.« (Barbara Thieme, Mütterlobby e.V.) Diese als »Trennungskriminalität« bekannten Straftaten werden aus dem Gesichtsfeld der Familiengerichte verdrängt. Sie stören die Einigung. Selbst wenn Aussage gegen Aussage steht und nach den Gesetzen der Logik mindestens eine falsch ist, selbst dann, wenn Eidesstattliche Erklärung gegen Eidesstattliche Erklärung steht und sogar Meineid erkennbar im Spiel ist, stört das die Familiengerichte nicht. Wer vor dem Familiengericht nicht lügt, ist entweder anständig oder dumm.

»›Wir mischen uns in Familiensachen nicht ein.‹ Einige Mütter aus unserem Kreis erhielten es von der Staatsanwaltschaft schriftlich.« (Barbara Thieme) Wer vor dem Familiengericht seine rechtsstaatlich zugesicherten Rechtsmittel ausschöpft, gefährdet seine Chancen für den Ausgang der Verhandlungen, weil er kurzerhand als Querulant markiert wird. »›Ganz offensichtlich sind Sie nicht bindungstolerant‹ ist ein Standardsatz, wenn man sich gegen Straftaten wehren möchte.« (Barbara Thieme) »Rosenkrieg« ist ein beliebtes Codewort, mit dem Familienrichter den Weg einer Klärung von Streitfragen versperren. Verletzungen der Leidtragenden entstehen nicht aus einem Hieb, sondern aus 1000 Stichen, was die typische »Verwundung« im Ehekrieg ist. »Generös« geht auch hier zu Lasten des »Verlierers«. Familienrichter fügen dem Schmerz der Trennung mit saloppen Sprüchen noch die Verletzung der Selbstachtung des verlassenen Ehepartners hinzu, indem sie so tun, als sei Scheidung das Normalste der Welt. Sie vergessen, dass die dauerhafte Ehe die Regel und die Scheidung die Ausnahme sein sollte.

Mein kurzer Blick hinter den Vorhang der Familiengerichte veränderte mein »Weltbild«. Während ich bisher die Politik für den Bereich des leichten Wortes hielt, stellte ich betroffen fest: Familiengerichte sind der Ort, an dem die Wahrheit ein schweres Leben hat. Es gilt die flotte Behauptung. Darauf sind Familiengerichte neuerdings geeicht. Die Sorglosigkeit der Richter korrespondiert mit der Skrupellosigkeit von Scheidungswilligen. Beides geht locker und leicht. Es entspricht der Flüchtigkeit des neuen Eheversprechens.

Paralleljustiz

Die Autorität des Rechts verliert an Geltung. Wo dies geschieht, entstehen Grauzonen einer angeblichen Selbsthilfe, die den Rechtsstaat um seine Sanktionsgewalt bringen. Das Familienrecht hat auch hier eine Vorreiterrolle.

»Arabische Großfamilien haben in deutschen Städten wie Berlin und Bremen, wie in Niedersachsen und Nordrhein-Westfalen eigene

Richter, die über Familienfehden und Blutgeld entscheiden.« (*Welt am Sonntag;* 10. November 2013) Wo Richter und Recht ihr Aufgabengebiet nicht besetzen, entsteht allzu leicht eine Paralleljustiz. Das Leben schafft sich so eigene Kompensationen für den Rückzug des Rechts. Hundert Kamele für einen Toten mag der Scharia entsprechen, dem Grundgesetz aber nicht. Selbstjustiz ist ein Teil des organisierten Verbrechens. Seine Bekämpfung darf man nicht allein der Polizei überlassen.

Die Diffusion des Rechts ist inzwischen so weit fortgeschritten, dass bei Ehrenmord Strafrabatt gewährt wird, wenn ein Bruder die Schande seiner von einem Ungläubigen geschwängerten Schwester mit Mord löscht, weil er nach dem Sittenkodex seiner Religion handelte. Die Richter des Wiesbadener Landgerichts stellten in einer solchen Tat keine besondere Schwere der Schuld fest, weil der Täter sich wegen seiner kulturellen und religiösen Herkunft in einer Zwangslage befunden habe. Bekommt demnächst ein Kannibale mildernde Umstände, wenn er nach den Gepflogenheiten seiner Heimat hierzulande einen Menschen verspeist?

Die Richter wissen offenbar nicht mehr, auf welchen Stuhl sie sich setzen. Unser Recht folgt nicht einer sittlichen Beliebigkeit, sondern einem abendländischen Wertesystem, das nicht mit der Scharia kompatibel ist. Wo das Recht der Beliebigkeit weicht und die Urteile, die im Namen des Volkes ausgesprochen werden, von diesem nicht mehr verstanden werden, entstehen neue Spielräume der Gewalt.

Die Auflösung des Familienrechts geht über die Reichweite seiner Zuständigkeit hinaus. Es ist Teil eines schleichenden Verlustes von Rechtsbewusstsein.

Der Gesetzgeber als Verursacher

Man darf Rechtsanwälten und Richtern im Scheidungsrecht nicht die ganze Misere in die Schuhe schieben. Der Gesetzgeber war der Stellwerksmeister der Familienrechtsreform. Dabei fuhren zwei Züge los, einer mit Organisationsreformen, der andere mit Inhaltsveränderungen. Der erste kam an das vernünftige Ziel der Konzentration der familienrechtlichen Zuständigkeiten bei den Familiengerichten. Der andere landete im Nebel, in dem Familien nur noch als Schemen sichtbar sind.

Der erste Zug befördert Fortschritt, denn es war eine Verbesserung, dass die über viele Gerichte verteilten Streitfragen des Unterhalts, des Versorgungsausgleichs, der Vermögensauseinandersetzung und der Scheidung vor einem Richtertisch zu verhandeln und die Scheidungskontrahenten nicht auf eine lange Prozession durch unterschiedliche Kompetenz-Gerichte zu schicken. Dagegen befördert der zweite Zug den Abbau der Substanz des rechtlichen Schutzes der Familie.

Hinzu kommt, dass die frisch eingerichteten Familiengerichte auf diese neue Allround-Aufgabe nicht genügend vorbereitet sind. »Familienrichter haben eine hochgradig jämmerliche Ausbildung. Das Familienrecht spielt weder im Studium noch in der Referendarzeit eine große Rolle, geschweige denn, dass es eine spezielle Ausbildung oder verpflichtende Fortbildung bei angehenden Familiengerichten gäbe«, behauptet Elmar Bergmann, und der muss es wissen, denn er war selbst fast 30 Jahre lang Familien- und Vormundschaftsrichter.

Richter nach dem zweiten Staatsexamen, jung, ledig, frei und kinderlos, sitzen zu Gericht über Ehen, die nach Jahren des Ehekrieges oder auch sehr plötzlich auseinandergehen.

Das Recht wird in die globale Unterhaltungsindustrie eingespannt. Gefängnisse veranstalten Tage der offenen Tür – freilich nicht für Inhaftierte, sondern für Besucher. Wen oder was bewerben diese Justizvollzugsanstalten bei einem solchen Event? Die schönen Aufenthaltsräume, die gastliche Atmosphäre, die sympathischen Insassen?

Die Haftanstalt, in der Hoeneß einsitzen sollte, wird für den Familienausflug zu Besichtigungszwecken freigegeben. Hinrichtungen werden in den Vereinigten Staaten als Zuschauervergnügungen angeboten. So weit sind wir nur mangels Gelegenheit noch nicht. Strafvollzug allerdings steht auch hierzulande im Projektvisier der Privatisierer. Warum nicht auch bei der Zellenverteilung upgraden, was bei entsprechender Zahlung in amerikanischen Gefängnissen um sich greift. Die Vermarktung der Rechtspflege folgt der Verwirtschaftung des Rechts.

Wer kontrolliert die dritte Gewalt?

Im Unterholz der Rechtspflege nisten Überheblichkeit, Bequemlichkeit und Kumpanei. In der Gesetzgebung halten sich Mehrheit und Minderheit in Schach. Beide attackieren die Schwächen der jeweils anderen

Seite. Spruch und Widerspruch sind das Salz in der Suppe der parlamentarischen Demokratie. Wo weht der reinigende Wind der öffentlichen Debatte über Richter und Anwälte?

Die Exekutive wird durch das Parlament in Schach gehalten. Wer bändigt aber die Justiz? Das Gesetz! Es genügt nicht, recht zu haben, sondern man muss auch die »richtigen Richter« und richtigen Anwälte haben. Die Justiz ist im Begriff, sich selbständig zu machen und aus dem Gefüge der Machtverteilung auszuscheren. Wer schützt und stutzt das Recht, auf das alle Menschen Anspruch haben? Ohne Rückbesinnung auf die Würde des Menschen verfällt das Recht der Beliebigkeit.

Die Würde des Menschen ist das Fundament, auf dem das Recht aufbaut. Das Recht ist kein selbstreferentielles System, das sich von der Frage nach dem Träger des Rechts abkoppeln könnte. Das jeweilige Rechtssystem spiegelt das Selbstverständnis des Menschen. Nach dem Menschenbild unserer Verfassung ist er weder isoliertes Individuum noch Teil eines ideologischen oder biologischen Kollektivwesens (»ein Klümpchen Schleim in einem warmen Moor« – Gottfried Benn).

Die Würde des Menschen ist keine akademische Phrase, sondern Lebenselixier des Rechtsstaates. Bleibt der Frau oder dem Mann vor Gericht das Bewusstsein dieser Würde?

In der Diskussion über Richter und Anwälte geht es ums Eingemachte eines guten Lebens.

Teil II

Der Verfall des Rechtsanwaltsberufes oder die Verkümmerung der Berufsethik

Berufsstände, welche sich herkömmlicherweise über Kritik erhaben dünken, schweben leicht über den Wolken ihrer tatsächlichen Verhältnisse und werden so leicht Opfer ihrer Selbstüberschätzung. Kritik ist in solchen Fällen eine Hilfe zur Wiedergewinnung von Bodenhaftung, welche die Funktionäre solcher Berufsstände oft verloren haben, ohne es selbst zu bemerken.

Eine kritische Untersuchung des Rechtsanwaltstandes sollte bei seiner Selbstdarstellung einsetzen. Diese kann man dem »Diskussionspapier der Bundesrechtsanwaltskammer zur Berufsethik der deutschen Rechtsanwältinnen und Rechtsanwälte« entnehmen (Stand 30. August 2010).

Um das Ergebnis vorwegzunehmen: Eine verbindliche Berufsethik der Rechtsanwältinnen und Rechtsanwälte gibt es nicht mehr. Sie ist passé. Mit dieser selbst gewählten Degradierung wird der Rechtsanwaltsberuf ein Job wie jeder andere, beispielsweise der eines Kellners oder eines Tankwarts. Aber das war nicht immer so …

Das Selbstverständnis

Der Beruf des Rechtsanwalts ist von seiner Herkunft und der ihm zugedachten Funktion kein gewöhnlicher Dienstleistungsberuf. Ein Anwalt bietet seine Dienste im Namen des Rechts an.

»Rechtsanwältinnen und Rechtsanwälte üben einen Vertrauensberuf aus. Ihnen ist ein für jeden einzelnen, aber auch für die staatliche Gemeinschaft besonders wichtiges Gut anvertraut: das Recht.« So steht es im Diskussionspapier des Präsidiums der Bundesrechtsanwaltskammer zur Berufsethik der deutschen Rechtsanwältinnen und Rechtsanwälte. (I.2)

Der Rechtsanwalt ist ein »Organ der Rechtspflege«

Die Sonderstellung des Anwalts ist mit besonderen Rechten und Pflichten ausgestattet. Auf der einen Seite stehen Privilegien wie beispielsweise das Zeugnisverweigerungsrecht, Akteneinsichtsrecht und die Beschlagnahmefreiheit ihrer Akten; auf der anderen Seite ergeben sich die Pflichten der Verschwiegenheit, das Verbot der Vertretung widerstreitender Interessen und anderes.

Der Gemeinwohlbezug von Privilegien

Privilegien, mit denen besondere Rechte und Pflichten verbunden sind, rechtfertigen sich im modernen Rechtsstaat nur durch einen herausgehobenen Bezug zum Gemeinwohl. Das gilt traditionsgemäß für Berufe wie Ärzte, Priester, Schiffskapitäne, Beamte und Richter. Ihre Tätigkeiten werden deshalb auch nicht als schuldrechtliche Arbeitsverhältnisse definiert und ihr Einkommen nicht als Lohn.

Als »Organ der Rechtspflege« ist der Rechtsanwalt nicht irgendein »Geschäftsmann«, sondern ein »Diener des Rechtes«. Im Zentrum des Berufsbildes des Rechtsanwalts steht das Recht, das seinem Beruf den Namen gibt. Das Verständnis des Rechts ist deshalb gleichsam der Platzanweiser des Standorts des Anwalts im Rechtssystem.

Was ist das Recht?

Zwischen »richtigem Recht«, weil »funktionierendem«, und »gerechtem Recht« besteht keine prästabilierte Harmonie. Falsch kann ein Recht sein, das seine Ziele gar nicht erreicht. Ein Steuerrecht, das die Steuerflüchtlinge nicht erreicht, ist kein »richtiges« Recht, so »gerecht« es auch gemeint war. Ein »richtiges« Recht, weil es funktioniert, kann dennoch ungerecht sein. Die Beispiele entlarven die Diskrepanz zwischen Funktionalität und Normativität des Rechts.

Ist das Recht nur eine Verkehrsregel, die das »unfallfreie« Zusammenwirken der Menschen regelt, dann ist der Rechtsanwalt eine Art Verkehrswacht mit Abschleppdienst.

Diese Reduzierung des Rechts auf eine Regelung des friedlich-schiedlichen Miteinander-Auskommens unter Opportunitätsgründen wäre allerdings eine Schrumpfform des Rechts und hätte eine Degeneration des Rechtsanwaltberufes zur Folge. Recht dient höheren Zielen als dem der Funktionalität, welche lediglich instrumentalen Wert besitzt.

Recht und Sittlichkeit

In der abendländischen Rechtstradition ist das Recht in der Sittlichkeit verankert und die Rechtsordnung Ausdruck der Wesensnatur des Menschen, die auf ein geordnetes Zusammenleben angelegt ist. Der Mensch ist ein politisches Wesen (Zoon politikon). Das unterscheidet ihn vom Tier. Recht tritt anstelle der tierischen Instinktsteuerung. Recht ist die Ordnung, mit welcher der Mensch seine biologischen Defizite kompensiert und sein Überleben durch geordnetes Zusammenleben als vernunftbegabtes Wesen sichert. Rechtliche Ordnung gelingt also nicht ohne sittliche Vorstellung von dem, was der Mensch soll.

Recht und Sittlichkeit regieren nicht in getrennten Reichen. Es ist andererseits nicht so, dass das Recht nur das äußere Regime und Sittlichkeit das innere Leben bestimmt. Recht und Sittlichkeit existieren in einer sozialen Symbiose, ohne zu fusionieren.

Dabei ist Sittlichkeit nicht die machtgeschützte Innerlichkeit, die lediglich dem privaten Hausgebrauch dient, und das Recht nicht eine reine Äußerlichkeit, deren Hülle mit beliebigem Inhalt gefüllt ist.

Max Weber erhob bereits Einspruch gegen diese falsche Arbeitsteilung, in der der Unterschied von Recht und Sittlichkeit daran gesucht wird, dass die Rechtsnorm äußeres Verhalten und nur dies, sittliche Norm dagegen nur Gesinnung reguliert.

Das Recht, wie die Sittlichkeit (und Ethik, die aus ihr abgeleitet wird) knüpft an Gut und Böse, Wahrheit und Lüge, Falsch und Richtig an. Die Vernunft entscheidet zwischen werthaltigen Alternativen. Wenn das Recht diese Orientierung an dem Guten verliert, aus dem es stammt und auf das es zielt, degeneriert es zum bloßen Instrument der Macht, die es doch bändigen sollte.

Sittlichkeit ohne Verankerung im Prinzipiellen verkommt im Handumdrehen zur Hure der Macht, die immer zu Diensten steht, oder zum Schmieröl des Marketings, welches bestenfalls die Geschäfte optimiert.

Die Achtung von Recht und Sittlichkeit hängt primär nicht von Effektivität und Nützlichkeit ab. Sie entstammt tieferen Gründen als die der puren Opportunität.

Recht und Sittlichkeit sind miteinander verwandt. »Es gibt kein sozial wichtiges Gebot, welches nicht irgendein Rechtsgebot gewesen wäre«, stellte Max Weber fest. Die Umkehr gilt ebenso: Kein wichtiges Rechtsgebot ist ohne ein fundierendes Sittengesetz denkbar.

Die moderne Rechtsfindung knüpft ausdrücklich auch an gesinnungsmäßige Absichten an. Es war ein entscheidender Fortschritt des Rechts, dass in seine Urteile »gesinnungsmäßige Absichten« des Täters eingingen und das Strafmaß nicht allein durch die objektive Tat bestimmt wurde. Es waren primitive Zeiten, in der Tat Tat war, ohne subjektiven Bezug und Strafen allein vom Tatbestand abgeleitet wurden: »Auge um Auge, Zahn um Zahn« ist das alttestamentarische Zwischenergebnis, das immerhin eine Zähmung der blinden Rachsucht war, aber dennoch lediglich das Tatergebnis beurteilte.

Neben den objektiven Tatsachen bestimmen heutzutage auch subjektive Umstände das Strafurteil. Arglist, Absicht und Täuschung fließen in die Beurteilung ein. Das sind alles Kategorien, die in der moralischen Gesinnung verwurzelt sind. Mord aus Habgier wird härter bestraft als Totschlag aus Wut, obwohl in beiden Fällen das Opfer tot ist. Die Beweggründe, die zur Tat führen, entscheiden über »Mord« oder »Totschlag«. Ob Beweggründe niedrig sind oder nicht, ist eine ethische Frage. Den Unterschied zwischen Mord und Totschlag bei der Urteilsbildung auszuschließen und die Motive des Verbrechens zu vernachlässigen, wie derzeit diskutiert wird, ist kein Fortschritt, sondern ein Rückfall in ein reines Faktenrecht und ein weiterer Versuch, die Verbindungen zwischen Recht und Ethik zu trennen.

Recht und Ethik stehen in Verbindung. Das Recht basiert auf Voraussetzungen, die es selbst nicht geschaffen hat. Auf diesen Zusammenhang hat Wolfgang Böckenförde schon im Verhältnis von Staat und Ethik aufmerksam gemacht.

So weit, so gut. Dies alles wird von der Rechtsanwaltskammer nicht in Frage gestellt.

Der Argumentationsbruch

Das »Diskussionspapier« der Bundesrechtsanwaltskammer kappt jedoch klammheimlich den elementaren Zusammenhang zwischen Recht und Ethik, indem es die Ethik ins allgemein Unverbindliche abdrängt.

Der Argumentationsbruch ereignet sich an der Stelle, an der Recht und Ethik in ihren jeweiligen Funktionen, in denen sie sich unterscheiden, beschrieben werden.

»Das normierte Berufsrecht enthält Bindungen der Anwartschaft an Mindeststandards für ein vertrauensbildendes Verhalten« heißt es im ersten Kapitel des Diskussionspapiers (I.5).

Einen Schritt weiter setzt die Abkopplung der Ethik von Recht ein, indem die Verallgemeinerungsfähigkeit der Ethik relativiert wird. »Die Notwendigkeit einer Berufsethik heißt nicht, dass diese Ethik auch in einem allgemeinen verbindlichen Kodex niedergelegt werden müsste.« (I.6)

Die »notwendige« Berufsethik wird also von allgemeinen verbindlichen Regeln freigestellt. Bereits in seinem Referat vor dem Deutschen Juristentag 2010 sprach der Vizepräsident der Bundesrechtsanwaltskammer Dr. Michael Krenzler von einer »Besinnung auf die unverbindliche berufsethische Regel«. Es handelt sich offenbar bei dieser Rückzugsübung von der Verbindlichkeit der berufsethischen Regel um eine Bewegung hin zu einem gesinnungsmäßigen Wohlfühlarrangement ohne regulative Relevanz, das die alte Berufsregel ersetzen soll.

Ethik ohne Verbindlichkeit?

Schon in den einleitenden Bemerkungen des »Diskussionspapiers« wird also offenbar, dass die Bundesanwaltskammer Recht und Ethik nach dem Grade ihrer Verbindlichkeit unterscheidet.

Der stellvertretende Präsident der Bundesrechtsanwaltskammer und der Vorsitzende ihrer berufsethischen Kommission Dr. Michael Krenzler, der gleichzeitig Kammerpräsident in Freiburg ist, drückt dieses neue Berufsverständnis in einer Konferenz der Bundesrechtsanwaltskammer am 13. Mai 2011 in Berlin in entlarvender Direktheit so aus: »Salopp gesagt ist alles erlaubt, was nicht verboten ist.« Salopp gesagt ist diese lapidare Definition ein Fußtritt gegen verbindliche ethische Pflichten, die über die rechtlichen hinausgehen.

In einem Interview mit der *Badischen Zeitung* vom 12. April 2014 konkretisierte der Kammerpräsident Dr. Krenzler seine berufsethische Faustregel für den Hausgebrauch des Anwaltsverhältnisses zur Gegenpartei: »Das Bundesverfassungsgericht hat den Anwälten große Freiheit bei ihrem Kampf um Recht eingeräumt. Die Grenze ist grundsätzlich erst erreicht, wenn der Anwalt beleidigend wird. Aber die Beleidigung ist ohnehin strafbar.«

Der strafrechtliche Tatbestand der Beleidigung markiert also die Grenze der Anwaltstätigkeit. Das heißt, davor gibt es nichts. Selbst als Rüpel ist der Anwalt noch berufstauglich. Die Grenze des Anwaltsberufes im Umgang mit Berufskollegen liegt also dort, wo sie für jeden anderen Beruf auch gezogen ist. Sie liegt im allgemeinen Recht. Warum dann eigentlich noch von Berufsrecht sprechen, wenn von ihm kein Regulativ ausgeht? Warum eigentlich dann noch das ganze besondere Getue, wenn der Anwalt eine Art rechtlicher Freistilringer ist, bei dem bekanntlich nur grobe Fouls geahndet werden?

»Recht ist, was nicht verboten ist.« Diese Definition liefert noch weniger als die einstige beliebte bürgerliche Rückzugsformel: »Erlaubt ist, was gefällt.« In dieser Formel konnte man zur Not noch eine Rücksicht auf einen allgemeinen Kommentar entdecken, von dem die Salonfähigkeit abhing. Weitergehend war freilich noch die frühere, klassische Empfehlung Goethes: »Erlaubt ist, was sich ziemt.« Darin ist noch die Erinnerung an einen anerkannten Verhaltenskodex enthalten. Denn das Ziemende legt der Handlung jenseits des rechtlich Erlaubten mindestens die Zügel des ehrenhaften Anstandes (altertümlich honestus) an, welcher das Rechtliche übertrifft.

Im Leitbild des »ehrbaren Kaufmanns« oder des »treusorgenden Ehegatten« ist beispielsweise ein moralisches Regulativ zu finden, welches das rechtlich Erlaubte übertrifft. Die Standesregeln des ehrlichen Kaufmanns sind nicht rechtlich sanktioniert und gelten doch. Wer sie verletzt, fällt nicht der rechtlichen Strafe anheim, sondern der moralischen Missachtung seines Standes.

Solche »alten« Verbindlichkeiten, die einen Berufsstand profilieren, lässt die Krenzler'sche Erlaubnisregel weit hinter sich. Gibt es keine berufsethischen Verbindlichkeiten für den »ehrbaren Rechtsanwalt«?

Es gilt das nackte Recht

Frei interpretiert ist »Mach, was du willst, solange es nicht verboten ist« der Krenzler'sche Berufsimperativ, und so agiert er auch vor Gericht. Oberhalb des Rechts ist die freie Wildbahn des Rechtsanwalts Krenzler, und so führt er sich auch vor Gericht auf. Es ist kein Zufall, dass diese Berufsethik der Rechtsanwälte von einem Familienrechtler formuliert wird. Dr. Krenzler ist Familienrechtler. Im Familienrecht ist die Emanzipation des Rechts von der Sittlichkeit am weitesten gediehen.

Aber selbst dann, wenn es nur um Interessen geht, kommt kein Gericht ohne eine Rangfolge ihrer jeweiligen Wichtigkeit aus, wobei was wichtig ist, auch eine ethische Frage ist. Vor den Familiengerichten spielen jedoch solche ethischen Gewichtungen eine immer schwächere Rolle.

Familiengerichte werden mehr und mehr zu Schlichtungsstellen. Es gewinnt der, welcher den geschickteren – vielleicht auch skrupelloseren – Rechtsanwalt ins Feld führt. Der Richter ist Schlichter mit der Auflage, ein Ergebnis zustande zu bringen – wie auch immer es aussieht. Die Verhandlungen vor Familiengerichten sind deshalb wie Tarifverhandlungen ohne Streikrecht. Der Stärkere gewinnt. Familienrecht ist zu einem Teil jenes Gesellschaftsrechts verkommen, das eine Fortsetzung des Sachenrechts mit anderen Mitteln ist. Die Auflösung einer Ehe ist lediglich eine Beendigung von Tauschverhältnissen, mehr nicht.

Die Rede um die heiße Kartoffel

Kunstvoll redet Präsident Dr. Krenzler in seiner kammerorganisierten Kapitulationsrede um die heiße Kartoffel »Verbindlichkeit« herum, die er schließlich fallen lässt, um so über verschlungene, wortreiche Umwege zur Feststellung zu gelangen: »Das bedeutet nicht, dass Berufsrecht und Berufsethik inhaltlich als Gegensatz begriffen werden müssten. Denn für das gesetzte Recht gilt, dass es wenigstens den ethischen Mindeststandard nominiert, die für die staatliche Gemeinschaft oder in diesem Fall für die Anwaltschaft konsensfähig sind. Darüber hinausgehende ethische Forderungen müssen mangels Konsensfähigkeit der staatlichen Gemeinschaft unverbindlich und in ihrer Beachtung jedem Einzelnen überlassen bleiben.« (Krenzler: »Zum Stand der berufsethischen Diskussion in Deutschland.« Rede auf der Europäischen Konferenz der Bundesrechtsanwaltskammer in Berlin 13. Mai 2011).

Damit wird klargestellt: Berufsethik ist mangels Konsens nur noch unverbindliche individuelle Privatsache. Das scheint mir der Anfang vom Ende eines angesehenen Berufs. Denn was ist das für eine »Berufsethik«, wenn sie nur individuelle Verhaltensmuster bietet, die sich jeder nach seinem Gusto aussuchen kann?

Die Rechtsanwaltskammer scheint in ihrem Diskussionspapier von einem doppelten Missverständnis auszugehen: Verbindlichkeit sei an Erzwingbarkeit gebunden und diese an Konsens.

Die Minderung der ethischen Gebote führt zur Mehrung der rechtlichen Verbote

Ohne soziale Verbindlichkeit einer Berufsethik darf jeder machen, was rechtlich nicht verboten ist. Die Quintessenz dieser Entkoppelung von Recht und Ethik ist ein ethisches Tohuwabohu, das nur durch eine totale Verrechtlichung der Rechtspflege in Schranken gewiesen werden könnte. Wo ethische Gebote sich im Rückzug befinden, sind rechtliche Verbote auf dem Vormarsch. Es gibt kein Niemandsland zwischen Ethik und Recht. So wird am Ende wieder der neoliberale Canossa-Effekt zum Zuge kommen: Die als Privatisierer auszogen, werden barfuß auf Schnee und Eis und zudem mit zerfetztem Gewand als Verstaatlicher zurückkehren. In der Sozialpolitik wird gerade der Bumerangeffekt zwischen Privatisierungen und Verstaatlichungsrückkehr vorgeführt. Die Privatisierung der Rentenversicherung mit Hilfe der Riesterrente führt zur Ausweitung der staatlich finanzierten Grundsicherung. Der Angriff auf die Tarifautonomie als »Tarifkartell« führt zum staatlich festgesetzten Mindestlohn. Das ist die List der Dialektik.

Ohne Verbindlichkeit ist ein ethisches Gebot eine »taube Nuss«. Verbindlichkeit ist keineswegs das Monopol des Staates. Wäre dies so, dann herrschte im vorrechtlichen Raum das Chaos. Regeln sind nicht erst Regeln, wenn sie rechtliche Regeln sind.

Zur freiheitlichen Verantwortung gehört definitionsgemäß auch ein ethisch bedingter, verbindlicher Handlungsraum jenseits des Rechts, wobei sie eine Vorfahrt für die jeweils kleinere Gemeinschaft anordnet.

Subsidiarität regelt Zuständigkeiten zwischen Individuum und Staat. Recht und Ethik, Gesetz und Vereinbarung regeln im Rahmen ihrer jeweiligen, koordinierenden Zuständigkeit das soziale Leben, wobei in der kleinsten Gemeinschaft, nämlich der Familie, die geringste rechtliche Dichte und die höchste ethische Verpflichtung besteht bei einem relativ niedrigen Grad der Erzwingbarkeit. Das Gefälle der ethischen Verbindlichkeit verläuft also nicht parallel zu dem Grad der Erzwingbarkeit oder anders gesagt: Verbindlichkeit sollte nicht in dem Maß abnehmen, wie die Sanktionsmöglichkeiten weniger werden.

Die geheime Selbstdemontage der Rechtsanwaltskammern durch ihre Funktionäre

Wenn die rechtlichen Berufspflichten des Anwalts nicht mehr in ethischen Normen wurzeln, verliert sein Berufsstand als eine subsidiäre Institution, die weder von Staatsgnaden gebildet noch lediglich ein Hobbyverein ist, seine Legitimation. Dann gilt die harte Alternative: Entweder ist der Rechtsanwalt dann Staatsangestellter oder Privatperson. Nach subsidiärer Positionierung liegt sein Status dazwischen.

Wenn es eine standesgemäße Sozialethik mit kollektiver Bindung nach Meinung der Rechtsanwaltskammer also nicht mehr geben soll, liegt die Anwaltstätigkeit auf gleicher Ebene mit allen anderen Service-Leistungen, beispielsweise dem Abhalten eines Häkelkurses an der Volkshochschule oder eines Loriot'schen Jodelkurses, dem die Absolventin bekanntlich etwas »Eigenes« zu verdanken hat. Für derartige rechtliche Service-Leistungen bedarf es allerdings keiner Kammer. Dafür reicht ein Verband, ähnlich wie der Zusammenschluss der Fahrlehrer oder der Beerdigungsinstitute.

Indem sich die Anwaltschaft selbst aus der Anstrengung entlässt, sich über eine über das Standesrecht hinausgehende Standesethik zu verständigen oder diese gar weiterzuentwickeln, gräbt sie ihr eigenes Grab.

Mit der Individualisierung der ethischen Berufspflichten sperrt die Rechtsanwaltskammer sich selbst von ethischen Regeln aus, die sie als Institution legitimieren. Der Rechtsanwalt wird so zu einem freien Beruf in einem weitergehenderen Sinn, als ihm lieb sein kann. Er ist dann »freigelassen« und kann sich dementsprechend gebärden, wobei er die

Vorrechte verliert, welche die Besonderheiten seines Berufsstandes bisher ausmachten. Die Rechtsanwaltschaft wird dann Teil jener Marktgesellschaft, in der jeder im Wettbewerb seines Glückes Schmied ist. Mit dieser »Befreiung« tritt der Rechtsanwalt auf die gleiche Ebene mit allen Anbietern auf dem Markt.

Damit passt sich die Anwaltschaft verspätet dem neoliberalen Mainstream der neunziger Jahre an, ohne bemerkt zu haben, dass nach der Finanzkrise 2008 der Zug zwar mühsam, aber doch in die andere Richtung fährt. Noch wird die Jagdbeute der Deregulierung in der Rechtspflege von der Bundesrechtsanwaltskammer wie Siegestrophäen angeboten:

- Zulässigkeit der Anwalts-GmbH seit 1. März 1999,
- Wegfall der singulären Zulassung bei einigen Oberlandesgerichten seit dem 1. August 2001,
- die Vertretungsbefugnis vor den Oberlandesgerichten ohne Wartezeit nach der Zulassung zur Anwaltschaft seit dem 1. Juni 2007,
- Wegfall des Zweigstellenverbots seit dem 1. Juli 2008.

In der Werbefreiheit sind die Rechtsanwälte dem Standard der freien Berufe ziemlich nahe gekommen, obwohl sie keine Waren- oder einfachen Dienstleistungslieferanten sind. Die neoliberale Mimikry hat sie jedoch erfasst.

Bei so viel deregulierter Stromlinienförmigkeit der Rechtsanwaltskammern sind sie noch gar nicht auf den Einfall gekommen, dass, wenn nichts mehr an Eigenständigkeit für sie bei dieser famosen Gelegenheit der Deregulierung übrig bleibt, sie selbst sich dann überflüssig gemacht haben … Die Revolution frisst ihre Kinder. Offenbar hat es den Kammerfunktionären noch gar nicht gedämmert, dass in das neoliberale Konzept der Deregulierung eine Kammer mit Zwangsmitgliedschaft und Zwangsbeiträgen so gut passt wie die Faust aufs Auge. Krenzler versucht sich in der Kunst, den Ast abzusägen, auf dem er sitzt, ohne vom Baum zu fallen. Das ist eine artistische Kunst, die den Gesetzen der Schwerkraft ebenso entgegensteht wie sein Verständnis des Anwaltsberufs den »Traditionen« des seriösen Anwalts.

Es wird sich zeigen, dass die übereifrige Anpassung an zeitgeistige Modetrends nicht nur dem Recht selbst, sondern auch seinen Repräsentanten schadet.

»Pyrrhus« ist ein Vorgänger von Michael Krenzler. Pyrrhus siegte sich zu Tode. Krenzler feiert Siege, die in den Niedergang seines Berufsstandes führen und verliert damit die Schlacht um die Geltung seines angesehenen Berufsstandes. Der Bundesgerichtshof hat ein »Machtwort« gesprochen, jubelte Krenzler, als dieser die Berufsausübung der Rechtsanwälte auch in der Rechtsform der Aktiengesellschaft für zulässig erklärt hatte: Hurra! Der Zug zur Rechtspflege als Geschäft nimmt Fahrt auf! Rechtsanwaltskanzleien mit Dividendenanspruch für Anteilseigner im Rechtsgeschäft, möglicherweise noch börsennotiert. Ist das das Ziel? Warum werden die Rechtsgeschäfte nicht gleich versteigert?

So kommt Schritt für Schritt das ganze Recht unter den Hammer.

Der Abgesang hat begonnen

Das Ergebnis des Abschieds von der verbindlichen Berufsethik wird das Verschwinden eines Berufsstandes sein, dessen Ableben Vizepräsident Krenzler schon 2003 in den Mitteilungen der Bundesrechtsanwaltskammer in vorauseilender Beflissenheit verkündete. »Im Ergebnis ist deshalb nicht mehr die in der Berufsordnung niedergelegte ›Auffassung angesehener und erfahrener Standesgenossen von der Ausübung des Anwaltsberufes‹ maßgebend, sondern die jeweilige Interessenlage des einzelnen Anwalts bzw. der einzelnen Anwältin. Der Anwaltsstand als Berufsstand, der sich einer einheitlichen allseits akzeptierten Standesethik verpflichtet weiß, geht deshalb seinem Ende entgegen und eine pluralistisch strukturierte Berufsgruppe tritt an seine Stelle. Man mag das bedauern – zu ändern ist es angesichts der aufgezeigten Entwicklung in der Anwaltschaft nicht.«

Wir »müssen« nicht, was wir »sollen«

In Sachen Erzwingbarkeit kann Ethik nie mit dem Recht Schritt halten. Das würde auch ihren Charakter verderben. Die ethischen Pflichten sind nicht das Ergebnis staatlicher Befehle, sondern entspringen freier gewollter Zustimmung zu dem ethisch Gebotenen. Was die Verbindlichkeit anbelangt, hinkt die Ethik nicht hinter dem Recht her. Auch jene unter den zehn Geboten, die nicht strafrechtlich bewehrt sind wie beispielsweise das vierte Gebot, sind nicht von minderem Pflichtcharakter als rechtliche Normen. Kants kategorischer Imperativ übertrifft sogar den Verbindlichkeitscharakter jedweden positiven Gesetzes. Denn er gilt bedingungslos, was man von Gesetzen nicht sagen kann. Von der Verallgemeinerungsfähigkeit des Tuns hängt seine Geltung ab. Die Verbindlichkeit ist also die Bedingung der Geltung. Der Zusammenhang ist unabhängig von Sanktionen für seine Nichtbeachtung.

Sittliche Pflicht und Freiheit

Das vierte Gebot wie der Kant'sche kategorische Imperativ sind nicht dem Gewaltmonopol des Staates unterworfen und dennoch verbindlich, weil sie Pflichtcharakter haben. Man könnte meinen, ethische Gebote blieben hinter dem rechtlichen Zwang, der sich in Gesetzen manifestiert, zurück. Ihr Pflichtcharakter aber enthält etwas, das über das Gesetz hinausgeht.

Das ethische Sollen übertrifft das rechtliche Müssen, denn im Sprung vom Müssen zum Sollen liegt die Ermöglichung unserer Freiheit. Das Gute tun, ohne es tun zu müssen, ist das Freiheitselement der Sittlichkeit. Ihre Würde liegt im freien Willen, der sich keinem äußeren Zwang beugt. Die sittliche Pflicht ist keine Zwangsgeburt und dennoch von hoher Verbindlichkeit. Sittliche Pflicht und Freiheit sind keine Gegensätze.

Die Zusammenhänge zwischen Recht und Sittlichkeit sind verwickelter, als dass sie einfach auseinanderdividiert werden könnten. Auch dort, wo sittliche Gebote nicht erzwingbar sind, werden sie dennoch auch durch rechtliche Sanktionen vor Angriffen geschützt. Das Menschenrecht auf Gewissensfreiheit beispielsweise schützt die innere Stimme der Moral, ohne sie zum Sprechen zwingen zu können. Dem Gewissen zu folgen ist ein Gebot von höchster Verbindlichkeit, ohne jedoch rechtlich gefordert werden zu können. Die Unterdrückung der Gewissensfreiheit aber wird dennoch rechtlich sanktioniert, also geschützt.

Was nicht verboten und dennoch nicht erlaubt ist

Die Verbindlichkeit ist also keineswegs die spezifische Differenz, die Ethik und Recht trennt. Der Unterschied liegt vielmehr in der staatlichen Erzwingbarkeit, die allein dem Recht vorbehalten bleibt. Recht und Sittlichkeit erfüllen unterschiedliche Ordnungsfunktionen, die beide auf Person und Gemeinschaft bezogen sind. In der Rechtsordnung geht die Abwägung der Folgen in die Erzwingbarkeit des Rechts ein. Die Prostitution ist zum Beispiel sittlich verwerflich. Auf ein rechtliches Verbot jedoch sollte schon nach Thomas von Aquin (dem Heiligen!) im Hinblick auf schlimmere Laster verzichtet werden, die ein solches Verbot nach sich ziehen könnte. Thomas hat durch den Verzicht auf das rechtliche Verbot die ethische Verwerflichkeit der Prostitution deswegen nicht gemindert.

Dagegen kann Krenzlers Maxime, die ich hier mit »Erlaubt ist, was nicht verboten ist« übersetzen will, diese Unterscheidung offenbar nicht treffen, weil oberhalb des Rechts für ihn anscheinend keine allgemeinen Verbindlichkeiten mehr vorliegen. Er kann nicht begreifen, dass etwas nicht erlaubt sein kann, obwohl es nicht verboten ist. Krenzler hat den spezifischen Regelungscharakter der Ethik nicht kapiert. Gut, er heißt Krenzler und nicht von Aquin, aber ist es nicht bedenklich, dass eine Rechtsanwaltskammer das intellektuelle Niveau des traditionellen Rechts unterschreitet?

Für eine Berufsordnung könnte schließlich durchaus gelten, dass »nicht gleichsam erlaubt« ist, was »nicht verboten« ist. Ohne diese Differenz gäbe es keinen Grund für ethische Gebote, die mehr sind als eine private Anstandsregel. Eine Berufsordnung kann verbindlich gelten, ohne rechtlich erzwingbar zu sein. Dennoch verfügt auch die Ethik über Sanktionsmöglichkeiten, allen voran der Entzug von Achtung und Respekt.

Konsens ist nicht die Bedingung von Verpflichtung

Das zweite Missverständnis stellt sich ein, wenn die Unmöglichkeit eines verbindlichen Kodex der berufsethischen Pflichten von der Rechtsanwaltskammer mit einem Mangel an Konsens begründet wird. Die berufsethischen Ansprüche werden so von den Kammerfunktionären mangels Konsens quasi resignativ den individuellen Ambitionen überlassen. »Wenn meine Mutter mir keine Handschuhe gibt, ist sie selbst schuld, dass meine Finger erfrieren«, meint ein trotziges Kammerkind. Weil der Konsens innerhalb der Kammer nicht herstellbar ist, sind die Rechtsanwälte scheinbar selbst schuld, dass es keine verbindlichen Regeln gibt. Die Kammer gibt damit erstens den Kampf um Konsens auf, bevor er begonnen hat, und zweitens versteht sie nicht, dass Konsens nicht die Bedingung für Verbindlichkeit ist.

Ethik ist nicht einwandfrei

Nicht jede ethische Verbindlichkeit ist vom »restlosen« Konsens abhängig. (Das »Schicksal«, nicht auf Einmütigkeit angewiesen zu sein, teilt die Ethik mit dem Recht.) Oft mussten ethische Gebote von Minderheiten durchgekämpft werden. So gut wie nie erlangten sie dabei widerspruchslose Zustimmung. Soziale Regeln müssen nicht »einwandfrei« sein. Aber auch das Verhalten, das nicht über jeden Zweifel erhaben ist, bedarf der Stütze durch Regeln. Es ist geradezu die Urfunktion von Regeln, dass sie nicht das selbstverständliche Verhalten durch ihre geordneten Bahnen absichern, sondern das durch Abweichung gefährdete Verhalten. Ohne Regeln kommt allein die absolute Harmonie aus, die ist jedoch in Utopia zu Hause. Ethik ist kein Harmonieprodukt wie das Chorlied des Gesangsvereins. Ethik ist also weder einwand- noch regelfrei.

Die Verlegenheitsangebote der Kammer

Wenn die Möglichkeit eines Konsenses über berufsethische Fragen von den Kammern verneint wird, was soll dann der Hinweis von Vizepräsident Krenzler auf eine diskursethische Normenfindung? Die Unfähigkeit zum Konsens wird so in einem dialektischen Salto mortale zum Superkonsens gewendet. Wer die Hochsprunglatte aber bei einem Meter nicht überspringen konnte, soll sie nicht auf die Höhe von zwei Metern legen. Das nicht Erreichte wird durch eine höhere »Erreichbarkeit« ersetzt und mangelhafte Praxis durch eine vollkommene Theorie. Kann die Kammerkonfusion noch weitergetrieben werden?

Aus der Not der ethischen Verlegenheit soll die Tugend der kommunikativen Vernunft gemacht werden. Diejenigen, die sich als unfähig erwiesen, eine gemeinsame ethische Berufsordnung zu finden, wollen also einen diskursiven Konsens finden.

Die dünne Suppe eines perfekten Konsenses

Die Pointe der oben erwähnten Diskursethik ist ein auf die Spitze getriebener Einigungsversuch, von dem ich vermute, dass er für die anwaltliche Alltagspraxis den Wert einer platonischen Idee hat, die bekanntlich in der Höhle, in der wir leben, nur Schatten wirft. Die Gefahr ist groß, dass ein bis zum Stadium der »Einwandfreiheit« getriebener Konsens am Ende so dünn ist, dass aus ihm keine konkreten Handlungsimperative entnommen werden können.

Hinzu kommt, dass der Idealfall des diskursiven Konsenses nicht vom Himmel fällt, sondern der allgemeinen Wahrscheinlichkeit nach erst mit erheblichem Zeitaufwand zustande kommt, wahrscheinlich dann, wenn »der Markt verlaufen« ist. Platons Philosophen konnten sich den intellektuellen Luxus leisten, endlos zu diskutieren. Aber sie standen auch nicht unter dem Handlungszwang, Urteile »hic et nunc« sprechen zu müssen. Platoniker können auf die Wahrheit so lange warten, bis sie sich mit ihrer und Gottes Hilfe entfaltet hat. Die praktische Urteilsfindung steht dagegen unter Zeitdruck. Sie muss selbst im Dienste der zeitlosen Idee der Gerechtigkeit ihre Urteile im Fluss der Zeit treffen. Richter müssen Streit beenden, Gesetze anwenden, eingreifen ins »laufende« Leben, mit anderen Worten: »Entscheiden« und zwar nach bestem rechtlichen Wissen und sittlichen Gewissen. Rechtsanwälte müssen Stellung beziehen und können nicht so lange auf Handlungsorientierung warten, bis sich ein Konsens darüber gebildet hat. Rechtsanwälte müssen wie Mediziner mit einem bleibenden Moment der Unsicherheit handeln.

Erst die ethischen Möglichkeiten der Allgemeinverbindlichkeit aus Gründen der subjektiven Beschränkung der Individuen zu verneinen, um sie sodann diskursethisch herbeizureden, das offenbart die normative Konfusion der Funktionäre des Anwaltstandes.

Orientierungshilfen zum Hausgebrauch

Ethische Fundierung des Rechts und seiner Anwälte ist eine Stütze der Rechtsfindung und Urteilsbildung. Deshalb bedürfen Anwälte eines über das Recht hinausgehenden ethischen Halts. Es geht nicht nur um Berufsrecht, sondern um die Renaissance der Berufsethik.

Die ethischen Berufsregeln, welche die Bundesanwaltskammer anbietet, sollen keine Regeln im strengen Wortsinn sein, sondern bestenfalls Orientierungshilfen zum Hausgebrauch.

Eine »Besinnung auf berufsethische Regeln«, die nicht verbindlich sind, mag ein meditatives Erlebnis und der Diskurs bis zum konsensualen Verständigen ein intellektuelles Vergnügen sein. Für die Rechtspflege ist beides leider unzureichend. Die Berührungsangst der Kammer vor verbindlichen berufsethischen Regeln zeigt alle Symptome jener Feigheit, die der pluralistischen Verlegenheit entspringt, nämlich ethische Standpunkte auch ohne rechtliche Sanktionen, dennoch mit Verbindlichkeit festzulegen und sie durch Achtung und Anerkennung zu stützen.

Ohne ethische Verbindlichkeiten wandelt sich der Rechtsanwaltstand vom Organ der Rechtspflege zu einem Verein von Geschäftsleuten, die mit Rechtshandel ihr Geld verdienen. Ihr Dachverband wäre somit die Industrie- und Handelskammer.

Ist legal schon legitim?

Die Rechtsanwälte erleiden das gleiche Schicksal wie ihre Compagnons in der Finanzwelt. Auch dort gilt die Krenzler'sche Formel »Was nicht verboten ist, das ist erlaubt«. Befolgt wird nur, was in Gesetzesform vorliegt. Gegen eine solche Verengung der sozialen Regel hilft dann nur die totale Verrechtlichung des Lebens. So ist es konsequent, was der liberale Rechtsanwalt Kubicki behauptet: Legal ist auch legitim. Wenn das stimmt, muss allerdings mehr »legalisiert« werden, als legitimerweise »notwendig« wäre. Die Total-Legalisierer bringen die Legitimität des Rechts um die Ecke.

Die Handlungsräume von freiwilliger Verbindlichkeit und erzwungener stehen im proportional umgekehrten Verhältnis: Je größer der eine, umso kleiner der andere.

Wer die Erzwingbarkeit zum Maß der Verbindlichkeit macht, wird bei mehr Zwang enden. So wird es auch den Rechtsanwälten gehen. Der Verzicht auf Standesethik befördert sie zu Staatsangestellten. Was einst ein »freier Beruf« war, endet als Staatskommissar.

Es gilt die alte Faustregel: »Je weniger Ethik, umso mehr Paragraphen.« Was die Ethik nicht ordnet, muss das Recht regeln. »Der juristische Freiraum ist kleiner als der moralische«, bemerkte Ernst Bloch und hatte damit die unterschiedliche Weite der Zuständigkeit von Ethik und Recht im Sinn. Freisein ist hier im Sinne von »frei von Erzwingbarkeit« gemeint.

Personale Ethik: Vorbilder gesucht

Die altmodische Orientierung an der »Auffassung angesehener und erfahrener Standesgenossen von der Ausübung des Anwaltsberufes«, auf die in alten Standesethiken verwiesen wurde, bietet möglicherweise mehr Anhaltspunkte für das ethische Verhalten der Rechtsanwälte, als die Anwaltskammer dies mit ihrer verlotterten Berufsethik je schaffen könnte.

Die Renaissance des Vorbildes

Eine Berufsethik, die von einer exemplarischen Normativität gestützt wird, ist religions- und philosophiegeschichtlich nichts Exotisches, sondern Zeugnis einer lebensweltlichen Moralität. In der christlichen Botschaft ist die Nachfolge Jesu ein normatives Gebot. In der personalistischen Philosophie ist die Person primäres Subjekt und vorbildliche Normquelle des menschlichen Handelns.

»Gutes Beispiel«, »Vorbild«, »Nachfolge« sind Lebenshilfen für eine gelungene menschliche Existenz

Es könnte sogar sein, dass sich aus dem Unwillen heraus, dem ewig geschwätzigen Marketing unserer Tage weiter Gehör zu schenken, eine neue Nachfrage nach authentischen Personen Bahn bricht. Das könnte die Stunde einer Revitalisierung der personalen Ethik werden.

Für eine Renaissance der personalistischen Berufsethik bedarf es allerdings Kammern von Format, die in der Lage sind, die Besten ihres Berufsstandes als Vorbilder zur Nachahmung zu exponieren. Dann jedoch müssten sich auch die Besten der Anwältinnen und Anwälte für die »Standesvertretung« zur Verfügung stellen.

Im Zeitalter der Informationsüberschwemmung erhält das »Vorbild« neue Bedeutung. Die Nachfrage nach dem Beispiel geglückten Lebens wächst.

Und es gibt sie doch noch …

Es gibt sie noch: Rechtsanwälte mit hohem moralischen Ansehen und rechtlichem Pflichtbewusstsein. Von solchen Vorbildern muss eine moralische Restitution des Anwaltstandes ausgehen. Die etablierten Institutionen der Rechtsanwaltskammern liefern leider keinen Funken der Erneuerung. Sie sind ausgebrannt. Sie schüren die tote Asche einer selbstzufriedenen Betriebsamkeit, mit der Funktionäre überleben. Sie verteilen Druckschriften. Es ist wie bei alten Missionsgesellschaften, die ihren erloschenen missionarischen Eifer mit einer Flut von bunten Traktaten kaschieren.

Der kammeramtliche Schwachsinn

Im Grundsatzteil ihres »Diskussionspapieres zur Berufsethik«, das mit bemerkenswerter Flüchtigkeit formuliert wurde und mit dem Titel überschrieben ist: »Zu den Werten anwaltlicher Berufsethik im Allgemeinen«, werden 21 Werte nebst sechs weiteren Werten angeboten, die kurios zusammengestellt und originell geordnet sind.

»Kompetenz« und »Transparenz« werden in eine Reihe mit »Hingabe«, »Sorgfalt« und »Vorsicht« gestellt und der »Gewissenhaftigkeit« zugeordnet. »Höflichkeit« und »Fairness« werden auf die Höhe von Werten erhoben. Umgangsformen, Prinzipien, Werte, Konventionen, Verhaltensregeln, Substanz- und Funktionsbegriffe, alles wird besinnungslos durch den Phrasen-Mixer gejagt.

Das Diskussionspapier des Kammerpräsidiums spiegelt Unfähigkeit oder Lustlosigkeit der Kammerrepräsentanten an einer zeitgemäßen Klärung berufsethischer Fragen. Der sprachliche Ausdruck steht dabei im proportional umgekehrten Verhältnis zum fachlichen Anspruch, die Argumentation ist dürftig, die Darstellung oberflächlich.

So wird von »Mindeststandards« geredet »… die im Bewusstsein und der Akzeptanz ihrer berufsethischen Grundlagen normgerecht gelebt werden«. Diese Kammersprache erinnert eher an Kirchentagsverkündigungen in pastoraler Absicht. (Wie »lebt« man Mindeststandards normgerecht im Bewusstsein und der Akzeptanz?)

Wofür benötigen wir diese Art Kammern, die mit öffentlich-rechtlichem Status privilegiert sind, um mit Zwangsbeiträgen und Zwangsmitgliedschaft ihr Überleben zu sichern?

Trickser und Neandertaler

Es gibt viel zu tun für Kammern, die sich als Wächter der anständigen Berufsausübung betätigen. Denn im Feld der Rechtsanwälte wühlen Geschäftemacher, die den guten Ruf der Anwälte beschädigen und damit das Ansehen der großen Zahl respektabler, anständiger Anwälte mit in Verruf bringen.

Es sind Broschüren erhältlich, in denen die Tricks dargestellt werden, mit denen Richter hinters Licht geführt werden und die Gegenpartei geblendet wird: Zitate, die es gar nicht gibt, werden mit großem Nachdruck und präzisen Datierungen vorgetragen, weil sie frei erfunden sind, das macht Eindruck. Die Handreichungen sind als Abschreckungsbeispiele vorgestellt, können aber genauso als Bedienungsanleitung zweckentfremdet werden.

Andere Anwälte verdienen ihr Geld, indem sie unverhohlen der Ausbeutung und dem Rechtsbruch ihre Hand reichen. Die Anwaltskanzlei Dr. Schreiner und Partner GbR preist Arbeitgebern ihre Dienste mit einer Rechtfertigung an, die aus den Zeiten der Neandertaler stammen könnte: »Das Recht der Stärkeren liegt in der Natur einer jeden Sache. Es gewinnt, wer Technik und Taktik am besten beherrscht. Deshalb machen wir nicht alles, was Recht ist, sondern in der Hauptsache Arbeitsrecht für Arbeitgeber.« Der Duisburger Gesinnungsgenosse Helmut Naujoks gibt Tipps, wie man unkündbare Betriebsräte loswird und schult Rechtsbrecher und solche, die es werden wollen. Die Anleitung: »Die Kündigung von Unkündbaren« des furchtbaren Anwalts ist inzwischen ein Kultbuch für wild gewordene Arbeitgeber.

Hätte es im Neandertal schon vor 125 000 Jahren Rechtsanwälte gegeben, wären sie Staranwälte gewesen, damals allerdings mit Fellen bekleidet und mit Keulen bewaffnet. Heute sitzen sie adrett angezogen auf Polstersesseln in ihren renommierten Kanzleien. Sie vertreten das Recht des Stärkeren, das nach Schreiners Weltanschauung »in der Natur einer jeden Sache« liegt. Offenbar ist diese Spezies, deren Natur die Schwächeren bedrückt, doch nicht mit den Neandertalern ausgestorben, sondern wildert weiter in unserem zivilisierten Rechtswesen.

Sind die Werbemethoden, mit denen jene Anwälte das Recht lächerlich machen, der Ausdruck der neuen Liberalisierung der Rechtspflege? Ist das die von den Rechtsanwaltskammern begrüßte Lockerung des Werbeverbots für Anwälte? Kämpfen jetzt Anwaltskanzleien hemmungslos um Kunden, von keinen Skrupeln gebremst? Es gibt bundesweit agierende Geschäftsmänner, die sich als »dienstleistende europäische Rechtsanwälte« anpreisen. Ihre Dienstleistung besteht darin, die Schlupflöcher des Arbeitsrechts ausfindig zu machen, durch die Arbeitnehmer, vornehmlich Betriebsräte, aus dem Betrieb geworfen werden können. Für die »Kündigung von Unkündbaren« bietet er einen Sonderservice mit Kursen und Broschüren an. Wo das Recht im Wege steht, werden die Kandidaten der Kündigung, die sich nicht kündigen lassen, durch Mobbing weichgekocht. Zum Angebot zählt »systematischer Psychoterror des Arbeitgebers«, »bewusste Verunsicherung des Arbeitnehmers = Zermürbungsstrategie«, »Psychofolter und Schikane«, »Zwang zur Selbstaufgabe des Arbeitsplatzes« (Günter Wallraff: *Aus der schönen neuen Welt*, 2012, S. 382).

Solche Anwälte laufen Amok im Rechtssystem, und die Rechtsanwaltskammern schreiten nicht ein. Brauchen wir solche Kammern? Günter Wallraff hat dieser Art von Anwaltschaft in seinem oben erwähnten Buch die Maske vom Gesicht genommen. Zu Hilfe gerufene Kammern stellten sich dennoch taub und ließen Wallraff ablaufen.

Die Rechtsanwälte sollten die Darstellung ihres Selbstverständnisses nicht den Kammern überlassen, deren Repräsentanten zuweilen auf hohen Funktionärsrossen reiten und sich dabei selbst bewundern. Sie halten sich und ihren Berufsstand über jede Kritik erhaben. Doch »Hochmut kommt vor dem Fall«.

Die Rechtsanwaltskammer als abschreckendes Beispiel

Das »standesgemäße« Verhalten von Rechtsanwälten hängt nicht nur von den geschriebenen Regeln einer Berufsordnung ab, sondern auch von der beispielgebenden Funktion der Repräsentanten der Rechtsanwaltschaft. Wenn beispielsweise der Präsident der Rechtsanwaltskammer Freiburg, der zudem noch Vorsitzender der Ethikkommission der Bundesrechtsanwaltskammer ist, kein Problem darin sieht, dass er der Gegenanwalt einer Anwältin ist, die Ehe- und Kanzleipartnerin des Geschäftsführers der Kammer ist, so lässt das darauf schließen, dass die Sensibilität für Fairness und Anstand im niveaubestimmenden Kammerwesen der Anwälte relativ gering entwickelt ist. In dem Bereich, in dem ich meine beruflichen Erfahrungen sammelte, wäre jedenfalls ein solches Verhalten zum Beispiel in der Tarifpolitik als ein grobes Foul gegen das Prinzip Gegnerfreiheit geahndet worden. Dass man nicht auf zwei Hochzeiten tanzen kann, ist die volkstümliche Quelle des Rechtsgefühls, aus dem diese Fairnessregel stammt, deren ungeschriebene Gesetze offenbar bei der Freiburger Rechtsanwaltskammer verschollen sind.

Die Rechtsanwälte sollten die Darstellung ihres Selbstverständnisses nicht den Kammern überlassen, deren Repräsentanten zuweilen auf hohen Funktionärsrossen reiten und sich dabei selbst bewundern.

Viele halten sich und ihren Berufsstand über jede Kritik erhaben. Doch »Hochmut kommt vor dem Fall«. Präsident Figel und sein Vize Krenzler verweigerten mir beide in Vorbereitung zu diesem Buch das Gespräch, um das ich sie fairnesshalber gebeten hatte.

Und Präsident Figel versteckt sich mit seiner Absage hinter seinem Vizepräsidenten wie ein kleiner Junge auf dem Schulhof hinter dem großen Bruder und raunte etwas von »Kollision«, wegen der er nicht mit mir sprechen könne … Mit solchen Helden werden die Rechtsanwälte keinen Blumentopf gewinnen. Auf meine Beschwerde über das Berufsverständnis des Rechtsanwalts Dr. Krenzler verwies mich die Bundesrechtsanwaltskammer an die Freiburger Kammer, deren Präsident der ist, über den ich Klage führte. Das ist fast so, als würde ein Untersuchungsausschuss gegen die Bundeskanzlerin von den Kabinettsmitgliedern besetzt. Bei Anwälten geht das, was anderswo kaum denkbar wäre. Sie sind offenbar exterritorial zur Normalität.

Transparenz, Verantwortung und Unabhängigkeit

Rechtsanwälte verteidigen zu Recht ihre Unabhängigkeit. Wenn jedoch Unabhängigkeit mit Diskussionsverweigerung einhergeht, führt das zu einer Form von Isolation. Sie schaden sich selbst damit, dass sie sich den neuen Bedingungen von Transparenz und Rechtfertigung entziehen. Es wäre nicht das erste Mal in der Geschichte, dass sich vermeintliche Eliten als auf der Höhe der Zeit empfinden, obwohl sie schon im Kellerloch sitzen.

In der demokratischen Gesellschaft gibt es keine Geheimkammern und keine Berufe, die rechtfertigungsfrei sind. Deshalb darf es auch keine Diskussionsverstecke geben. Rechtsanwälte müssen sich der Diskussion über die ethischen Grundlagen stellen, die in ihrem Beruf gelten sollen. Es geht um die Rettung einer für den freiheitlichen Rechtsstaat unverzichtbaren demokratischen Rechtspflege, welche die Relikte ihrer autoritären Vergangenheit endgültig abstreift.

Das freilich ist keine berufsinterne Angelegenheit des Rechtsanwaltstandes. Der Verfall des Rechtsanwaltsberufes durch Verlust der Standesethik berührt die Funktionsfähigkeit des Rechtsstaats. Deshalb geht »diese Sache« uns alle an.

Teil III

Ehe auf Abruf: Scheidungsrecht als Fluchthilfe

Ehe und Familie sind »kulturelle Naturprodukte«

Ehe und Familie sind nicht pure Konstrukte menschlicher Erfindungs-kraft, sondern Ausdruck unserer eigenartigen kulturellen Natur. Die Zweisamkeit, auf die die »Menschwerdung« von Geburt angewiesen ist, ist eine kulturelle Überformung unserer natürlichen Konstitution. Die Paarung von Mann und Frau enthält nicht nur das Gesetz der Re-produktion des Menschen, sondern auch das ihrer kulturellen Subli-mierung durch die auf Dauer angelegte Bindung zweier Menschen. Die Kultur der Liebe überformt die Natur der Sexualität. Die schwei-fende Natur der Sexualität wird durch die »auf Ewigkeit« angelegte Liebe humanisiert.

Die Ehe verdankt ihr Entstehen nicht dem Staat. Sie ist älter als die-ser. Mutter und Vater sind sowohl natürlicher wie kultureller Herkunft. Freilich kann eine Gesellschaft auf die kulturelle Sublimierung der Ehe und Familie verzichten oder sie abbauen. Es lässt sich die Beseitigung der Ehe und Familie bis zur Perfektion eines Kunstmenschen treiben, der sich weitgehend den »Fesseln der Natur« entwunden hat.

Ehe und Familie sind große Stabilisatoren der Evolution. Alle Er-schütterungen der Geschichte und die Katastrophen der Natur, Kriege und Sintfluten überlebten sie – bis jetzt!

Aushöhlung statt Auslöschen

Ehe und Familie widerstanden allen Frontalangriffen. Bedrohlicher als die gewaltsamen Versuche von gestern ist möglicherweise die klamm-heimliche Aushöhlung von heute. Entfunktionalisierung durch moder-nes Outsourcing, wofür die Wirtschaft das Vorbild liefert, lässt von Ehe und Familie dann nur noch eine ausgelaugte Hülle übrig. Wenn Ehe und Familie aber für nichts mehr gebraucht werden, hat sich die »Sache von selbst erledigt«. Aushöhlung statt Auslöschung heißt das Modernitätsprogramm. Im Ergebnis sind die beiden alternativen Strategien allerdings deckungsgleich.

Wofür aber sollen Ehe und Familie gut sein?
Für den Nachwuchs?

Kinder lassen sich auch außerhalb der Ehe auf die Welt bringen. »Uneheliche« Kinder sind so selbstverständlich wie eheliche. Eros, Sexus und Nachwuchs haben sich in strenger Arbeitsteilung getrennt. Die Produktion von Kindern ist nicht mehr zwingend an Erotik und Sexualität gebunden. Das Reagenzglas wie die Genmanipulation sind jedenfalls frei von Eros und Sex.

Für die Erziehung?

Die außerhäusliche Erziehung gilt inzwischen als erstrebenswertes pädagogisches Ideal. Erziehung ist Expertensache. Für das maximale Ergebnis und sein Zustandekommen sind Profis zuständig, die Erziehung studiert haben. So gesehen sind Eltern hinderliche Amateure. Allein die professionelle Erziehung aller Kinder durch öffentliche Erziehungsanstalten wird als Voraussetzung der Chancengleichheit angegeben. Erziehung wird in einem staatlichen Fabriksystem maximal organisiert.

Für den Zusammenhalt?

Wenn jeder sich selbst genug und Selbstverwirklichung Alleinverwirklichung ist, bedarf es keines sozialen Zusammenhalts. Das Ideal der Ich-AG ist prinzipielle Autarkie, die allein aus der Opportunität der Ertragsoptimierung gesteuert wird. »Der Mensch ist ein Vorteilsucher, sonst nichts«, hat Gary S. Becker behauptet und dafür den Nobelpreis erhalten. Als Ich-AG ist der Mensch der Prototyp des Vorteilsuchers und prinzipieller Individualist. Die Ich-AG erfindet sich selbst im Übertreffen der Konkurrenz.

Die Kontakte der Ich-AG sind lediglich Konkurrenzberührungen, in keinem Fall jedoch dauerhafte Bindungen. Der Aktionär von sich selbst kontaktiert die anderen nur in dem Maße, wie seine Aktien an der Börse des Lebens mit anderen im Wettbewerb stehen. Im Hochfrequenzhandel geschieht dies sogar ohne jedweden menschlichen Eingriff.

Produktion des Menschen

Die außereheliche Geburt ließe sich noch weiter treiben und perfektionieren, als dies bisher geschah. Der künstliche Mensch ist machbar. Er ist nicht auf natürliche Eltern angewiesen. Die Petrischale ist seine embryonale Wiege, allerdings noch mit natürlichen Ungewissheiten des Erbguts, die sich aber vermeiden lassen, wenn die Eliminierung der Eltern bereits in den Gen-Bereich vorverlegt wird. Der neue Mensch ließe sich auf diese Weise sogar nach den Produktionswünschen der Wirtschaft optimieren. Der Kunstmensch ist produzierbar und bietet viele Vorteile. So ließen sich zum Beispiel arbeitsmarktpolitische Fehlbesetzungen zukünftig ausschließen: Jeder käme auf den Platz, für den er vorgesehen ist. Das ergäbe eine stabile Gesellschaft ohne Aufstiegsbegehren und Abstiegsängste. Alles ist ausgerichtet auf den programmierten Verwendungseinsatz. Soziale und wirtschaftliche Effizienz sind dann fusioniert. Der Vereinbarkeit von Familie und Beruf steht nichts mehr im Weg, weil es gar keiner Familie mehr bedarf. Der alte Konflikt zwischen Beruf und Familie entfällt, weil sich die Familie aufgelöst hat …

80 Jahre nach der Veröffentlichung von Huxleys kritischem Entwurf einer schönen neuen Welt, in der alles künstlich und nichts mehr urwüchsig ist, sind die wissenschaftlichen Voraussetzungen für ihre Durchsetzung im Wesentlichen erfüllt. Die Gesellschaft zufriedener Idioten, in der jeder ist, was er werden soll, ist nun machbar. Für Fehlsteuerung bietet sich ein ausgewählter Reparaturbetrieb an von sanfter pharmakologischer Art bis zu groben neurologisch-chirurgischen Eingriffen. Die pränatale Diagnostik hilft bei der Auswahl des erwünschten Menschen. Die restlose Beseitigung von Schicksal entspricht einer Totalisierung der Freiheit, die auf diesem Weg ihr Subjekt und damit sich selbst verliert.

Ziel ist in jedem Fall Zufriedenheit, die zustande kommt, wenn nichts mehr in Frage gestellt werden kann, weil es keine weitergehenden Fragen mehr gibt. Die Eintrittsbedingung ins Paradies des Wohlbehagens ist lediglich Verzicht auf Freiheit als Selbstbestimmung. Selbstbestimmung beinhaltet das Risiko des Versagens. Das aber würde Zufriedenheit zerstören. Freilich, der auf diese Weise ruhiggestellte Mensch würde nicht nur schuldlos, sondern auch glücklos. Glück als Erlebnis, sich selbst zu übertreffen, »außer sich« zu geraten, um aus der Selbstentfremdung in die Eigentlichkeit zurückzukehren – so etwas gäbe es nicht mehr.

Familie a. D.

Die familiäre Erziehung gilt als überholt, wie sich in der Debatte über das Betreuungsgeld herausgestellt hat. Renate Schmidt, die frühere Familienministerin nannte das Betreuungsgeld einen Beitrag zur Entprofessionalisierung der Erziehung. »Mama und Papa« sind demnach offenbar Amateure, die von ihren Kindern weniger verstehen als beispielsweise die 20-jährige kinderlose Erziehungsexpertin. So bekommen die Eltern, solange es sie noch geben muss, Nachhilfe, die ihrem offensichtlichen Dilettantismus abhelfen soll. Elternakademien trainieren Eltern mit akademischen Übungen, die meine »einfachen« Eltern auch ohne Theorie beherrschten. Kurse erklären den Müttern und Vätern die Körpersprache des Kindes. Das Foto, welches ein Kind mit ausgestreckten Ärmchen zeigt, wird mit der Botschaft versehen »Das Kind möchte Kontakt zu Ihnen aufnehmen«. Für diese Erkenntnis hätten meine »ungebildete Mama und mein bildungsferner Papa« kein Foto gebraucht, darauf wären sie ohne den Rat gescheiter Experten gekommen. Meine pädagogisch ungebildeten Eltern wussten sogar, dass dem Kind etwas fehlt, wenn es schreit, und sie kamen sogar auf den Gedanken, dass Wiegebewegungen Kinder beruhigen können!

Michael Sommer, der ehemalige DGB-Vorsitzende, sah im Betreuungsgeld einen Rückschritt für bildungsferne Familien. Ich komme wie gesagt aus einer bildungsfernen Familie, und ich versichere, meine Eltern hätten sich durch ein Betreuungsgeld nicht zurückgestoßen gefühlt. Im Übrigen haben sie mir mehr »soziale Kompetenz« beigebracht, als ich bei manchen Alterskameraden erkenne, die aus einkommensstärkeren und deshalb angeblich bildungsnäheren Familien mit garantiertem Genuss der höheren Schulen kommen.

Renate Schmidt behauptete 2011, dass Vollzeiterwerbstätige die größte Lebenszufriedenheit besitzen. (Renate Schmidt: *Auslaufmodell Alleinverdienerfamilie*, S. 20). Die Wirklichkeit liefert andere Ergebnisse als die Ideologie: Vollerwerbstätige Mütter mit einem vollerwerbstätigen Partner sind unzufriedener als Mütter, die nicht oder nur in Teilzeit beschäftigt sind. (SOEP sozialökonomisches Panel, siehe Stefan Fuchs: »Vater Staat statt Elternhaus«, in: *Neue Ordnung*, April 2014, S. 133).

Erwerbsarbeit ist für Mann und Frau wichtig. Noch wichtiger für viele Väter und Mütter sind Partnerschaft und Kindeswohl. Das eine ist nicht ohne das andere zu haben. Kindern in Not muss geholfen werden, und Familien, die ihre Erziehungsaufgaben nicht erfüllen können oder wollen, dürfen nicht alleingelassen werden. Hilfe und Unterstützung sind nicht erst dann Hilfen, wenn alle Hilfe erhalten. (Wenn einige krank sind, müssen nicht alle ins Krankenhaus.) Nicht alle Kinder bedürfen der Krippe und Kita.

Einst kämpften die Gewerkschaften für Arbeitszeitverkürzung, damit »Vati« samstags zu Hause bleiben konnte. Jetzt soll »Mutti« die ganze Woche in den Betrieb.

Erst soll die Erwerbsarbeit von »Vati« minimiert werden, dann die von »Mutti« maximiert. Die Gewerkschaften desertieren zu Fetischisten des totalen Erwerbszwangs, den sie einst brechen wollten.

Im Sozialismus ist möglicherweise auch ein Minderwertigkeitskomplex versteckt, der sich erst auflöst, wenn die Sozialisten so geworden sind wie die Leute, die sie bekämpfen. Ich kenne DDR-Sozialisten, die bessere Kapitalisten wurden, als es in der BRD je welche gab. Die Raffgier ist anscheinend eine systemunabhängige Deformation menschlicher Begabungen. Man will halt nicht immer, was man anständigerweise eigentlich soll.

Meine Bildungserlebnisse

Mein »Kinderparadies« war die Schule nicht. Die Generation meiner Urenkel hingegen soll offenbar in die Schule »einrücken« wie früher die Jungs ins Militär, vorbei an ihren Eltern. Alle Anstrengungen werden verstärkt, Kinder möglichst schon kurz nach der Geburt den Erziehungsexperten zu übergeben, um sie später ganztags schulisch zu »erfassen«. Es darf anscheinend keine öffentlich unüberwachte Kinderzeit mehr geben.

Für das Personal der Luftfahrt werden in Frankfurt schon Krippen angeboten, in denen die Babys für mehrere Tage »abgelagert« werden können. Früher kannte man so einen Service nur von der Gepäckaufbewahrung.

Die neuen Verpackungszeiten für Kleinkinder entsprechen den Schichtrhythmen: eine Woche Früh-, die nächste Spät-, und in der dritten Woche Nachtschicht. Nach der Spätschicht holen VW-Arbeiterinnen ihre Kinder nach 23 Uhr ab. Vor der Frühschicht gilt der Ablieferungstermin 5.30 Uhr. Die schichtbegleitende Kinderbetreuung folgt der Logistik des Fließbandes. Alles wird zeitgerecht »in time« angeliefert – Hinterachsen, Bremsbeläge, Kinder. Die maximale Vereinbarkeit von Beruf und Familie wird zum Maß des Kindeswohls.

Schulfreie Kinderzeit darf es offenbar nicht mehr geben. Die allgegenwärtige öffentliche Betreuung besetzt auch die letzten Verstecke, die dem Abenteuer Kindheit traditionell zur Verfügung standen. Selbst die alten Ferienzeiten werden jetzt mit schulischem Angebot besetzt, damit auf keinen Fall Spielräume ohne staatlich professionelle Erziehungsaufsicht entstehen. Die Sehnsucht nach dem Beginn der Schulferien – ich zählte die Tage – entfällt, ebenso die wachsende Freude, wenn die Ferienzeit zu Ende ging und ich meine Schulkumpanen allesamt wiedersah. Schulzeit ist jetzt unterbrochen und so gleichförmig wie ein Brei, der ewig fließt.

Die Familie ist noch für Übernachtung zuständig. Aber auch dieses Refugium wird schon unterminiert. Grundschulen bieten Übernachtung im Schulraum als Schulevent nebst dazugehörigem Lehrer an. Auch für Abenteuer ist jetzt das beamtete Lehrpersonal zuständig. Welche Aufgaben bleiben für Vater und Mutter? Das Geld beischaffen. Aber auch das kann noch abgeschafft werden, wenn die Kinder zu einer Art Unfall umfunktioniert werden, der die Eltern in ihren Einkommensmöglichkeiten behindert. Der Familienlastenausgleich verwandelt sich so in eine Art Schadenersatz, den auch der Bauer nach Sturm und Hagel vom Staat oder seiner Versicherung verlangt.

Schule als Lernfabrik

Die Schule ist zur Lernfabrik verkommen, wobei die wissenschaftliche Pädagogik den Takt angibt. Wissenschaftlich ist, was gezählt werden kann. Der ganze Schulbetrieb organisiert sich um messbare Tests. Es gibt nichts, was nicht auf eine Rangfolge gebracht werden kann, die das Ergebnis eines Tests ist. Alles wird getestet: Lehrer, Schüler, Eltern, Schule, zu guter Letzt auch die Nationen. PISA heißt die schulische Olympiade. »Der Wettlauf der Testergebnisse verändert den Unterricht nicht zum Besten.« (Jürgen Kaube, *FAZ*, 12. Mai 2014) Wie wenig die Testergebnisse über Wirklichkeit und Wirksamkeit aussagen, zeigt der Vergleich der schulischen Testergebnisse mit beispielsweise der politischen und wirtschaftlichen Stabilität eines Landes. Wie wenig PISA eine kulturelle Aussage machen kann, ergibt sich aus der Tatsache, dass Kultur sich nicht in Statistiken überführen lässt. Außerdem wäre es gar nicht wünschenswert, wenn Schulen nach einem globalen Maßstab bewertet würden. Die Einheitsschule von Alaska bis nach Australien ist eher eine Kopfgeburt einer kulturlosen Theorie als ein kinderfreundliches Zeugnis des Lebens.

Was in der Schule beginnt, setzt sich im Lernbetrieb der Universitäten fort: Nicht mehr im Abenteuer, die Welt in einer universitären Expedition kennenzulernen. Alles ist normiert, jeder Studienschritt geplant und mit Zertifikaten beklebt. Schule, Uni und die zerstörte Familie sind die Produktionsbedingungen des neuen Menschen.

Bildung und Wissen

Der Bildungsgrad wird nicht an der Menge des Wissensbesitzes gemessen. Es geht in der Bildung um das Verstehen der Welt. »Gescheite Leute« verstehen die Welt nicht immer besser als »einfache Leute«. Klugheit und gar Weisheit besitzen einen Erfahrungsanteil, der nicht durch Lernen ersetzt werden kann. Was ist wichtig, was ist wichtiger? Diese Frage beantwortet kein Computer. Zur »Heranbildung« eines Weltbildes bedarf es verlässlicher Vorbilder, die mit Zuneigung und Liebe zur Nachahmung einladen.

Dazu bietet die Familie mehr Chancen als pädagogische Systeme mit im Schichtbetrieb wechselndem Personal. »Bezugspersonen« können Vater und Mutter nicht ersetzen. Ihnen fehlt das, was Mama und Papa normalerweise auszeichnet: dauerhafte Zuwendung und Nähe.

Möglicherweise standen Kinder noch nie so sehr im Zentrum des öffentlichen Interesses wie heute. Aber vielleicht handelt es sich bei diesem Eindruck um eine optische Täuschung. Was wir für den Mittelpunkt halten, ist bei Licht betrachtet vielleicht der Standpunkt der elterlichen Erwartungen an das Kind. Die »frühkindliche Bildung«, von der alle reden, die aus Pädagogensicht nicht früh genug in Krippe und Kita beginnen kann, ist möglicherweise nur das kompensatorische Angebot für die Verweigerung einer elterlichen Bildung.

Wir hören zwar immer mehr von frühkindlicher Bildung und meinen damit bevorzugt eine außerhäusliche professionelle Betreuung des Kindes. Die frühkindliche Bildung hat aber auch etwas mit der Beziehung der Eltern zum Kind zu tun. Ein Kind, das erfährt, dass es gewollt und geliebt ist, gerade mit seinen Grenzen und Schwächen und unabhängig von seinen Leistungen, erhält die beste denkbare frühkindliche Bildung. »Mit der Fokussierung auf die frühkindliche Bildung nimmt die Politik eine kinderfeindliche Perspektive ein«, schreibt der erfahrene Psychotherapeut Professor Hans-Joachim Maaz (*Die Zeit*, 24. April 2014).

»Der Weg zur Hölle ist mit guten Vorsätzen gepflastert«, weiß der Volksmund, und nicht überall, wo »Kindeswohl« draufsteht ist auch Kindeswohl drin.

Schule – Angebotsagenten mit umfassendem Sortiment

Der pädagogische Imperialismus ist die Vorstufe zur Verstaatlichung des Menschen. Der Eifer, die Kinder möglichst früh unter staatliche Fuchtel zu bekommen, geht bis an die Grenze des Möglichen. Die hessische Landesregierung lässt verlauten: »Der Bildungs- und Erziehungsplan nimmt die besonders lernintensive Altersspanne von 0 bis 10 Jahren in den Blick und stellt das Kind in den Mittelpunkt aller Überlegungen und nicht mehr die Institution.« Wo immer sich dieser Mittelpunkt befindet, ist er jedenfalls in der Hand des Staates. Und die Eltern sind außerhalb der Umlaufbahn der pädagogischen Gestirne. Vielleicht unterschätzt die besorgte hessische Regierung sogar ihre Potenz. Das amtliche Bildungsprogramm »Bildung von Anfang an« lässt sich weitertreiben. Man muss nur den Anfang weiter zurückschieben. Warum erst bei null, also der Geburt, einsetzen? Die pränatale Phase ist eine hochbedeutsame Bildungsphase für die Entwicklung des Kindes. Die Pädagogik erkundet hier gerade ein neues Optimierungsfeld.

Verstaatlichung der Kinder

Der Neuköllner SPD-Bezirksbürgermeister Heinz Buschkowsky, einschlägig als besonders volksnah bekannt, empfahl ein robusteres staatliches Vorgehen bei der Inbesitznahme der Kinder. Wenn der Staat Banken verstaatlicht, dürfe er auch die Kitapflicht einführen, was oder wer könne den Staat daran hindern?, fragt der populäre Mann. Neu sind solche revolutionären Ideen nicht. Sie gehörten bereits zum Gründungsprogramm der Sowjetunion. Zlata Liliane erklärte bereits auf dem Kongress für staatliche Erziehung 1918: »Wir müssen diese Kinder vor dem verderblichen Einfluss des Familienlebens retten. Wir müssen alle Kinder erfassen, Wir müssen sie, offen gesagt, verstaatlichen.« (Zitiert nach Dieter Thomä: *Väter*, 2008, S. 210).

Die Verstaatlichung von Unternehmen galt dem Kapitalismus einst als Ursünde des Sozialismus. Nachträglich eifern die westlichen Kapitalisten ihren östlichen Antipoden nach. Sie verstaatlichen zwar keine Produktionsmittel, dafür aber Kindheit. Sie erobern den ganzen Menschen, indem sie seine seelische Ausstattung von Anfang an kontrollieren und für ihre Zwecke prägen. Auch sie arbeiten an dem »neuen Menschen«.

Kindheit und Schule werden so Teil einer wirtschaftsgefügigen Produktion. Und PISA liefert die Produktionsdaten.

Traum von der freien Kindheit

Kindheit außerhalb der Schule wird bald zu einem Traum, vergleichbar dem, den ich vom glücklichen Robinson hatte. Für mich war das Spielen mit Freunden das höchste der Gefühle. Das Zeltlager der Pfadfinder war das Ereignis, auf das ich mich elf Monate lang freute. Meine Freunde habe ich mir selbst ausgesucht. Sie wurden mir nicht pädagogisch zugeteilt. Das scheint heute passé zu sein. Selbst Freundschaft, als Ergebnis willkommener zufälliger Begegnung, wird mehr und mehr zum Gegenstand pädagogischer Planung.

Kinder sind aus demografischen Gründen ein knappes Gut. Also muss der Anbieter Schule sich etwas einfallen lassen, damit die knappere Nachfrage nach Schulplätzen nicht an ihm vorbeigeht. Im Wettbewerb um die Schüler verwandeln sich Schulen in Angebotsagenturen, deren Sortiment alle kommenden Lebensbedürfnisse abdeckt. Es gibt kaum noch ein Lebensgebiet, das nicht schulisch erfasst und bearbeitet wird: Kochen, Verkehrserziehung, Medienkunde, Konsumententraining, Esskultur et cetera.

Die Schule monopolisiert die Wissensvermittlung. Ein Leserbrief in der *Süddeutschen Zeitung* (8./9. Mai 2013) bringt in schrillem Ton auf den Punkt, was das moderne Volk will: »Der Fehler liegt im System. Notwendig wäre, dass der Unterricht in allen Schularten eine Angelegenheit zwischen Lehrkraft und Schüler sein soll – Erziehungsthemen ausgeschlossen … Das Verhältnis Kinder/Eltern wäre unbelastet, zumindest von schulischen Dingen, und die Chancen der Kinder würden mehr von der Qualität der Schule als von der ihrer Eltern abhängen.«

Eltern sind nach dieser Vorstellung ein auslaufendes Modell. In einem abgeschotteten Schulsystem sind Eltern ein Störfaktor in der Wissensproduktion, sie sind überflüssig.

Das eigentliche Kindheitsleben soll sich in der Schule abspielen. Mutter und Vater werden auf einen nostalgischen Freizeitwert reduziert, Kinder erfüllen für Eltern die Funktion, die Hunde für kinderlose Paare haben.

Die neue Schulpolitik widerspricht auf doppelte Weise dem grundgesetzlich geschützten Elternrecht, nämlich dem Recht der Eltern auf ihre Kinder und dem Recht der Kinder auf ihre Eltern. Das Kindeswohl ist unter den Erfordernissen der wirtschaftlichen Verwertbarkeit und Wettbewerbsfähigkeit der Kinder völlig aus dem Blick geraten.

Behindert Dauerhaftigkeit die Freiheit?

Wahlfreiheit wird als höchste Form der Freiheit ausgegeben. Dauerhafte Ehen sind demnach eine Einschränkung der Freiheit. Dauerhaftigkeit vermindert die Optionen auf der Zeitstrecke. Jede Festlegung engt ein. Je mehr Angebote, umso besser für die Konsumentenfreiheit. Alternativen können nebeneinander aufgebaut oder nacheinander aufgestellt werden. Ehen sind in diesem Verständnis eine Freiheitsbeschränkung und werden nie auf Lebenszeit geschlossen, sondern nur noch bis auf Weiteres: nämlich »bis etwas Besseres« kommt. Deshalb wandelt sich die dauerhafte Ehe »bis der Tod Euch scheidet« in eine vorübergehende Lebensabschnittspartnerschaft mit relativ geringem

Kündigungsschutz. Jedenfalls einem geringeren, als er im Miet- und Arbeitsrecht gilt. Es ist leichter, die Ehefrau loszuwerden als den Mieter. »Zerrüttung« reicht im Eherecht als Auflösungsgrund. Dafür ist nur der Nachweis einer erfolgreich absolvierten Trennungszeit erforderlich. So weit sind wir im Arbeits- und Mietrecht noch nicht. Unser Scheidungsrecht braucht also in Sachen Hemmungslosigkeit keinen Vergleich mit Kündigungserleichterungen zu scheuen. Leichter geht's nicht mehr! Ehe auf Abruf tritt an die Stelle der lebenslangen Bindung.

Scheidung wird normalisiert

Die abnehmende Bindekraft der Ehe zeichnete sich schon in den sechziger Jahren ab. Zwischen 1960 und 1990 verdoppelte sich die Zahl der jährlichen Scheidungen. Die Zahl der Eheschließungen nahm um ein Viertel ab.

2012 wurden in Deutschland 387 000 Ehen neu geschlossen und 180 000 Ehen geschieden. Die Umschlaggeschwindigkeiten in der ehelichen Partnerschaft nehmen zu. Die Dauer nimmt ab. Durchschnittlich hält eine Ehe 14,4 Jahre. Wer länger verheiratet bleibt, ist ein Langzeitehepartner, der in der öffentlichen Geltung unter Verdacht gerät, Langweiler zu sein. »Goldene Ehen« werden wahrscheinlich in 100 Jahren nur noch in ausgestopfter Form im naturkundlichen Museum zu besichtigen sein. Verlobung ist abgeschafft. Der Kurzzeitvorbereitung entspricht die Kurzzeitnachwirkung. Es geht los und endet abrupt. Vorher und nachher eine symmetrische Null. Aber der kurzfristige Überschwang der Wonnen während der Hochzeit bietet offenbar keinen verlässlichen Halt für eine Dauerhaftigkeit von Beziehungen, die unserem Leben Sicherheit bieten. »Karl« muss wissen, dass Anna ihn auch dann noch für »attraktiv« hält, wenn er Zahnprothesen trägt, und »Anna« muss sicher sein, dass Karl sie auch dann noch flott findet, wenn sie keinen Rock'n'Roll mehr aufs Parkett legen kann. Diese Gewissheiten, welche die Treue liefert, sind Sicherheiten, die im Schwinden sind.

Die Ehe als Hort des Unglücks?

Das alte Ehemodell gilt als vermeidbarer Irrtum, den man schnell revidieren muss, wenn man ihn schon nicht vermeiden kann. Der flotttraurige Oscar Wilde, ein Vorreiter für den lockeren Lebenswandel, ahnte schon vor mehr als 100 Jahren – seiner Zeit vorauseilend – dass die Ehe der Versuch sei, »zu zweit wenigstens halb so glücklich zu werden, wie man allein gewesen ist«. Wenn das so ist, dann bleibt als Alternative zum Alleinsein jenseits der traditionellen Ehe nur noch das Experiment der Ehe mit vielen.

Polygamie – die neue Freiheit

Die okzidentale Monogamie assimiliert sich an die orientalische Polygamie. Was in der orientalischen Variante zeitgleich organisiert ist, wird in der okzidentalen in einer Zeitreihe untergebracht. Statt morgenländisches Nebeneinander der Ehepartner tritt das neue abendländische Nacheinander der Lebensabschnittsgefährten. Der siebte Familienbericht der Bundesregierung nennt das »serielle Monogamie«.

Das westliche Modell bietet zudem noch den Vorteil der Geschlechtsneutralität. Unser Angebot an Optionen ist also umfangreicher. Es steht auch Frauen zur Verfügung. Wir sind an der Spitze der globalen Emanzipationsbewegung angekommen. Okzident sticht Orient.

Das geteilte Glück

Die Ehe, in guten wie in schlechten Zeiten, verwandelt sich zeitgemäß in eine vorübergehende Arbeitsgemeinschaft zur gemeinsamen Nutzung der Freizeit, die zu den guten Zeiten gehört. Für schlechte Zeiten ist die Lebensabschnittspartnerschaft nicht eingerichtet. Lebenspartnerschaft ist ein Gut-Wetter-Modell: »Wie es Euch gefällt.«

Mit dem Verschwinden der lebenslangen Ehe verliert unsere Kultur eines der ältesten Bindungsmittel, das Gemeinschaft stabilisiert. »Hingabe« ist eine elementare gemeinschaftsbildende Vertrauensquelle und eine Quelle des menschlichen Glücks, aus der die Liebe schöpft. »Geben ist seliger als Nehmen«, sagt der Volksmund, und der schöpft aus Gemeinschaftserfahrungen. Schenken und Beschenktwerden hat in der Gemeinschaft der Familie ihren Ursprung und ist etwas anderes als Kaufen und Verkaufen, von dem die Wirtschaftsgesellschaft zusammengehalten wird. Sind Gesellschaften aber ohne Gemeinschaft überlebensfähig? Sind Familien überlebt?

Die Ökonomie der Familie

Die Ökonomie der Familie kennt kein »wie du mir, so ich dir«, wie es dem marktwirtschaftlichen Äquivalenzprinzip entspricht. Die Ehe entwickelt sich wie die Liebe in einem wechselhaften Geflecht von Überschüssen und Defiziten, Vor- und Nachteilen, die allesamt so vergemeinschaftet werden, dass entweder beide Gewinner oder beide Verlierer sind. »Geteiltes Leid ist halbes Leid«, und »Geteiltes Glück ist doppeltes Glück«. Diese Rechenkunst entstammt familiären Sozialisationen.

Die letzte Zuflucht vor dem neuen Kapitalismus ist die Familie. Es gilt in der Familie der alte sozialistische Grundsatz: Jeder nach seinen Bedürfnissen, jeder nach seinen Fähigkeiten. Es gehört zu den tragischen Irrtümern der Linken, die Familie zu bekämpfen. Zur linken Familienparadoxie gehört, erst die Erwerbsgesellschaft zum Inbegriff der Repression zu erklären, um sodann alle Frauen in diese angebliche Zwangsgesellschaft zu integrieren, auf dass sie anschließend gemeinsam mit dem Mann befreit werden.

Antizipatorische Linke erkannten aber auch das Potential der Gegenwehr gegen eine verdinglichte Welt. Max Horkheimer erinnerte in »Autorität und Familie« daran: »Im Gegensatz zum öffentlichen Leben hat jedoch der Mensch in der Familie, wo die Beziehungen nicht durch den Markt vermittelt sind und sich die Einzelnen nicht als Konkurrenten gegenübertreten, stets auch die Möglichkeit, nicht bloß als Funktion, sondern auch als Mensch zu wirken.«

Der »veröffentlichte Mensch« ist permanent außer sich und nie bei sich. Die Intimität der Familie ist möglicherweise der letzte Rückzugsort, der vor der totalen Datenerfassung des Menschen Zuflucht gewährt.

Big Data überführt das Individuum in die Summe seiner Daten. Der Mensch ist das, was andere von ihm wissen. Und das ist am Ende mehr, als er selbst von sich weiß. Das eine Auge, das alles sieht, auch was bei finsterer Nacht geschieht, war einst eine Definition Gottes. Heute ist es der Ausweis der Google'schen Allwissenheit.

Werden die objektiven Daten, die sich aus all den Äußerungen eines Menschen ergeben – aus seiner Kommunikation, seinem Konsum, seinen Sozialkontakten –, zu dem, was ihn ausmacht, so ist niemand mehr der, der er meint zu sein. Er kann mit dem Schlüssel eines Algorithmus aus seinem umfassenden Datenmaterial modelliert und manipuliert werden. Die in der Intimität geschützte Privatheit der Familie ist vielleicht die letzte Trutzburg gegen die Auflösung des Menschen durch seine totale Veröffentlichung.

Treue ist nichts für Feiglinge

Dem Imperativ der ständigen Verfügbarkeit steht die auf Dauer angelegte Ehe entgegen. Dem Unglück der Trennung aus dem Weg zu gehen, indem die Trennung zum alltäglichen Normalfall wird, ist ein Verzicht auf dauerhaftes Glück. Aus Angst vor Absturz eine Gipfelwanderung nicht zu versuchen, ist Verzicht auf Glückserfahrung wegen Absturzgefahr. Doch Feigheit ist kein Glücksbringer.

Die vorweggenommene Trennung

Der Ratio der Ehe auf Zeit entspricht es, die Güter der Partner in der Ehe »sicherheitshalber« getrennt zu halten. Denn im Fall der Scheidung ist die oder der, welche oder welcher in der Ehe mehr für die Ehegemeinschaft als für den Erwerb gearbeitet hat, der oder die Dumme. Sie oder er hat umsonst gearbeitet. (In der Regel ist »sie« die Dumme, nämlich die zurückgelassene Ehefrau.) Die moderne Lebenspartnerschaft ist auf Gütertrennung angelegt: »meins bleibt meins«. Sie vermeidet den Besitzverlust. Haben ist wichtiger als sein. Und das, was jeder hat, gibt er oder sie nicht her.

Zu den überraschenden Kollateralschäden dieser Art von Emanzipation zählen im Alter alleinstehende Frauen, deren Zahl rapide zunimmt. Alte Ehemänner bevorzugen häufig jüngere Damen als Zweitfrauen. Ist das heimlich die bittere Rache des borniertern Patriarchats? Oder hat der Feminismus hier nolens volens als Geheimagent der Männerherrschaft gewirkt?

Selbstversorgung

Im Zeitalter der ungehemmten Selbstversorgung ist Arbeit für andere und gar ohne Lohn, wie sie in jeder Familie geleistet wird, nicht mehr vorgesehen. Es zählt nur die Arbeit für Geld und für sich. Die Ehefrau, die aus ehelicher Uneigennützigkeit zum Beispiel dem Mann das Studium ermöglichte, mit dessen Hilfe sich dieser später ein Spitzeneinkommen verschaffte, ist nach der Trennung die anschlusslose »Sitzengebliebene«. Für sie bleibt ein »Vergelt's Gott« als überirdischer Trost. Die Wiedereingliederung solch »arbeitsloser« Ehepartner »in das eigentliche Leben«, das Erwerb heißt, ähnelt einem Rehabilitierungsprogramm für Behinderte oder Eingliederungsversuchen für Strafgefangene.

Quod erat demonstrandum – ein Exempel aus der Gerichtswelt

Der Anwalt der »zurückgelassenen« Ehefrau schildert die Biografie und nennt Daten, die das eheliche Leben geprägt hatten. Nach der Heirat nahm sie eine Lehrerinnenstelle in Lateinamerika an. Drei Jahre blieb sie dort und gebar zwei Kinder. Ihr mitgereister Ehemann verbrachte die drei Jahre mit der dilettierenden Erarbeitung einer Dissertation, die auch nach dieser Zeit nicht abgeschlossen war, weil der Ehemann auch den Freizeitwert im fremden Land zu schätzen wusste.

Nach der Rückkehr in die Heimat stürzte sich der Gatte in seine Karrierearbeit. Er wurde Assistent eines Vorstandsvorsitzenden, ein Job, der bekanntlich keine geregelten Arbeitszeiten kennt, sondern eher einen Rund-um-die-Uhr-Einsatz verlangt. Die Ehefrau gebar ein drittes Kind und reduzierte ihre Erwerbsarbeit als Lehrerin.

Wie aus der Pistole geschossen fährt Frau Richterin eines Höheren Gerichts dazwischen: »Wer hat Sie denn gehindert, voll erwerbsfähig zu bleiben?« Der Ehemann und dessen Anwalt sind verbal und mimisch mit hämischer Unterstützung bestätigend sofort zur Stelle. Der Richterin und ihren Adjutanten kann geholfen werden mit der einfachen, aus der Lebenserfahrung entnommenen Kenntnis: Die Karriere des Ehemannes hat sie daran gehindert! Mit der Arbeitszeit des Ehemannes, die auch Wochenenden umfasste, lassen sich bei Vollerwerb der Ehefrau keine drei Kinder erziehen. Kinder brauchen Eltern. Ihr Bauchweh richtet sich nicht nach Arbeitszeiten von Mama und Papa. Die Elternarbeit folgt nicht einer Stechuhr. Wenn das Kind Fragen hat, die es beschäftigen, sammelt es sie nicht, um sie nach Feierabend beiden Eltern vorzutragen. Eltern müssen sich nicht fortwährend um die Kinder kümmern, aber sie müssen da sein, wenn Sorgen ihre Kinder quälen. Das gilt in besonderer Weise für Scheidungskinder. Zuneigung ist nicht terminierbar und auf »quality time« zu verschieben.

Ursula von der Leyen veröffentlichte einst ein Memorandum, nach dem die Qualitätszeit sich »in bewusster Interaktion der Fürsorge und Zuwendung mit dem Ergebnis von Wohlbefinden« messe. Dabei sollten Zeitoptionen für Fürsorge ermöglicht werden.

Ich frage mich: Wird jetzt die elterliche Liebe tarifvertragsfähig und nach einem Schaltplan geregelt? Frei sein fürs Träumen, für still in der Ecke kuscheln – das ist das Paradiesgärtlein kindlichen Glücks. Dieses Glück kann durch kein Fürsorgemanagement, kein Depot organisiert werden.

Michael Ende hatte einst in seinem Roman *Momo* Kinderdepots vorgeschlagen, in denen die Eltern von der Erziehung freigestellt werden. Was gibt es da noch freizustellen? Die Kindheit ist doch von der Geburt bis zur Schulentlassung programmiert und verplant.

Es ist übrigens ein Irrtum der Gerichte, wenn sie offenbar annehmen, das dominante moderne Familienmodell sei die Vollerwerbstätigkeit der beiden Ehepartner. Diese falsche Einschätzung teilen sie mit der Bundesregierung. Dem Doppelverdienermodell, in dem Vater und Mutter vollerwerbstätig sind, folgen 2012 (Mikrozensus) nur 14 Prozent der Elternpaare. Während 1996 die Hälfte der Mütter in Vollzeit arbeiteten, waren es 2012 nur noch 30 Prozent. Der Trend läuft anders. Das missfällt offenbar den Gerichten und der Gesetzgebung, die einem Trend den Weg bahnen, den es so gar nicht gibt. Gesucht sind Arbeitszeitmodelle, die dem Lebensrhythmus folgen.

Erwerbsarbeit und Familienarbeit werden dabei sowohl im Zeitverlauf des Lebenslaufes wie des Tagesablaufs partnerschaftlich geteilt, ohne dass dabei der Erwerbsarbeit der hohe Rang eingeräumt wird. Mutter- und Vaterarbeit sind dabei nicht völlig austauschbar. Die Geburt der Kinder ist in der innerfamiliären Arbeitsverteilung nicht geschlechtsneutral. Es kann eben nicht alles gleichgeschaltet werden.

Die Familiengerichte verlangen die Vollerwerbstätigkeit der Mutter nach Erreichung des dritten Lebensjahres des Kindes. So dienen die Familiengerichte der Ausschöpfung der Erwerbspotentiale. Die Familiengerichte und die Gesetzgeber folgen also nicht einem Wertewandel, sondern versuchen, ihn zu gestalten. Aber vielleicht ist dieser Eifer nur das Ergebnis einer professionellen Selbstüberschätzung, welche die eigenen Präferenzen für wertgeschätzte Ziele der gesamten Gesellschaft hält. Diese Selbstherrlichkeit tut der Gesellschaft nicht gut.

Die Ausbeutung der Frau mit Hilfe des Scheidungsrechts

Oben angekommen, nahm sich der von der Frau Richterin in Schutz genommene Eheflüchtling eine russische Oligarchin und partizipierte an deren Reichtum, wie er einst von der Arbeit seiner geschiedenen Ehefrau profitiert hatte. Die verlassene Ehefrau, ohne deren Hilfe er die Leiter nie erklommen hätte, blieb unten sitzen. Das neue Scheidungsrecht sanktioniert die Nichtachtung der Arbeit der Mütter: »Selbst schuld, wenn sie zu dumm war«, ist die unausgesprochene »Urteilsbegründung« der Familiengerichte.

Das kapitalistische Eheverständnis

Für den Egomanen ist die Ehe ein Investitionsprogramm mit wechselnden Anlagepartnern und -gelegenheiten. Dass Eheeinkommen vergemeinschaftete Einkommen sind, ist bei vereinten Ich-AGs nicht vorgesehen. Jeder ist seines Glückes Schmied, und jeder hält sein Eisen ins Feuer der Karriere.

Doch die ehelichen Einkommensverhältnisse vergangener Zeiten entsprachen nicht Tauschverträgen, die von der Äquivalenz bestimmt waren. In der »alten Ehe« gab jeder das Seine. Mal gab der eine mehr, mal der andere. Ich wäre nie auf die Idee gekommen, dass »mein« Erwerbseinkommen nicht von meiner Frau mitverdient wurde, und meine Mutter hatte nie das Gefühl, dass das Geld, das mein Vater nach Hause brachte, nicht auch ihr gehörte. Das war ein gemeinschaftsprägendes vorkapitalistisches Eheverständnis. Weder mein Vater noch meine Mutter waren unglücklich über ihr »sozialisiertes« Familieneinkommen. Das alles wird jetzt durch das moderne Scheidungsrecht umgestülpt. Jedes Einkommen landet »bei mir« oder »bei dir« und nicht mehr »bei uns«.

Unser – nicht mein und dein

Ihrer Idee und Herkunft nach ist die Ehe keine Gesellschaft, die auf berechenbaren Austauschverhältnissen basiert, sondern eine Gemeinschaft, deren Gegenseitigkeit der Gabe und dem Schenken näher steht. Das Mein und Dein tritt gegenüber dem Wir zurück. Das alte Familieneinkommen ist vergemeinschaftetes Einkommen und kann nicht individuell zugerechnet werden. Es ist gemeinsam erworben (egal, was die Lohnsteuerkarte ausweist). Dieses Ethos der Gemeinschaft und des wechselseitigen Schenkens ist dem modernen Eherecht abhanden gekommen. Dabei ist das Schenken älter als das Tauschen, wie David Graeber eindrucksvoll nachgewiesen hat (David Graeber: *Debt: The first 5000 Years*, 2011).

Fürsorge kam vor dem Tausch. Auch wenn die Tauschwirtschaft die Wohlstandsförderung ermöglichte, ist die Eliminierung der Fürsorge kein Fortschritt, wenn dabei der Mensch jedweder Gemeinschaftsgeborgenheit verlustig geht. Der Tausch, in der jeder so viel gibt, wie er nimmt, ist erst eine späte Erfindung der Menschheit und entfaltete sich erst voll mit der Geldwirtschaft. Die ursprüngliche Ökonomie ist keine Tausch-, sondern eine Geschenkökonomie, in der zwar auch gegeben und genommen wird, jedoch ohne berechenbare Gegenseitigkeit. Es gleicht sich nämlich alles irgendwie aus. Niemand ist immer stark. Von der Wiege bis zur Bahre leben wir in Asymmetrien und sind deshalb aufeinander angewiesen. Der moderne Sozialstaat bildet die immer geltende Gleichnotwendigkeit nur nach. Die Familie ist der Ursprungsort des Sozialstaates und der Tugend, die ihn trägt – als Solidargemeinschaft.

Ehegattensplitting

Der vergemeinschafteten Einkommensbeschaffung und -verwendung entspricht auch das steuerrechtliche Ehegattensplitting. In das neue Eheverständnis passt das Ehegattensplitting so wenig wie die Ehe als Gemeinschaft. Deshalb steht das Ehegattensplitting auch konsequenterweise auf der Abschussliste.

Mit dem im Ehegattensplitting vergemeinschafteten Einkommen, das steuerrechtlich geteilt wird, geht eine wechselseitige Sorge für den anderen einher, Unterstützung bei Krankheit, Pflegebedürftigkeit, Arbeitslosigkeit. Die Pflicht zum Unterhalt verbleibt nicht nur in den Grenzen der Ehezeit, sondern darüber hinaus, wenn auch immer beschränkter und neuerdings nur noch mit kurzer Auslaufzeit. Solidarität wird jetzt auch im Eherecht gemobbt.

Im Zuge der Entwicklung der Ehe zu einem Tauschverhältnis wird das Ehegattensplitting und die beitragsfreie Mitversicherung des nicht erwerbstätigen Ehepartners und der Kinder in der Sozialversicherung konsequenterweise beendet. Ist erst einmal das steuerliche Ehegattensplitting gefallen, ist es auch mit der Rücksicht auf die Familie in der Sozialversicherung vorbei. Jeder ist dann nur für sich verantwortlich. Mit dem Verfall der familiären Gesinnung verändert sich auch der Sozialstaat.

Die Reformopfer werden vornehmlich Ehefrauen und Kinder sein. In jedem Fall sind die Leidtragenden dieser Art emanzipatorischen Fortschritts die jeweils Schwächeren. Sozialversicherung und Solidarausgleich passen nicht in das neue Ich-Modell, das ohne Mithaftung für die Familie auskommt.

Mit der Ehe und Familie verschwinden die letzten antikapitalistischen Widerstandsnester in der ökonomisch plattgewalzten Gesellschaft. Es kann »neoliberal« durchregiert werden. Manche Linke und »fortschrittliche« Konservative haben die Falle nicht bemerkt, in die sie mit ihrer antifamiliären Attitüde getappt sind.

Die Vergeldung der Ehe

Das ganze Leben ist Wirtschaft, und alles dreht sich ums Geld. Ehe, Familie, Kinder werden vom Strudel der Verwirtschaftung erfasst. Kinder sind ein geldwerter Nachteil. Kluge Wissenschaftler haben ausgerechnet, was die »Aufzucht« eines Kindes kostet, und darauf die Höhe der Forderung nach dem Kindergeld errechnet. In dieser Vorstellung ist das Kind anscheinend eine Art Unfall, dessen Schaden der Staat ersetzen soll. Dass Kinder ein Glück sind, das nicht mit Geld zu bezahlen ist, liegt diesem Familienverständnis offenbar so fern wie die Idee, dass Liebe nicht einer Kosten-Nutzen-Analyse entspringt.

Die Vergeldung des Lebens ist keine neuzeitliche Versuchung. Gott Mammon ist ein gieriger Gott. Schon in alten Mythen wird von der dämonischen Kraft des Geldes berichtet.

Midas, Sohn des Gordios und der Kybele, erbat sich von Dionysos das Geschenk, dass alles, was er berührte, zu Gold (Geld) würde. Die Gnade wurde ihm gewährt. Doch schon nach wenigen Tagen flehte Midas um die Zurücknahme des Gnadengeschenks. Und hätte Dionysos nicht sein Flehen erhört, Midas wäre jämmerlich verhungert und verdurstet.

Sobald die Ehe zum Geldgeschäft verkümmert, verdurstet und verhungert die Liebe.

Dabei waren die Erwartungen doch so hoch: Wenn die Frauen ihr eigenes Geld verdienen, ja dann könnte die Liebe sich endlich von weiblichen Sicherheitsängsten befreien und sich kompromisslos in gegenseitiger unbeschwerter Zuneigung entfalten.

Welch herbe Enttäuschung, dass neue empirische Untersuchungen das Gegenteil zutage förderten. Mit der ökonomischen Unabhängigkeit der Ehepartner schwindet entgegen emanzipativen Erwartungen das von materiellen Zwängen und Interessen vermeintlich befreite Liebesideal. Die Dissertation von Christine Wimbauer, inzwischen Essener Soziologie-Professorin, beschreibt das neue Geld-Paradox: »Gerade Doppelverdiener-Beziehungen sind hochgradig geldabhängig und geldorientiert.« Es treten anstelle der alten »Fusionspaare« die »Assoziationspaare«, wie sie der Soziologe Norbert Schneider beschreibt: »An die Stelle des Wir tritt das doppelte Ich.« Anstelle des Füreinander tritt das Nebeneinander. Anstelle der »Fusion« der beiden Ehepartner tritt die Addition der beiden selbständigen Unternehmen Mann und Frau. Bereits die Eheanbahnung verläuft unter diesen Umständen nach den Methoden des in Unternehmen bewährten Controllings. Die Firma »Ehe« wird zu einem unter Kosten-Nutzen-Erwägungen cool durchgezogenen Beziehungsprojekt.

Die Eheschließung ist nicht mehr auf eine »Trauung« angewiesen, weil sich niemand mehr zur Ehe trauen soll, sondern die Eheaussichten vorher vernünftig durchkalkulieren soll.

Tatsächlich rät der Controlling-Professor Jörg Kühnapfel den Heiratswilligen, ihr Projekt vor Beginn einer sorgfältigen Kosten-Nutzen-Analyse zu unterziehen: »Jeder Betriebswirt kennt zum Beispiel die Nutzwertanalyse. Dabei wird genau ermittelt, welcher Nutzen für die Zukunft von einer bestimmten Investition zu erwarten ist. Auch bei der Partnerwahl wägen wir Kosten und Nutzen gegeneinander ab, um zu entscheiden, ob wir die Beziehung eingehen oder fortsetzen wollen.« (Jörg Kühnapfel, *Die Zeit*, 20. März 2014)

Man fragt sich nur, warum bei so überlegener Rationalität das Experiment Ehe ängstlicher angegangen oder öfter beendet wird als zu Zeiten, als man sich zur Ehe noch trauen musste, um getraut zu werden.

Das Ja-Wort zur Ehe wird heute zögerlicher gegeben, als es sich die Brautleute von ehedem gaben, denen noch keine verlässlichen Controlling-Methoden zur Verfügung standen. Offensichtlich enthalten die Empfehlungen des Professors für General Management mit Vertriebs-Controlling an der Fachhochschule Ludwigshafen am Rhein doch nicht die besten Methoden für verlässliche Paarbeziehungen.

Das Liebesgeschäft

Für den Einstieg in die ehelichen Beziehungen bietet sich unter den Marktgesetzen, welche die Paarbeziehungen nach der Regel der »unsichtbaren Hand« des alten Adam Smith regeln, auch das Internet-Dating-Portal »Shop a Man« an. Der Marktwert des gesuchten Partners wird durch eine Tabelle bestimmt, in der festgehalten wird, wie viele Frauen sich für den jeweiligen Anbieter interessieren und ihn mit dem »Like«-Zeichen anklicken, und wie viele davon auf »Shoppen« umschalten. Eva Illouz, Soziologie-Professorin an der Hebrew University in Jerusalem, nennt dies den emotionalen Kapitalismus. Ich nenne diese Degeneration der Liebe zur Kapitalanlage »das Liebesgeschäft«. Eine solche Ehevermittlung kann auch als Filiale eines geschlechtsneutralen Bordellbetriebes organisiert werden. Aus der Kooperation ergäben sich hohe Synergieeffekte.

Ich finde, die neue Alice Schwarzer sollte sich nicht nur wie die verdienstvolle alte Alice um die Erniedrigung der Frau durch herrschaftlichen Sexualanspruch des Mannes kümmern, sondern um die Verflachung der Ehe zum Geldgeschäft. Wobei ich keineswegs nostalgisch von den alten »geordneten Verhältnissen« schwärme, in denen die Frauen »auf Kosten der Männer« lebten und sich dessen durch Unterwürfigkeit dankbar erweisen mussten, sondern ich träume von einer »sozialisierten« Ehegemeinschaft, in der es keine Rolle spielt, wer das gemeinsame Geld beschafft. Und ich bekämpfe ein Scheidungsrecht, in dem die Geldbeschaffer die Gewinner und die anderen die Dummen sind, weil sie oder er mit leeren Händen die Ehe verlässt. Die letzte Instanz des Wir wird durch das moderne Scheidungsrecht zerstört.

Wer sind die Verlierer?

An der Spitze der Verlustliste dieses »Fortschritts« stehen die Kinder, die Eltern, die Frauen und die Liebe.

Tristan – Isold, Isold – Tristan, ein Mann – ein Wib, ein Wib – ein Mann. Dieses Konzept unauflösbarer Verschränkung »unsterblicher Liebespaare« wird in der Zukunft sehr wahrscheinlich nicht mehr verstanden werden. Romeo und Julia würden im 21. Jahrhundert angesichts der Konkurrenzlage ihrer Eltern erst gar keine Annäherungsversuche anstellen.

Auch die Erschütterung der Liebe wäre Werther erspart geblieben, hätte er von den Controlling-Methoden des Herrn Professor Kühnapfel gewusst. Seine Lotte hätte ihn rechtzeitig von dem negativen Ergebnis der Kosten-Nutzen-Analyse Mitteilung gemacht, dem sie schließlich im Interesse ihrer Familie gegen ihr Empfinden gefolgt wäre. Das Leid wäre beiden erspart geblieben … aber auch die Erfahrung der Liebe. Dafür allerdings hat die Ökonomie keinen Sinn.

Das grausame Märchen von »Hänsel und Gretel« wird nicht mehr erzählt werden können, weil die Kinder gar nicht wissen, wer oder was Eltern oder gar Stiefeltern sind. Im Finale dieser Entwicklung wird es keine Eltern mehr geben. Kinder werden Geschöpfe des Staates. Aus elterlichen Kindern werden Staatskinder.

Der neue Mensch

Der neue, erfolgreiche Mensch wird nirgendwo und nirgendwann von der Liebe berührt. Er lebt für sich als selbstgenügsamer Nomade oder Autist. Defizite lassen sich notfalls psychotherapeutisch behandeln oder pharmakologisch beseitigen.

Von den Erschütterungen der Liebe, von Freud und ihrem Leid, bleibt der neue Mensch verschont. Aber er erfährt auch nichts von dem Glück der Liebe, die von dem Paradox getragen wird, durch Hergabe reicher und durch Hingabe stärker zu werden. Entgegen der populären Annahme, macht Liebe nicht schwach, sondern befähigt zu Taten, zu denen Menschen ohne Liebe nie fähig gewesen wären.

Mobilität – die Familienkillerin

Alles fließt. Nichts mehr besteht. Worauf ist Verlass? Flexibel und mobil befindet sich der moderne Arbeitnehmer auf dem Rückmarsch von der Sesshaftigkeit zum vorzeitlichen Nomadentum. Jahrtausende musste die Menschheit üben, stationär zu leben. Jetzt geht es im Schnellkurs zurück zum globalen Nomadentum. Überall Bewegung, Globalisierung ist das Programm der Heimatlosigkeit. Greencards gibt es nur für qualifizierte Arbeitskräfte. Arbeitskräfte ziehen hinter den Arbeitsplätzen her wie die Schwalben hinter dem Lauf der Sonne. Die Ehepartner bleiben zu Hause sitzen und mit ihnen die Alten und Kranken. Wir holen uns die Informatiker aus Bangalore, die Pflegekräfte aus Hanoi, die Krankenschwestern aus Südamerika. Wir holen die Qualifizierten in den Entwicklungsländern ab. Wir lassen ausbilden. Ausbildung ist teuer. Früher beuteten wir die Bodenschätze aus, heute die Qualifizierten. Früher mussten die Sklaven den Mund aufreißen, um ihr Gebiss zu zeigen, bevor sie gekauft wurden, heute genügt ein Diplom.

Die Total-Mobilmachung der Menschheit wird blockiert von störrischen alten Widerständen wie Heimat, Nachbarschaft, Freundschaft und vor allem von Familie, die sich der Verflüssigung aller Lebensbeziehungen hartnäckig in den Weg stellt. Doch immerhin lebt schon jede achte Ehe in Deutschland in einer Fernbeziehung – als Folge der Mobilisierung des Arbeitsmarktes. Die Vereinbarkeit von Familie und Beruf ist bei Licht betrachtet die Unterwerfung der Familie unter die Erwerbsarbeit.

Es ist deshalb symptomatisch, dass die Programme zur Verbesserung der Vereinbarkeit von Familie und Beruf von den Familienministerien meist zusammen mit Vertretern der Wirtschaft vorgestellt wurden. Das war jedenfalls schon bei der SPD-Ministerin Renate Schmidt so, die ihr Strategieprogramm »Bevölkerungsorientierte Familienpolitik« mit dem arbeitgebernahen Institut der deutschen Wirtschaft und dem Arbeitgeberpräsidenten Hundt vorstellte.

Ursula von der Leyen setzte diese Tradition fort. Ihr Buch *Familie gewinnt* präsentierte sie mit Liz Mohn vom Bertelsmann-Verlag und einer Studie des Kölner Arbeitgeberinstituts zusammen mit dem EU-Kommissar für Unternehmen und Industriepolitik. Dabei verwies Ursula von der Leyen auf die Prognose, dass eine nachhaltige Familienpolitik sich positiv auf die Konjunktur auswirke und das Wirtschaftswachstum um 0,5 Prozentpunkte steigern könne.

Es ist nichts dagegen einzuwenden, wenn als positive Folgen einer guten Familienpolitik auf Konjunktur, Arbeitsmarkt und Unternehmen hingewiesen wird. Wenn jedoch vor allem wirtschaftliche Gründe den Ausschlag für Familie geben sollen, zeigt das die materialistische Verengung der Argumentation. Sie unterschlägt, wie prekäre Arbeitsverhältnisse, Hungerlöhne und unvermeidbare Mobilität gerade die Gründung von Familien behindern.

Bei alledem ist vom Kind und seinem Wohl kaum oder gar nicht die Rede. Hauptsache ist der wirtschaftliche Nutzen. Kinder aber werden nicht aus wirtschaftlichen Gründen geboren und auch nicht aus demografischen in die Welt gesetzt.

Der Dauerstress und Multitasking

Alle sind immer unterwegs. Niemand ist mehr daheim. Jeder ist irgendwo im Nirgendwo. Maximieren von Optionen ist der kategorische Imperator der Postmoderne. Der Dauerstress der permanenten Wahl hinterlässt eine atemlose Gesellschaft im Taumel der Besinnungslosigkeit. Im Wahlchaos wird der Mensch wahllos.

Das Multitasking ist die prototypische Verhaltensform des multiagilen Menschen. Nichts darf ihm entgehen. Wie das Tier in der Savanne ist er auf höchste Aufnahmebereitschaft eingestellt. Alle Signale und Impulse sind allerdings nur im Durchzug seiner oberflächlichen Aufmerksamkeit, denn nichts bleibt »an und für sich«. Der Mensch selber ist ein flüchtiger Knotenpunkt im totalen Transit.

Scheidungsrecht als Fluchthilfe – von der Schuld zur Zerrüttung

Was auf der großen Bühne des kulturellen Wandels und der gesellschaftlichen Strukturprozesse geschieht, findet in der Veränderung des Familienrechtes seine unscheinbare Entsprechung. Noch ist die Familie einer der letzten Stabilisatoren, der sich einem wildgewordenen »Fortschritt« entgegenstemmt.

Das Scheidungsrecht antizipiert jedoch den Verfall des Familienrechtes. Wie so oft in Umbruchzeiten nimmt daher die Ausnahme von heute die Normalität von morgen vorweg. Langjährige Ehen werden im Vorbeigehen beendet, morgens 6.30 Uhr mit der Türklinke in der Hand, auf dem Weg zur Arbeit.

Die Chronik der Familienrechtsänderung liest sich wie das Protokoll der systematischen Unterminierung der Familie. Bis 1977 gab es noch das Schuldprinzip in Sachen Ehescheidung. Es wurde durch das Prinzip Zerrüttung ersetzt. Damit folgt das Eherecht einem allgemeinen Trend der Rechtsentwicklung. Schuld und Sühne treten zugunsten von Resozialisierung und Rehabilitation zurück. Strafe verwandelt sich in Therapie.

Sichtbar wird das an der Veränderung der Unterhaltsregelungen im Scheidungsrecht. Es spiegelt ungewollt die familiäre Kulturrevolution. Der Unterhaltsanspruch hat sich inzwischen zu einer Art Eingliederungshilfe mit begrenzter Dauer entwickelt. Die Leistungen für die geschiedene Mutter, die sich in der Ehe »hauptberuflich« den Kindern und dem Haushalt gewidmet hat, ähneln immer stärker dem Charakter nach den Einarbeitungszuschüssen für Langzeitarbeitslose. Für die feministische Bewegung ist die nicht erwerbstätige Mutter sowieso eine Arbeitslose, die sich von den übrigen Arbeitslosen nur dadurch unterscheidet, dass sie als Mutterarbeiterin dem Arbeitsmarkt nicht zur Verfügung steht. Familienarbeit ist in diesem Verständnis keine Arbeit. Arbeit ist nur Arbeit, wenn sie für Geld gemacht wird.

Im Betreuungsunterhalt soll die geschiedene Mutter das Kind ab dem dritten Lebensjahr in die »Fremdbetreuung« geben. So will es neuerdings der Bundesgerichtshof.

Ist nur Erwerbsarbeit Arbeit?

Die geschiedene Mutter mit Kind soll also im gleichen Umfang erwerbstätig sein wie der geschiedene Vater ohne Kind. Erziehungsarbeit ist nämlich in diesem höchstrichterlichen Verständnis keine Arbeit. Als Arbeit gilt offenbar nur die Erwerbsarbeit des Vaters, und die Erziehungsarbeit der Mutter zählt nur als Arbeit, wenn sie anderer Leute Kinder erzieht. Erziehungsarbeit in der Familie ist keine Arbeit. Wenn Nachbarsfrauen ihre Kinder für ein paar Stunden täglich austauschen und sie für Geld »erziehen«, sind sie »in Arbeit«. Erzieht die Mutter aber ihre Kinder selbst, ist sie »arbeitslos«. Verrückter geht's nicht!

In dem Streit um den Betreuungsunterhalt des Kindes taucht das Wohl des Kindes gar nicht oder nur am Rand auf. Im Zentrum stehen Erwerbszumutungen der einen Seite gegen Unterhaltspflichten der anderen. Es streiten zwei, was für sie gut sei, ohne zu fragen, was für das Kind das Beste ist.

Ein Mensch, den ich kenne, der in Saus und Braus im Ausland lebt, verlangt von seiner mit drei Kindern zurückgelassenen Ex-Frau, dass sie ihre Stundenzahl als Lehrerin erhöht, damit er seinen Betreuungsunterhalt senken kann. Weiß der entlaufene Vater – ein Spitzenverdiener auf Auslandsposition mit Porsche als Zweitwagen –, wie der Schulalltag hierzulande heutzutage organisiert sein muss, um die Kinder »mütterlich« zu betreuen? Kindererziehung im Zeitalter der schulischen Ganztagsbetreuung der Kinder ist heutzutage eine elterliche Managementaufgabe mit höchsten Ansprüchen. Die Ganztagsschule verlangt für ihren familiären Ersatzdienst die dauernde Einsatzbereitschaft der Eltern. Die kindliche Restfreizeit muss perfekt organisiert werden – von der Kindergeburtstagsfeier bis zur Nachhilfe.

Der dazugehörende Rechtsanwalt des Ehemannes setzte der Frivolität die Krone auf, indem er generös vorschlug, die Lehrerin solle auf ihre besondere Lehrqualifikation verzichten und zum einfachen Unterricht zurückkehren, dann könne sie »mehr Stunden« mit weniger Vorbereitungszeit geben. Das scheint mir ein sonderbares Emanzipationsverständnis, welches von der Frau verlangt, auf die Anwendung ihrer in Sonderlehrgängen neben dem Job erworbenen Qualifikationen zugunsten der Spitzenverdiener-Kasse ihres Ex-Mannes zu verzichten, damit sich dieser, aller Ehe- und Kinderlasten entledigt, weit weg, mit Zweit-Porsche und neuer millionenschwerer Freundin uneingeschränkt verwirklichen kann. Ein paar Euro mehr Unterhalt würden ihn womöglich aus der Bahn seines maskulinen Selbstbewusstseins werfen!

Paradigmenwechsel im Eherecht

Das alte Eherecht hatte den schuldig geschiedenen Vater im Visier. Er zahlte alles und zwar nach den Lebensverhältnissen der Ehegatten. Der Unterhalt war eine Art Schadenersatz. Die schuldig geschiedene Ehefrau zahlte dagegen nur »angemessenen Unterhalt«. Bei beiderseitigem Verschulden zählte die Billigkeit.

Zusammengefasst lässt sich behaupten: »Das alte Recht gab der unschuldig geschiedenen Frau fast alles, der schuldig geschiedenen allerdings nichts.« (Dieter Schwab)

An der Korrektur dieser geschlechtsspezifischen Einseitigkeiten setzt die Eherechtsreform 1977 zu Recht an, schüttete jedoch das Kind mit dem Bade aus. Gewinnerin der neuen Regel war die Ehefrau, die sich – ihres Ehemannes überdrüssig – einen neuen Liebhaber besorgt und sich vom alten Ehegatten mit Zugewinn, Versorgung und Unterhalt ein Leben lang gut aushalten lässt.

Die »flotte Chefarztgattin« und die »arme Krankenschwester«

So konnte es nicht weitergehen. Es erschien zu Abschreckungszwecken die frivole »Chefarztgattin« in der Eherechtsdebatte, die aus Gründen attraktiverer Alternativen ihren zermürbten Ehemann verlassen hat, ihn aber weiterhin finanziell auslaugt. Ihre Tage verbrachte dieses Phantom auf Golfplätzen, ihre Nächte in Bars, ihre Wochenenden in teuren Wellnesshotels, ihre Ferien auf der Yacht ihres karrierebewussten Ehegatten, wandte sich aber zwecks Abwechslung einem vitalen, attraktiveren Jüngeren zu, wobei sie weiterhin Wert darauf legte, dass der »Alte« ihr den gewohnten Lebensstil finanzierte.

Diese nicht mehr ganz jungen »flotten Weiber« sollten endlich mit Hilfe eines Unterhaltsänderungsgesetzes zum Arbeiten gebracht werden. »Einmal Zahnarztgattin – immer Zahnarztgattin – das gilt nicht mehr«, posaunte die damalige Justizministerin Brigitte Zypries. Sie übersah im emanzipatorischen Eifer allerdings, dass die wenigsten unterhaltsberechtigten Menschen Zahnarztgattinnen waren.

Der emanzipatorische Aufbruch gegen die Frauen, die sich von solventen Männern aushalten ließen, erreichte Mitte der achtziger Jahre seinen Höhepunkt. So setzte 1986 das maskuline Rückspiel in Sachen Ehegattenunterhalt ein: Die Unterhaltsansprüche wurden zeitlich begrenzt und an die das »Eheleben prägende Lebensverhältnisse« gebunden. Das waren zwei wesentliche Einschränkungen des Unterhaltsrechts.

Gewinner waren jetzt die »flotten Kerle«, die im Überschwang ihres zweiten Frühlings zugunsten ihrer neuen Liebe die alte zurückließen. Die Dummen waren die »abgeschafften« Frauen, die mit der Ehe eine dauerhafte familiäre Lebensplanung verbunden hatten.

Diese hatten ab sofort die Rechnung ohne den Wirt gemacht. Und der Wirt war der allein- oder besser verdienende Ehemann. Ihm und den Kindern zuliebe hatte sich die Mutter auf den zweiten Platz in der familiären Einkommensskala eingelassen. Das entsprach dem gemeinsamen Vorhaben der Eheleute. Nachdem das Projekt gescheitert war, stand die »Hausarbeiterin« da, als hätte sie in der Ehe nur Ferien gemacht.

Nach der Trennung und einer Übergangszeit beginnt für die »Zurückgebliebene« die Neuregelung des Lebensstatus bei null. Nur der Erwerbstätige hat im Scheidungsfall vorgesorgt. Es ist »sein Geld«, das er verdient hat und von dem die ehemalige Ehefrau »gnädig« und vorübergehend, wenn sie Glück vor Gericht hat, etwas abbekommt. Wie »sein Geld« zustande kam und welchen Beitrag die verlassene Ehefrau dazu geleistet hat, geht offensichtlich niemand etwas an.

An die Stelle der Chefarztgattin, die immer Chefarztgattin bleibt, tritt jetzt als Symbolgestalt des neuen Unterhaltsgesetzes die Krankenschwester, die den flotten Assistenzarzt heiratete, und nachdem er sie als renommierter Chefarzt mit neuer Liebe verlassen hat, wieder wie einst Krankenschwester ist, obwohl sie es war, die ihm Wasserträgerdienste auf seinem Karriereweg geleistet hat. »Es war eine schöne Zeit, sorry, sie ist zu Ende.« Das war's. »Vergelt's Gott!« ist ihr Lebenslohn.

Die Wasserträger der Tour de France teilen sich die Mannschaftskasse mit dem Sieger. Der Sieger des Ehestreites fährt mit dem Preisgeld allein weiter. Die flotte Chefarztgattin vergangener Zeiten ist eine seltene Spezies ihrer Art. Das neue Unterhaltsgesetz hat ihr den Garaus gemacht. Jetzt ist die arme Krankenschwester, die wieder arm ist, nachdem ihr Doktor sich davongemacht hat, symptomatisch für das fortschrittliche Scheidungsrecht. Sie und ihre neuen Schicksalsgenossinnen werden zahlreicher sein als die Chefarzt- und Zahnarztgattinnen verflossener Tage. Selbst bei maximaler Synchronisierung von Beruf und Arbeit werden die Kinder weiterhin von Frauen ausgetragen, und selbst bei Vollprofessionalisierung der Erziehung bleibt die Amateurin »Mutter« unersetzbar. So wenig sie den Vater ersetzen kann, so wenig kann der Vater die Mutter ersetzen. Zuletzt sind Frauen an allem schuld, entweder dass der Mann keine Karriere gemacht oder sie selbst oder dass zu guter Letzt die partnerschaftliche Arbeitsteilung nicht geklappt hatte. Die Frauen sind die Verlierer des Scheidungsrechts. Nur 24 Prozent aller Frauen schaffen es, nach einer längeren

Familienphase in den Beruf zurückzukehren. Die Rückkehr in die alte Stelle im Betrieb ist nur einer Minderheit möglich. Aber vielleicht wollen gar nicht alle zurückkehren. Wer maßt sich eigentlich an, die Berufsarbeit prinzipiell höher einzuschätzen als die Erziehungsarbeit?

Das neue Scheidungsrecht geht von einem zum Ideal erklärten Ehemodell aus, in dem sich zwei nur jeweils für sich selbst verantwortliche Personen zur Ehe vereinen. Gegenüber ihrem vorehelichen Erwerbsverhalten ändert sich prinzipiell nichts, eine wechselseitige Stellvertretung in gemeinsamen Aufgaben ist nicht vorgesehen. In dieser Denkweise ist kein Platz für asymmetrische Aufgabenverteilung bei gleichzeitiger Wahrung der Gemeinsamkeiten. Es geht im neuen Scheidungsrecht nicht darum, wer für den anderen was geleistet hat, sondern nur darum, wer für sich wo was bezahlt hat.

Das neue Scheidungsrecht hat keinen Sinn für Partnerschaft. Es macht eine Bilanzrechnung für zwei Ich-AGs, die vorübergehend kooperiert haben.

Das neue Scheidungsrecht behandelt jedenfalls die Frauen, die sich eine kleine Rente erarbeitet haben so, als wären sie dafür so allein verantwortlich wie ihr geschiedener Ehemann für seinen Spitzenverdienst. Vielleicht schätzte diese Frau ihre »Mutterarbeit« höher ein als ihre alte Arbeit am Fließband oder an der Aldi-Kasse. Vielleicht hängt das Missverständnis damit zusammen, dass wir die Ehe für eine Firma halten und die Scheidung für deren kontrollierte Abwicklung.

Ist die Ehe eine AG?

Wenn die Ehe wie eine Aktiengesellschaft betrachtet wird, in die man Anteile einbringt, abzieht und an neuer renditeträchtiger Stelle wieder unterbringt, dann ist das neue Eherecht konsequent. Das kann man nicht bestreiten. Nur wollen wir das so? War das beabsichtigt?

Die Rechnung, die das neue Scheidungsrecht macht, lässt sich gar nicht machen oder nur, wenn wir das Leben wie einen Film rückwärts laufen lassen könnten. Was wäre gewesen, wenn seine Ehefrau ihn nicht geheiratet hätte, keine Kinder erzogen und nicht seine Karriere gefördert hätte?

Die Ehefrau hat dem promovierenden Karrieremann den Rücken frei gehalten, ihn von Familienarbeit entlastet, das Geld beschafft, mit dem auch sein BAföG zurückgezahlt wurde. Sie hat »fehlinvestiert«. Sie fängt bei null an. Ehezeit ist Schnee von gestern.

Aus dem Ehe- und Familienrecht schwindet offenbar jedweder Gedanke der Kontinuität und der nachwirkenden gemeinsamen Verantwortung füreinander, hervorgerufen durch gesetzlich erzwungenen Gedächtnisschwund. Dazu muss man noch die Moralität aus den Bindungen und Beziehungen eliminieren, denn Moral gilt nicht nur augenblicklich, und Verantwortung ist keine Sternschnuppe. Die Leitfigur des neuen Scheidungsrechts ist demnach ein Kunstmensch ohne Gedächtnis und Moral. Er ist vergleichbar mit der Existenz eines Idioten, der bekanntlich nur sich selber kennt. Das moderne Scheidungsrecht ist ein idiotisches Eherecht.

Vertrauensschutz Ade!

Wissen die Ehepartner eigentlich, worauf sie sich bei der Heirat einlassen? Zum Zeitpunkt der Hochzeit ist doch noch gar nicht bekannt, was später in der Scheidungsphase gelten wird. Das moderne Eherecht ist häufig überraschenden Änderungen unterworfen.

Vertrauensschutz ist jedoch eine rechtsstaatliche Elementarvoraussetzung. Man muss wissen, was nicht nur heute gilt. Gerade im Eherecht ist Vertrauensschutz unverzichtbar, weil die Ehe – eigentlich – auf Dauer angelegt ist.

Die große Kehre

Aber wie soll dauerhaftes Vertrauen entstehen, wenn alles im Fluss ist? Die »sich verändernden Lebensverhältnisse« (wie es neuerdings heißt) als Maßstab des neuen Scheidungsrechts offenbaren ungewollt die Konfusionen des Familienrechts. Die Veränderungen werden an den Veränderungen gemessen. Das ist die große Kehre von Verlässlichkeit zu Unberechenbarkeit. Der Orientierungswechsel gleicht der Cleverness des Skirennfahrers, der sich die Slalomfahnen auf den Rücken gebunden hat, um nicht anzustoßen.

Die Familiengerichte ebnen im Übersoll die Bahnen, zu denen dem Gesetzgeber noch der Mut fehlt. Der Bundesgerichtshof entwickelt sich zur selbstreferentiellen Behörde eines familienfeindlichen Eherechtes. Er entzieht Ehe und Familie den besonderen Schutz des Grundgesetzes (Art. 6). Das Bundesverfassungsgericht legte zwischenzeitlich dem Übereifer des Gerichtes Zügel an.

Man kann sich des Eindrucks nicht erwehren, dass eine übergroße Koalition des vermeintlichen Fortschritts mit enormem Eifer die Ehe und die Familie zermürben, auf dass die ungebremste neoliberale Verwirtschaftung das ganze Leben in seinen Strudel reißt. Die letzten Bastionen des Widerstandes müssen geschliffen werden, auf dass die Flutwelle der Deregulierung die Gesellschaft überschwemmt.

Zu den fast unbemerkten Reformresultaten zählt, dass seit 2003 der Selbstbehalt des Unterhaltsverpflichteten stärker gestiegen ist als der Mindestbedarf des Unterhaltsberechtigten. In der Regel sind die Männer die Unterhaltsverpflichteten und die Frauen die Unterhaltsberechtigten. Mit anderen Worten: Die Frauen zahlen die Reformzeche. Das kann man beim besten Willen nicht als Sieg des Feminismus ausgeben – oder? Hat gar das alte Patriarchat seine Agenten in der Frauenbewegung untergebracht?

Woher kommt Rettung?

Von der feministischen Bewegung ist keine Lebenshilfe für Ehe und Familie zu erwarten. Die Hausfrau und Mutter war nie die Klientin der modernen Frauenbewegung. Nutznießer der emanzipativen Entkoppelung der Ehepartner sind pikanterweise die älteren Herren, die im fortgeschrittenen Alter ihre alte Ehefrau »entsorgen« und gegen eine junge frische tauschen. Mehr alleinstehende geschiedene Frauen im Alter ist das traurige Ergebnis dieser Art der Emanzipation von der Familie.

Eheliche Treue ist eine kulturelle Kraft – oder?

Gibt es nicht doch eine Kraft, welche die Ehe gegen alle wirtschaftlichen Nutzenerwägungen und Individualisierungsdogmen am Leben erhält? Wieso ist die Ehe nicht längst vor der Phalanx mächtiger ökonomischer Interessen in die Knie gegangen? Die Liebe ist doch nur eine Sentimentalität und die Ehe eine liebliche Nostalgie, oder?

Was war der Grund, dass in den Wirren des Krieges und den Turbulenzen der Nachkriegszeit die Frauen ihre vermissten Männer und die

Männer ihre vertriebenen und geflüchteten Frauen in ganz Deutschland suchten und fanden?

Ist in der Ehe und Familie doch eine anthropologische Konstante eingebaut, die gegen alle Widerstände auf evolutionäre Entfaltung drängt? Selbst in den urzeitlichen menschlichen Horden und Großfamilien gab es feste Paarbindung. Vielleicht ist die Ehe doch nicht nur eine vorübergehende Laune der Evolution, sondern entspricht einer menschlichen Urkonstellation, die uns von unseren tierischen Vorfahren unterscheidet.

Die Idee der ehelichen Treue ist eine starke kulturelle Kraft. Selbst brutale Kollektivierungen haben die Idee der Ehe und Familie als Zufluchtsort des Widerstandes gegen die Vermachtung des Menschen nie gänzlich auslöschen können. Französische Revolution wie sowjetische versuchten vergebens, Ehe und Familie zu zerstören. Die Maoisten und Pol Pot waren die letzten in der langen Reihe der Exekutionsversuche, mit denen die Familie erledigt werden sollte. Auf diese Bündnispartner kann kein Humanist stolz sein.

Bisher sind diese Modernisierer mit ihren gewaltsamen Versuchen noch gescheitert. Werden es die neoliberalen Softies auf leisen Sohlen schaffen, was den Gewaltsystemen misslungen ist?

Die oberflächliche Gesellschaft im Wirbel der Beziehungen

Dass die Ehe ihrem Wesen nach keine Episode ist, sondern eine auf Dauer und Verlässlichkeit angelegte Institution, stabilisiert die Gesellschaft als Ganzes. Würde hingegen Flüchtigkeit den Charakter einer Gesellschaft bestimmen, hätten es feste Beziehungen in ihr schwerer.

Das Verständnis der Ehe prägt auch das Verständnis der Ehescheidung. Ist die Ehe eine Durchlaufstation, ist in der Zeit des Stationswechsels nicht viel zu regeln. Die einmal verkoppelten Züge fahren auf jeweils eigenem Gleis weiter. Ist die Ehe jedoch keine vorübergehende, sondern eine dauerhafte Verbindung, dann ist die Scheidung eine »Entgleisung« und beide tragen Verantwortung, dass der andere wieder ins Gleis kommt, wenn auch auf unterschiedlichen Strecken.

Muss es für den Fall der Ehescheidung und des Scheiterns nicht doch ein human geregeltes Nachwirken geben, das den vergangenen Versuch, zusammenzuleben, nicht wie ein Versehen oder gar Versagen bewertet? Lässt sich der Kairos der Liebe (der im »die oder keine« beziehungsweise im »der oder keiner« gipfelt) einfach annullieren und spurlos beseitigen? Ist die Amnesie amtliche Scheidungsbedingung?

Wenn die Ehe die intensivste und intimste Sozialbeziehung ist, dann ist sie auf Dauer angelegt. Die Dauer ist die säkulare Variante der Ewigkeit. Das Dauerhafte steht über dem Ephemeren.

Das Prinzip der Nachhaltigkeit gewinnt im Umweltschutz immer mehr Land. Im Familien- und Kinderschutz ist leider das Gegenteil der Fall, und für das Scheidungsrecht gilt eher das Prinzip Voreiligkeit. In der Verteidigung von Ehe und Familie geht es nicht um eine reaktionäre Marotte, sondern um die progressive Idee der Freiheit, nämlich jener verantwortlichen Freiheit, die uns einerseits den Staat vom Halse hält, ohne uns andererseits in die Bodenlosigkeit individueller Einsamkeit fallen zu lassen. Dafür bedarf es der von dem Prinzip der Subsidiarität geschützten Räume, in denen die kleineren Gemeinschaften das Leben organisieren. Zwischen Staat, den wir brauchen, und Individualität, die wir wollen, liegt das Existenzrecht der Familie.

Die Enteignung der Kindheit durch Verschulung zwecks optimaler Konditionierung für die Erwerbsarbeit und die Auflösung der Dauerhaftigkeit von Ehe und Familie zugunsten der permanenten, individuellen Vorteilsuche ist der Triumph der Verflüchtigung aller Bindungen und jeder Verantwortung für andere.

Der Exodus der Moral aus dem Scheidungsrecht

Die Entwicklung des Familienrechts spiegelt die Regression des Rechts wider. Die Entmoralisierung des Scheidungsrechts ist in Wirklichkeit kein Fortschritt, sondern Rückkehr zu einem primitiven Rechtsverständnis barbarischer Zeiten, in denen das Recht nur die Handlung und nicht den Handelnden in den Blick nahm. Das neue Scheidungsrecht hält sich an Fakten, und zu denen zählen nicht Motive und Moral. Ehe ist nur ein Rechtsgeschäft, mehr nicht, und wie dieses wird die Ehe »abgehandelt« und die Scheidung abgewickelt.

Während in den meisten Rechtsgebieten die subjektiven Momente der Handlung immer stärker zählten, werden sie im neuen Scheidungsrecht zurückgedrängt. Wenn die ethischen Dimensionen der Ehe schwinden, ist das konsequent. Es gilt aber auch der Umkehrschluss. Sie schwinden, weil das Scheidungsrecht sie nicht mehr stützt.

Der Fortschritt des Strafrechts bestand darin, dass das Recht den Täter, seine Motive und Umstände in die Beurteilung der Handlung einbezog. Das Subjektive relativierte das Objektive. »In neuerer Zeit aber bezeichnete es puren Menschenhass, den Täter auszulassen und die Tat allein zu werten.« (Ernst Bloch) Das also war der Rechtsfortschritt: die subjektiven Umstände der Tat mitzuerwägen und damit moralische Absichten zu berücksichtigen und nicht nur objektive Tatsachen.

Für das neue Familienrecht gilt das offensichtlich so gut wie nicht. Es scheut jedwede Bewertung von Motiven und Umständen. Was zählt, ist das reine Faktum Trennung, nicht das Warum, Wozu und Wie. Von all dem sieht das Scheidungsrecht ab. »Wir sind hier nicht im Strafrecht«, lautet im Familiengericht die Formel, die klarstellt, dass außerhalb des Strafrechts keine moralischen Maßstäbe mehr gelten. Es kann gelogen werden, dass sich die Balken biegen. Am Ende gießt das Familiengericht die Soße eines Vergleichs über den Streit und lässt die Streithähne ohne Urteil zurück im vermeintlichen Glauben, die erzwungene Vereinbarung enthalte eine größere Frieden stiftende Kraft als das Urteil. Das Gegenteil ist der Fall. Die moralischen Ansprüche des Unterlegenen (den gibt es nämlich im Vergleich auch) bleiben unbearbeitet. Sie »wuchern« bisweilen in den Seelen der vom Gericht »Unerhörten«, den nicht Angehörten. Von keiner Moral bedrängt, streiten die Geschiedenen häufig hitziger, als dies der Fall gewesen wäre, wenn »Gut« und »Böse« in die Entscheidung eingegangen wären.

Der Junggeselle Immanuel Kant

Kant hatte mit der rein formalen Bestimmung des Eheverhältnisses als »Verbindung zweier Personen verschiedenen Geschlechts zum wechselseitigen Besitz ihrer Geschlechtseigenschaften« der Verwandlung der Ehe in ein Rechtsverhältnis, das der Warenwelt nachgebildet ist, den Weg geebnet. Das Recht ist in diesem Verständnis nur von außen gesetzt und wird auch nur von außen beurteilt. In dieser Spur hat die Ehe, in der es um Treue und ihre Verletzungen, um Liebe und ihren Verrat geht, keine Chance, im neuen Scheidungsrecht adäquat verhandelt zu werden.

Damit ist keine Forderung nach Rückkehr zu einem Recht ausgesprochen, das mit purer Gesinnungsschnüffelei verbunden ist. Aber es ist ein Verlangen, das Scheidungsrecht nicht völlig von Schuld und Sühne abzukoppeln.

Der Abschied von der Moral aus der Rechtspflege bahnt den Weg voran in eine moralische Eiszeit, in der man nur mit brutaler Vorteilsuche überleben kann. Das ist eine evolutionäre Sackgasse. Selbst in der vergangenen Eiszeit überlebten die Menschen nur in der Vergemeinschaftung ihres Schicksals.

Kurzer Prozess – das Ende einer Ehe

In anderen Zeiten, anderen Regionen und Religionen gilt der einfache Ausspruch des männlichen Scheidungswillens als Ende der Ehe. Zuruf genügt. Wir nähern uns diesem »kurzen Prozess«. Statt beim kurzen Wort sind wir beim kurzen Trennungsjahr angekommen. Das Trennungsjahr ist das unkomplizierte Schema, das das Ende der Ehe automatisiert hat.

Es gilt das Faktum »Trennungsjahr«. Ein Davor und Danach gibt es so gut wie nicht. Das Trennungsjahr ist ein zeitlicher Begriff. Die Zeit genügt als Scheidungskriterium. Einfacher geht es nur in primitiven Scheidungsriten, in welcher der Mann der Ehefrau nur seinen Rücken zuwenden muss, um auszurufen, dass er sie nicht mehr wolle. Außer der kürzeren Zeitspanne unterscheidet sich das moderne Scheidungsrecht nicht von diesem primitiven. Beide sind relativ bedingungslos.

Verlust des Rechts

Es ist merkwürdig, dass ein Marxist wie Ernst Bloch uns darauf aufmerksam machen muss, dass ein Recht nicht schon Recht ist, wenn es gesetzt wird. Der »Rechtsfall« hat moralische Voraussetzungen. Es reicht noch nicht, dass Recht Recht für jedermann ist, sondern es wird erst Recht, wenn es auf der moralischen Anerkennung jedes Menschen basiert. Ohne Moral kommt also das Scheidungsrecht, wenn es Recht ist, so wenig aus, wie das Recht im Allgemeinen.

Geld regiert die Scheidung

Die Reduzierung aller Beziehungen auf ihren Nutzeffekt ist die Lebensmaxime des Homo oeconomicus. Er ist auch der Akteur der Ehescheidung: Wenn ein besseres Nutzungsobjekt vorhanden ist, wechselt der Nachfrager das Angebot. Konkurrenz belebt das Geschäft.

Hier hat die Liebe keine Chance. Am Ende der Ehe stehen Geldfragen. Das Schlusswort einer gescheiterten Ehe, die mal mit einem Treueversprechen begann, lautet: »Du kommst nicht an mein Geld!« Und das Geld der Familie ist sein Geld ... Scheidungsverfahren könnten wie Insolvenzverfahren vor Wirtschaftskammern abgewickelt werden.

Wo ist Rettung?

Wer beendet die Turbulenzen? Das Bundesverfassungsgericht ist die letzte Instanz in den hohen Verfassungsfragen. Es ist das höchste von allen hohen Gerichten. Etwas Besseres gibt es nicht. Nur noch der liebe Gott ist über ihm. Sogar das Parlament, also der Repräsentant des Volkes, duckt sich in seinem Windschatten und lässt ihm bisweilen die Vorfahrt, besonders auf dem Weg zu Brandherden, an denen heiße Eisen aus dem Feuer geholt werden sollen. Das Bundesverfassungsgericht beurteilt nicht nur Gesetze des Parlamentes, sondern tritt auch mit seinen Urteilen an die Stelle des Gesetzgebers. »Verfassungsrecht besteht also in Deutschland nicht nur aus dem Grundgesetz, sondern in wesentlichen Teilen aus dem Richterrecht des Bundesverfassungsgerichtes.« (Bernd Rüfhers, *FAZ*, 18. November 2013)

Das Recht als Stabilisator

Die Verfassung ist die hehre Grundlage des Staates und in seinem grundrechtlichen Kernbereich sogar mit »Ewigkeitsgarantie« ausgestattet. Wo gibt es so etwas sonst noch? Die Dynamik der Gesellschaft nimmt jedoch immer weniger auf die Statik des Rechts Rücksicht. Die Beschleunigung des Wandels erreicht Turbo-Geschwindigkeiten. Das Mindestmaß an Kontinuität, welche das Recht sichern soll, gerät in Gefahr, in Turbulenz unterzugehen.

Der Willen zur Veränderung bedrängt die Dämme des Rechts, und das Verfassungsgericht öffnet die Schleusen. Es schwächte den grundgesetzlichen Schutz von Ehe und Familie. Das Bundesverfassungsgericht ist jedoch nicht als Schleusenwärter, sondern als Dammwächter von seinen Erfindern in die Welt gesetzt worden. Die Richter sollen »Hüter des Gesetzes«, nicht aber Agenten seiner Veränderung sein.

Wer definiert, bestimmt

Der »Dammbruch« des Verfassungsgerichts wird bei der Behandlung von Grundgesetz-Artikel 6 (in dem es um Ehe und Familie geht) überdeutlich. Eine Bruchstelle ist die Entscheidung des Zweiten Senats zum Ehegattensplitting für homosexuelle Paare vom 7. Mai 2013. Dabei nimmt sich das Bundesverfassungsgericht die Befugnis, die Lebensgemeinschaften Ehe und Familie neu zu definieren. Wer definiert, bestimmt. Die Auslegung ersetzt so ohne viel Aufsehen die Gesetzgebung.

Das Gericht setzt sich in seiner Neubestimmung über eine gefestigte, langjährige Rechtsprechung kurzerhand hinweg. Einen derartigen Ehrgeiz zur Innovation legte das Bundesverfassungsgericht allerdings nicht zum ersten Mal an den Tag.

Flotte Rechtsprechung

Teilweise wurden solche rechtlichen Innovationssprünge auf dem dünnen Eis hauchdünner Mehrheiten gewagt. Eine Stimme Mehrheit genügt offenbar, um die neue Rechtsepoche einzuläuten. Was bisher mit Einstimmigkeit langjährige Rechtsprechung war, wird zuweilen mit leichter Hand weggefegt. Mehrheit ist Mehrheit, ist eine markige Maxime fürs »Durchregieren«. Fürs Justizieren ist diese Art von Entschlossenheit weniger förderlich. Das Verfassungsgericht steht unter anderen Entscheidungszwängen als eine Regierung. In die Urteilsfindung des Verfassungsgerichtes geht der Gesichtspunkt einer die Stabilität des Staates stützenden Kontinuität ein. Diese Funktion erhält im Zeitalter rasender Veränderungen erhöhte Bedeutung.

Dabei handelt es sich bei den hastenden gerichtlichen Assimilationen an die launische Wechselhaftigkeit dessen, was gerade »in« ist, teilweise um fundamentale Umdeutungen von elementaren Begriffen des Rechtsstaates. Die »Natur« des Menschen ist nicht so knetbar, wie die Manipulatoren es sich wünschen und die Technokraten hoffen. Das Grundgesetz geht von einem Menschenbild aus, das keine Tabula rasa ist, auf die jeder schreiben kann, was er will.

Im Streit um die Rechtsprechung zur Sitzblockade beispielsweise setzten sich die Richter im Ersten Senat mit knapper Mehrheit über eine 80-jährige Rechtsprechung hinweg, in welcher der Begriff der Gewalt eindeutig definiert worden war. Man fragt sich, ob die »Leichtigkeit«, mit der das Gericht springt, nicht seiner Seriosität Abbruch leistet. Gerade wenn das Recht im Zeitalter schneller Veränderungen seine Orientierungsfunktion erhalten will, sollte es sich nicht wie ein Windrad drehen.

Im Rahmen einer Modernisierung, welche die Freiheit auf Emanzipation verengt, ist der Artikel 6, welcher den »Schutz von Ehe und Familie« gegen den Andrang eines jeweiligen Zeitgeistes schützt, ein Prellbock gegen Beliebigkeit. Das Gericht räumt jetzt diesen Widerstand anpassungsübereifrig aus dem Weg. Mehr verlegen als erfindungsreich erklärt das Gericht, es verändere nicht den Schutz von Ehe und Familie, sondern gleiche lediglich diesen an andere Partnerschaftsmodelle an.

Gleichheit – mit was?

Der Gleichheitsgrundsatz, den das Gericht als Flankenschutz für seinen Kurswechsel bemüht, ist nicht so flexibel verwendbar, wie das Gericht annimmt. Das Gleichheitsprinzip verbietet nicht jede Ungleichbehandlung. (Kerstin Odendahl, *JA 2000*, Heft 2, S. 170)

Gleiches gleich und Ungleiches ungleich zu behandeln ist von alters her Aufgabe der Gerechtigkeit. Gleichheit ist nur »begreifbar«, wenn geklärt ist, was »gleich« unter welchem Wertgesichtspunkt ist. Was also macht Ehe mit anderen Partnerschaftsmodellen vergleichbar? Gleichheit ist kein Pars pro Toto, um alle Verhältnisse gleichzuschalten. Die Ehe zwischen Mann und Frau war jedenfalls nach der Vorstellung des Verfassungsgebers etwas anderes als das noch so ehrbare Bündnis gleichgeschlechtlicher Partner.

Diskriminiert kann nur werden, wenn Gleiches ungleich behandelt wird. Ungleiches nicht gleich zu behandeln ist keine Benachteiligung, sondern Gerechtigkeit auf der Grundlage der Maxime »Jedem das Seine« (suum cuique).

Die Familie ist die Elementareinheit der Gesellschaft, die auf ihr Weiterleben angelegt ist. Diese Funktion vermögen gleichgeschlechtliche Partnerschaften nicht einzulösen. Kinder, ihr Kommen und Gedeihen, spielen offenbar bei dem hohen Verfassungsgericht eine niedere Rolle.

Das Verfassungsgericht hat durchaus die Aufgabe, Diskriminierungen der gleichgeschlechtlichen Partnerschaft zu markieren, wenn der Gesetzgeber diese Aufgabe nicht erfüllt. Und tatsächlich gibt es Benachteiligungen der gleichgeschlechtlichen Partnerschaften, die beseitigt werden müssen. Aber der Spielraum dieser Veränderung liegt unterhalb des Normzwecks der Ehe und Familie. Ausgerechnet dieser ist aber offenbar aus dem Blickfeld der höchsten Richter verschwunden.

Die »Einmaligkeit« von Ehe und Familie

Treue und Fürsorge sind in homosexuellen Partnerschaften prinzipiell nicht geringer entwickelt als in Ehe und Familie. In vielen Fällen übertreffen sie diese sogar. Das verdient Respekt. Es geht also nicht um eine generelle Abwertung homosexueller Partnerschaften, sondern darum, die Besonderheit von Ehe und Familie als die Normalität eines auf Lebenszeit und Kindererziehung ausgerichteten Bündnisses von Frau und Mann zu sichern. Jede Gesellschaft bedarf der Norm, freilich auch der Toleranz, Normabweichung zu dulden. Toleranz fordert Duldung. Sie ist nicht Billigung. Das wäre Zustimmung.

Nicht alles, was in der Verfassung nicht genannt wird, ist deshalb wert- und schutzlos. Aber auch nicht jede Form von Zweisamkeit ist schon wertvoll, weil sie zustandekommt. Manche sind flüchtig wie ein Duett oder vorübergehend wie ein Tandem. Ehe und Familie, die das Grundgesetz schützen soll, ist jedenfalls »einmalig« und ein kostbares Kulturprodukt, das unserer Natur entspricht. Ehe und Familie sind deshalb verfassungsrechtlich nicht mit anderen Kooperationsformen zwischen Partnern gleichzusetzen, so wertvoll und respektabel diese auch sein mögen.

Die normative Kraft des Faktischen

Das Bundesverfassungsgericht verfolgt offenbar einen Rechtsbegriff, der das Tatsächliche zur Regel erklärt. Die Reduzierung des Rechts auf die »normative Kraft des Faktischen« ist die Verwandlung des Rechts zum Pegel des Tatsächlichen, hinter der sich allerdings allzu oft die Normativität des Ideologischen versteckt.

Selbst das Bundesverfassungsgericht kann nicht ändern, dass Kinder nicht gleichgeschlechtlichen Partnerschaften entspringen. Insoweit setzt die »Natur des Menschen« den Interpretationskünsten der Richter Grenzen.

Die grundgesetzlichen Normen, welche das Bundesverfassungsgericht stützen und schützen soll, sind keine Leerformeln, einer leeren Flasche vergleichbar, in die man schütten kann, was man will. Die Norm hätte dann nur noch den Papierwert einer Etikette, die auf einer Flasche klebt. Das Bundesverfassungsgericht handelt oft so, wie Bernd Rüthers auf dem Deutschen Juristentag 2007 in Hannover beschrieben hat, dass es nämlich der Norm nur entnehme, was es zu diesem Zweck in sie hineingelegt hat.

Die Diskussionsfreude der Verfassungsrichter mag man als Ausdruck einer lebendigen Rechtsprechung bewundern. Man könnte allerdings auch auf den Gedanken kommen, den der Präsident des Bundestages, Norbert Lammert, jüngst geäußert hat, dass nämlich der Eindruck entsteht, »es gebe einen Gestaltungsehrgeiz des Bundesverfassungsgerichtes, der über die Interpretation des Grundgesetzes hinausgehe«.

Die Richter des Bundesverfassungsgerichts begeben sich auf die Marktplätze der öffentlichen Diskussion, treten diskussionsfreudig in Pressekonferenzen auf, bereiten in Berliner Hintergrundgesprächen die publizistische Begleitung ihrer Urteile vor und verbreiten kämpferisch auf gut dotierten Vorträgen ihre juristischen Meinungen. Sie bespiegeln dabei selbst ihren Mut und trösten ängstliche Gemüter, die sich um das Ansehen des Gerichtes sorgen, mit der saloppen Volksweisheit: »Wem es in der Küche zu heiß wird, soll nicht Koch werden.« Verfassungsrichter sollen aber gar nicht kochen. Das Gericht ist keine Küche. Einfacher ist die Beachtung einer anderen, alten handwerklichen Weisheit: »Schuster, bleib bei deinem Leisten.«

Das Recht wie die Familie sind die Opfer der Verwirtschaftung des Lebens. Darin sind sich Kapitalismus und Sozialismus einig: Es sind die materiellen Verhältnisse, welche das Leben bestimmen. Unter diesem Diktat freilich hat weder die Idee des Rechts noch die Idee der Familie eine Überlebenschance. Beide – Recht und Familie – sind dann nur noch das Ergebnis einer Berechnung ihres Nutzens.

Die neue Rechenart, die Moral zur Kostenfrage degradiert, fördert perverse Ergebnisse zutage und zeigt so, wohin die Reise auf diesem Ticket führt. Philip Morris rechnete dem tschechischen Staat vor, dass Rauchen ihm mehr Kosten erspare als eine erhöhte Tabaksteuer Geld einbringe. Raucher sterben früher. Als Nettogewinn für den Staat wurden 127 Millionen Dollar errechnet (Michael Sandel: *Gerechtigkeit*, S. 62).

In der Studie »Wachstumseffekte einer bevölkerungsorientierten Familienpolitik« wurde als Ziel angegeben, dass »knappe Ressource« so einzuteilen und zu konzentrieren sei, dass die wesentlichen Funktionen von Familie, Reproduktion, Unterhaltssicherung, Sozialisation, Daseinsvorsorge mit den ökonomischen Zielen harmonieren können. Im Klartext: Geburt und Erziehung et cetera dürfen die Eingliederung des weiblichen Erwerbspotentials in den Wirtschaftsprozess nicht verhindern. Vereinbarung von Beruf und Familie ist Unterordnung der Familie unter den Beruf. Nach dem Motto: »Jetzt wird wieder in die Hände gespuckt, wir steigern das Bruttosozialprodukt!« (Geier Sturzflug 1983). Für diese Art von Produktionsfetischismus sind die »mütterlichen Produktionen« unerheblich bis kontraproduktiv. Es stellt sich die abschließende Frage: Wer rettet uns vor der Verwüstung des Rechts, wenn uns das Verfassungsgericht im Stich lässt?

Partnerschaft – eine Utopie?

Könnte die Ehe, gereinigt von historischen Verirrungen, sozialen Verengungen und wirtschaftlichen Verkümmerungen und befreit von autoritären Strukturen nicht der Nukleus einer herrschaftsfreien partnerschaftlichen Gesellschaft sein? Also einer Gesellschaft, in der nicht nur »Oben und Unten«, »Leistung und Gegenleistung«, »Geld und Geltung« gilt, sondern – man traut es sich kaum zu sagen – auch Sympathie und Liebe? Vielleicht lassen sich mit ihrer Hilfe die unvermeidlichen Gesetze der Biologie (Alter) und vermeintlichen Zwänge der Ökonomie (Abhängigkeit) nicht nur leichter ertragen, sondern mildern oder vielleicht sogar zurückdrängen. Tatsächlich bietet vergemeinschaftetes Einkommen der Ehepartner einen relativ größeren Sicherheitspuffer als das dem Einzelnen zugerechnete Einkommen.

Liebe – ein Märchen?

Im platonischen Mythos von dem ursprünglichen Menschen, der noch nicht in Mann und Weib geschieden war, ist etwas von der utopischen Sehnsucht nach der Einheit und Eintracht zweier Gegensätze enthalten, aus welcher die Liebe gespeist wird. Die neidischen Götter spalteten den Menschen in Weib und Mann. Seither suchen beide ihr Gegenstück. Glücklich, wer in der Ehe dem Neid der Götter ein Schnippchen geschlagen und seinen anderen Teil gefunden hat.

Ist in der partnerschaftlichen Ehe vielleicht ein utopisches Moment enthalten, auf das wir evolutionär angelegt sind?

Teil IV
Jagdszenen

Es folgt die Wiedergabe von mehreren Gesprächen und Berichten, in welchen die Hilflosigkeit von Rechtsuchenden zu Wort kommt. Ich habe diese Geschichten aus gutem Grund »Jagdszenen« genannt. Sie schildern auf teilweise sarkastische Art, wie es in der Wildnis der Rechtspflege zugeht. Von »Pflege« kann nämlich keine Rede sein. Der Alltag im hohen Gericht und in den Kanzleien der Rechtsanwälte entspricht keineswegs immer dem hehren Bild, das die Justiz von sich abgeben will.

Ich hoffe, dass die »Wilderer« in Roben sich erkennen und erkannt werden.

Jagdszene 1

Aus dem Gebüsch des Familienrechts: »Haben Sie Ihre Nägel poliert ...?«

C. M. sandte mir diese Audiodatei im April 2013. Die Namen sind geändert.

»Hallo – einen guten Morgen, heute ist der 15. April 2013, Morgenstund' hat Gold im Mund. Wenn hier Vogelgezwitscher oder so etwas Schönes zu hören ist, dann ist das nur der Ausgleich für die wirklich üblen Inhalte.

Mein Name ist C. M., geboren 1967, mein geschiedener Mann heißt T., geboren 1963.

Guten Morgen, Herr Dr. Blüm! Ich muss mir ziemlich einen Tritt geben, um das jetzt zu diktieren. Ich merke, dass die Rückwärtsgewandtheit mich doch immer noch zu deprimieren vermag und ich das deswegen vor mir hergeschoben habe.

Aber das Thema Gerechtigkeit ist ein großes Anliegen, und mein Kommentar ist wirklich, dass die Situation an den deutschen Familiengerichten so haarsträubend ist, dass man da auch die Energie haben sollte, das öffentlich zu machen. Und dafür danke ich Ihnen schon mal an dieser Stelle, auch fürs Zuhören.

Vielleicht ein paar Eckdaten aus dieser Paargeschichte. T. und ich wurden im September 2005 ein Liebespaar, schon vier Wochen später habe ich ihm dann 5 000 Euro leihen müssen oder auch freiwillig geliehen. Er war da in beruflichen Schwierigkeiten, hatte eine Unternehmensberatung für Ärzte und Kliniken, die aber inzwischen hoch floriert, die ich auch in den folgenden Jahren stark unterstützt habe, auch mental, was Ideen und so weiter angeht.

Dann alles auf seinen extremen Einfluss hin, also wirklich verführt, verliebt, verheiratet, alles schön klassisch in der Reihenfolge.

Im März 2007 fand dann die Verlobung in Rom statt: Auf Knien, er war da wirklich sehr engagiert, hat er mich um ein Kind gebeten.

Ich war damals leitende Radiologin in einer Privatklinik mit einem wirklich guten Gehalt, 120 000 Euro habe ich da verdient. Nach langen Jahren an der Uniklinik – was man nur noch als Ausbeutung bezeichnen kann – bis nachts um 3 Uhr mit Forschungsaufträgen beschäftigt, was das so mit sich bringt und eben auch sehr knappem Gehalt viele Jahre lang. Das war also meine erste gute Stelle.

Nach der Verlobung wurde dann ein Jahr später am 27. Februar 2008 unsere Tochter geboren. Ich hab' noch vergessen: die standesamtliche Trauung – es sollte natürlich ein eheliches Kind sein – war am 4. Dezember 2007 in X. Bei Bekanntwerden der Schwangerschaft, es war ein Wunschkind, war diese Beziehung emotional schon völlig am Ende. Was das heißt, das führe ich hier gar nicht weiter auf.

Auf jeden Fall kam es auch zur räumlichen Trennung im Juli 2008. Ich habe nach Ende der Mutterschutzzeit und einer Verlängerung von vier Wochen zu 100 Prozent meine abteilungsleitende Funktion in der Privatklinik wieder aufgenommen und die Kinderbetreuung komplett selbst organisiert. Den ehemaligen Friseursalon in der Klinik, also ein Zimmer neben meinem radiologischen Besprechungszimmer, habe ich übernehmen dürfen, hab' den am Wochenende selbst renoviert und ausgestattet mit Kindermöbeln, so dass es eine private Kinderkrippe wurde. Auch die Betreuung durch die Kindermädchen habe ich selbst organisiert und bezahlt. Von dem Gehalt war das auch ganz gut möglich. T. hat sich nie beteiligt.

Er hat dann am 27. Juli 2008 die räumliche Trennung vollzogen. Im August war ich im Schock, muss ich gestehen. Ich wusste nicht, wo oben und unten ist. Im September habe ich mich allerdings beraten lassen und im selben Monat auf Anraten meines Anwaltes M. um Auskunft gebeten, was die Bezifferung des Unterhaltes angeht. T. hat dann für mich einmalig – bis heute einmalig – Trennungsunterhalt überwiesen von einmal 500 Euro und für meine Tochter 202 Euro im Monat. Auf Anraten meines Anwalts habe ich eine E-Mail geschrieben, dass ich mit der Höhe dieses Unterhalts nicht einverstanden bin, da seine Firma zu diesem Zeitpunkt sehr florierte. Er hat trotzdem für mich nie wieder Unterhalt bezahlt. Für meine Tochter Annika hat er 200 Euro im Monat gezahlt, anfangs sogar noch weniger. Was jetzt vor dem Oberlandesgericht nochmals geklärt wurde, so dass ich ihn ordentlich in Verzug gesetzt habe, was eine rechtsgültige Einforderung des Unterhalts ist.

Ich war anwaltlich so beraten, dass mit dieser Inverzugsetzung und schriftlichem Auskunftsbegehren als auch Widerspruch wegen der viel zu niedrigen Zahlungen allen juristischen Forderungen Genüge geleistet sein sollte, das heißt dass ich nichts verpasse, wenn ich danach versuche, friedlich, harmonisch, zumindest versuchsweise mich mit meinem geschiedenen Mann gütlich auseinanderzusetzen. Das war auch insofern sehr anzuraten, als T. – ich sag' das jetzt so frei – an einer ausgeprägten narzisstischen Persönlichkeitsstörung leidet – und sich jegliche Kritik, Widerspruch oder Bitte um Überweisung finanzieller Forderungen unmittelbar auf die weitere Kontaktaufnahme zu seiner Tochter so negativ auswirkte, dass ich das meinem Kind auch gar nicht zumuten konnte.

Konkret war es so, wenn ich nicht friedlich, freundlich oder sogar unterwürfig gebeten habe, auch unter Androhung von weiteren Anwaltsbriefen, die dann ja auch ein Jahr später geschrieben wurden, hat er jedes Mal den Kontakt zu meiner Tochter abgebrochen.

Ich ging davon aus, dass ein kleines Mädchen in seiner Entwicklung davon profitiert, wenn eine Vaterfigur eine Rolle spielt, auch bei einer räumlichen Trennung der Eltern. Deshalb habe ich die Kontaktverweigerung und die Repression nicht gut gefunden.

Ich habe damals vollzeitlich in der Klinik gearbeitet, und zwar noch bis zur Schließung der Klinik. Ein Vierteljahr später im Herbst 2009 hat die Klinik dann geschlossen, ich wurde betriebsbedingt gekündigt, und es wurde Insolvenz angemeldet.

Bis zu diesem Zeitpunkt hatte ich ja im Prinzip mein Gehalt, von dem ich gut leben konnte. Da ich im Bewusstsein lebte, dass ich ja korrekt den Forderungen Nachdruck verliehen hatte, und auch in Schriftform, und auch so beraten war, dass da jetzt erst mal nichts verloren geht, habe ich in dieser Zeit versucht, mich um mein Leben zu kümmern, was ja auch nicht einfach war.

Zu dieser Zeit war mir auch noch nicht ganz klar, dass es wirklich eine endgültige Trennung ist und dass auch keinerlei Normalität oder Versöhnung überhaupt möglich sein würden. Zu diesem Zeitpunkt bemühte ich mich noch darum, das zu verstehen, habe dafür Psychotherapie-Weiterbildung gemacht und eine Paartherapie angeregt. Eine einzige Sitzung gab es mal, danach hat er das abgelehnt. Dann versuchte ich auf Anraten vieler guter Freunde, eine Mediation zu veranlassen. Das hat er auch nicht angenommen, erst zugesagt und mich dann allein dort sitzen gelassen. Ich hatte dann auch die Kosten der Sitzung über 200 Euro zu tragen. Das sind alles Details am Rande.

Vielleicht doch noch ein kurzer Hinweis zu dem Scheitern dieser Ehe. Ich sehe seine Affären und diese Prostituiertenbesuche und diese ganzen Dinge da als Symptom der Persönlichkeitsstörung. Trotzdem war es so, dass ich eben eine Ehe zu dritt hatte, und das war unerträglich und ging nicht. Ich weiß natürlich, dass Schuldhaftigkeit beim Scheitern einer Ehe heutzutage nicht mehr berücksichtigt wird. Doch ist es mein Eindruck, dass es nicht irrelevant ist, warum nun eine Ehe auseinandergeht. Das sei mir gegönnt als kleine Nebenbemerkung.

Formal ging's dann so weiter, dass ich in diesem ersten Jahr einfach versucht hab', etwas Friedliches oder Einvernehmliches in dem Lösungsprozess zu initiieren, was aber einfach nicht möglich war.

Nachdem mein Gehalt wegfiel, ab Herbst 2009, hatte ich tatsächlich eine persönliche Krise. Ich muss hinzufügen, die rechtskräftige Scheidung – nicht im Verbund, also losgelöst von allen unterhaltsrechtlichen Fragen – wurde am 13. August 2009 ausgesprochen. In der gleichen Woche kam auch die betriebsbedingte Kündigung, so dass das mich doch alles in ein Stimmungstief gerissen hat. Die nächsten zwei bis drei Monate habe ich mich nicht so richtig um den Unterhalt ge-kümmert. Das ist doch verständlich – oder?

Erst gegen Ende 2009 gab's dann eine sehr intensive Korrespondenz mit der Gegenseite. Da war's dann schon so, dass mein Anwalt einen Brief geschrieben hat mit Unterhaltsforderungen. Es gab wochenlang überhaupt keine Antwort. Dann eine völlig sinnlose Korrespondenz von Nicht-Wollen und Ausflüchten.

Die Einkommensverhältnisse wurden nicht offengelegt. Bei Selb-ständigen ist das bekanntermaßen oft schwierig. Dann wurde ich weiter vertröstet mit Hinweisen darauf, dass die Steuerbescheide noch nicht erstellt seien. Es wurde ständig verzögert, ich war immer noch in der Hoffnung, dass man etwas außergerichtlich lösen könnte. Dann zog sich das auch im Jahr 2010 so hin, und dann wurde Klage eingereicht beim Amtsgericht X. Dort wurde von richterlicher Seite Auskunft verlangt. Das wurde wieder Wochen und Monate verwei-gert, und erst 2011 oder gar 2012 wurde abschließend das Urteil ge-sprochen. Das war für mich ein gutes Ergebnis, so wie es sich auch gehört in meinen Vorstellungen. Der Unterhaltsforderung wurde stattgegeben, das heißt, es hat sich eine Nachzahlung an Kindesun-terhalt und insbesondere plus hoher Säumniszuschläge von 12 000 Euro ergeben. Die laufenden Unterhaltszahlungen wurden dann auf die Tabellenstufe 10 nach Düsseldorfer Tabelle auf 416 Euro festge-setzt. Dann war ich wirklich froh, dass da mal ein Zahlungseingang erfolgte, da ich nur noch in Teilzeit auf Honorarbasis als Vertretungs-ärztin tätig war. Meine Tochter war ja inzwischen auch älter gewor-den, und ich hatte den Eindruck, dass sie deutlich auch mehr mich als Mama und Präsenzperson beanspruchte.

Nach meiner Kenntnis ist ein Urteil mit Zahlungsverpflichtung spä-testens innerhalb von vier Wochen fällig. Ich habe diesen Zeitraum ab-gewartet. Es kam kein einziger Euro auf mein Konto. Dann habe ich wieder meinen Anwalt gefragt, was ich denn machen solle. Er sagte, ich solle noch ein bisschen abwarten. Nach vier Wochen hat er mir dann angeboten, das vollstrecken zu lassen, was ich schon gern früher gehabt hätte. Wir haben dann den Gerichtsvollzieher losgeschickt. Mein Ex-Mann war auf Geschäftsreise, so dass da ein Brief im Briefkas-ten noch nicht einmal platziert wurde. Unverrichteter Dinge kam die-ser Gerichtsvollzieher wieder zurück.

Die Vollstreckbarkeit scheiterte daran, dass offensichtlich das Amtsgericht oder die Rechtspflegerin oder Sekretariatsmitarbeiterin, die das zu Papier bringt, leider diesen Standardsatz vergessen hat, der unten klein draufstehen muss, nämlich dass das Urteil vollstreckbar ist. Genau dieser Satz fehlte. Vermutlich aus Versehen.

Somit war die formale Gegebenheit, diese Summe vollstrecken zu lassen, nicht gegeben, was dazu führte, dass die Gegenseite dann ein mehrseitiges Schreiben an das Jugendamt und an die Anwälte und die Gerichtsakte produzierte. Inhaltlich mit dem Tenor, man würde ja meine niederträchtige Gesinnung daran ablesen können, dass ich ihrem unschuldigen Mandanten einen Gerichtsvollzieher auf den Hals hetze, obwohl ich gar keine Rechtsgrundlage dafür habe, das sei Rufschädigung. Es wurde riesig aufgebauscht.

Dann gab es die Bestrebung, diesen Satz nachreichen zu lassen, das heißt, es gab ein Schreiben an das Amtsgericht, diesen Satz hinzuzufügen. Dann hat es Wochen gedauert, bis überhaupt eine Antwort kam. Diese lautete dann enttäuschenderweise, dass diese Akte wegen der eingereichten Berufung der Gegenseite bereits beim Oberlandesgericht sei, so dass das Amtsgericht nicht mehr in der Lage sei, diesen Satz hinzuzufügen.

Daraufhin wurde die Bitte, dieses nachzuholen, an das Oberlandesgericht gesandt. Von dort kam auch wieder wochenlang keine Antwort, es zog sich einfach endlos in die Länge. Dann wurde mitgeteilt, dass die Akte zwar eingegangen, aber in keiner Weise bearbeitet sei. Inhaltlich könne man deshalb zu solchen Fragen überhaupt keine Stellung nehmen. Man solle den Prozesstermin abwarten, welcher – wie bekannt – dann wieder ein Dreivierteljahr auf sich warten ließ. Also wirklich bitter.

Dieser Termin vor dem OLG fand dann endlich und schließlich im Februar 2013 statt, und das war für mich wirklich eine absolute Katastrophe.

Der Ablauf als auch wie der Termin inhaltlich voranging, war so, dass im Vorfeld ein Schreiben kam, dass wegen Überlastung des OLG-Senats die übliche Besetzung zur richterlichen Entscheidung mit drei Richtern vor dem OLG aufgehoben sei und dass die Entscheidung als Einzelfallentscheidung auf eine Richterin, eine Einzelperson, übertragen wurde, nämlich Frau Dr. jur. X.

Und erst im Nachhinein habe ich von einer anderen Fachanwältin für Familienrecht erfahren, dass man gegen so was auch Widerspruch einlegen kann. Das hätte ich mir sehr gewünscht.

Der Gerichtstermin lief dann so ab: Da stürmte eine dynamische junge Richterin herein – schwarze Hackenstiefel – die völlig aggressiv auf mich blickte und dann die Verhandlung eröffnete mit den Worten: »Also Frau M., könnten Sie vielleicht als Erstes mir mal erklären, wie das kommt, dass ich mich hier im Februar 2013 mit rückständigen Kindesunterhaltsforderungen aus dem Jahr 2008 auseinandersetzen muss?« Das sei eine große Zumutung, und was das eigentlich solle und wie das hätte passieren können. Und was ich die ganzen Jahre gemacht hätte? »Haben Sie nichts Besseres zu tun, haben Sie Ihre Nägel poliert …?« – so war der Tonfall. Ich fand das ungeheuerlich, da ja ich mich um mein Recht kümmern muss, wenn der Kindesvater den Unterhalt nicht zahlt.

Die Rechtsverweigerung ist ja auf der Gegenseite. Ich versuche nur, meine Rechte einzufordern.

Ich habe ja auch ein erstinstanzliches Urteil, dem stattgegeben wurde. Die Stimmung kann ich nur als provokativ und aggressiv beschreiben, das wurde von meinem Anwalt auch so wahrgenommen.

Ich habe eben dargelegt, dass ich in meiner Ehe betrogen wurde, das kommentierte sie schnippisch mit »Ja, das kann's geben. Was wollen Sie? Das andere interessiert mich nicht.« Dann habe ich dargelegt, dass ich auch existenzielle Befürchtungen hatte, als ich gesehen habe, dass diese Ehe nur noch auf dem Papier besteht, dass ich dann vollzeitlich meine Tätigkeit als Radiologin wieder aufgenommen hatte.

Sie hat gleich gesagt, das sei doch viel zu lange her. Deshalb seien die erheblichen Zeitverzögerungen zu einem gewissen Teil auch mir zuzuschreiben. Dass die Gegenseite massiv verzögert hatte, wir lange auf diesen OLG-Termin warten mussten und dass ich auch immerhin in friedlicher Absicht versucht habe, alles außergerichtlich zu lösen, und dass ich versucht habe, das Problem mit Mediation und Paartherapie zu lösen, als ich die negativen Auswirkungen bemerkt habe – das hat die Richterin offensichtlich überhaupt nicht interessiert. Mein Kommentar: Dass ich es eine unmögliche Situation finde, dass man Nachteile finanzieller Art hat, nur weil man versucht, irgendwie außergerichtlich eine Lösung zu finden, und diese sich dadurch möglicherweise auch etwas in die Länge zieht.

Und falls das eine Rechtsgrundlage hat oder haben soll, dann wäre da auch ein erheblicher Kritikpunkt von meiner persönlichen Seite.

Jetzt muss ich vielleicht auf die betrügerischen und auch kriminellen Manipulationsversuche der Steuerbescheide eingehen, sonst ist in keiner Weise verständlich, wie es überhaupt zu einem Vergleich vor dem OLG kommen konnte, der mich heute noch aufregt.

Wie gesagt, mein Ex-Mann ist selbständig, hat eine Ärzte-Consulting-Firma. Der Schwerpunkt der Einnahme hat als Grundlage den Fachärztemangel in Deutschland, der ja hinreichend in Presse und Gesellschaft bekannt ist. Das heißt, Städte wie X haben immer noch genügend Bewerbungen, um die Facharztstellen in den Krankenhäusern zu besetzen. Anders sieht es ja in den ländlichen Regionen aus, zum Beispiel in Ostdeutschland Richtung polnische Grenze. Aber auch hier in Westdeutschland in allen ländlichen Regionen bleiben Facharztstellen offen, so dass schon Abteilungen in Krankenhäusern geschlossen werden mussten, weil die Patientenversorgung nicht mehr gewährleistet werden konnte. Insofern ist es zu verstehen, dass die Verwaltungen der Kliniken, die das ja auch nicht persönlich zahlen müssen, hohe Beträge dafür ausgeben, um diese vakanten Stellen besetzen zu können, das heißt, die schalten Headhunter ein, wie eben T., und der verspricht das Blaue vom Himmel herunter, sage ich jetzt mal, genau wie alle anderen Headhunter auch. Sie wissen, sie können diese Stellen nicht besetzen.

Aber es funktioniert insofern sehr gut, als auch die Verwaltungschefs der Kliniken ja ihren Aufsichtsräten gegenüber Rechenschaft schuldig sind und nachweisen müssen, was sie denn getan haben, um diese eklatante Mangelsituation zu bewältigen. In meinen Augen profitieren alle Seiten davon. Es ist durchaus üblich, dass zwei bis drei Monatsgehälter als Pauschale für die Beauftragung des Headhunters fließen. Zum Beispiel verdient ein Oberarzt 8 000 Euro, da kriegt der Headhunter schon mal 24 000 Euro, dass er überhaupt anfängt, ihn zu suchen – ohne Erfolgsgarantie. Und wenn dann zum Beispiel eine Chefstelle besetzt werden kann durch Vermittlung eines Headhunters, dann ist je nach Position und Qualifikation – habilitiert oder nicht – da sind auch schon mal Jahresgehälter als Provisionszahlung üblich, oder Halbjahresgehälter.

Da wie gesagt in Deutschland der Facharztmarkt relativ abgegrast ist, war es dann eine Geschäftsidee, im Ausland zu akquirieren, was vielerorts schon passiert ist, das heißt, T. schaltet dann Anzeigen in Budapest, Athen, Weißrussland, Moskau, St. Petersburg, auch gern Ungarn, Tschechien, also in vielen Ländern, wo das Gehaltsniveau deutlich geringer ist und auch die Lebensqualität entsprechend niedrig, so dass die Ärzte dort es als attraktiv und lukrativ empfinden, eine Anstellung in Deutschland zu erhalten. Er holte dann dort Dolmetscher im Land, die die Gespräche für ihn führten.

Man muss sagen, insbesondere die weiblichen Bewerberinnen, jetzt kommt ein Vorurteil – Vorsicht –, die bringen da wirklich den vollen Körpereinsatz, weil sie eine goldene Zukunft versprochen bekommen. Auf diese Weise hat der Vater meiner Tochter auch seine neue Lebensgefährtin gefunden, die schon damals eine Rolle spielte, also eine Dame – möchte ich kaum sagen – aus dem Ostblock, die tatsächlich erst mal nur als Geliebte eine Funktion hatte, und dann wohl nicht geplant, aber dann eben doch schwanger wurde und kurze Zeit auch hier lebte. Was natürlich nicht geklappt hat.

Man muss dazu sagen, T. hat in seinem Leben mit inzwischen 50 Jahren mit vier Frauen vier Kinder gezeugt, davon sind drei auf der Welt, also nur noch eine kleine Unterstreichung, was ich als narzisstische Persönlichkeitsstörung diagnostiziert hatte.

Die Mutter des dritten Kindes, die ungarische Frau, ist auch längst wieder in Budapest bei ihren Eltern mit ihrem Kind. Da hat es in ähnlichem Zeitablauf auch eine Trennung gegeben.

Aber ich verzettele mich gerade etwas, ich sollte die Emotionen auch weitgehend rauslassen. Was ich schildern wollte, ist die Manipulation der Steuerbescheide. T. verbringt seine Geschäftsreise-Tätigkeit vornehmlich im Ausland, war eben auch mit dieser Frau in Ungarn in teuren Suiten – ja da wird immer nur an nobelster Adresse residiert. Ich habe aus grauer Vorzeit Rechnungen gefunden vom Radison Blue Airport Hotel in Zürich, wo dann die Nacht 400 Franken kostet, ein Beispiel ist auch, wie er das Geld nur rausschmeißt oder vernichtet, um es nicht rechtlich relevant angeben zu müssen. Nach der Trennung im Juli 2008 bis zum Frühjahr 2009 hat er nur in Hotels gewohnt. Also acht Wochen im Novotel in X, im Art-Hotel in B., alles immer wochenlang, natürlich erheblich kostspielig. Obwohl er privat dort wohnte, setzt er das natürlich mit 20 000 Euro von der Steuer ab. Das wird vom Steuerberater anerkannt, das muss man kritisieren, das sind erhebliche Ausgaben privater Kosten. Ein kleines Beispiel: Er hat eine Rechnung vom Februar 2009 vorgelegt über 14 000 Euro, hat Designmöbel für sein Büro gekauft und im selben Monat versichert, dass er nur die Tabellenstufe 1, also ungefähr Hartz IV, für den Kindesunterhalt aufbringen könne. Er hat angeblich kein Geld, um Kindesunterhalt zu zahlen, das ist immer der Grund.

Laut eigener Auskunft mir gegenüber hat er kein Geld und keine Zeit, sich um ein Auto zu kümmern für seine diversen Reisen und Fahrten zum Flughafen. Es sei ihm einfach zu viel Arbeit – hat er auch früher schon erzählt –, sich auch um Autoreifen und Tanken zu kümmern, die Finger schmutzig zu machen, und deswegen mietet er sich bei Europcar vornehmlich Limousinen und Autos der Luxusklasse. Dagegen ist ja nichts einzuwenden. Es ist ja nur einfach so, dass jemand, der keinen Kindesunterhalt zahlt oder nur 200 Euro im Monat und gleichzeitig aber 360 000 Euro – das ist schriftlich dokumentiert – Einnahmen hat im Jahr, wie kann dann so jemand einen zu versteuernden Gewinn von nur 120 000 Euro haben? Also, da bleiben für mich Fragen offen. Wohlgemerkt eine Firma, die keine festen Mitarbeiter, keine Angestellten hat und keine teuren Betriebsmittel braucht. Das sind himmelschreiende Ungerechtigkeiten.

Ein weiterer heißer Punkt ist dann noch, dass es mindestens vier Auslandskonten in der Schweiz gibt und gab. Schon in der ersten Auskunftsstufe vor dem Amtsgericht in X habe ich darauf hingewiesen, dass ich doch bitte, bei der Einnahmenseite die Schweizer Konten zu berücksichtigen. Ein erstaunlicher Punkt ist, dass die Gegenseite offensichtlich lügt, indem behauptet wird, es gebe überhaupt keine Schweizer Konten, nur dass eines sowieso bekannt war, und da war natürlich nichts drauf. Diese Darstellung hat dem Richter ausgereicht, um das Thema fallen zu lassen.

Ich nehme den Faden nochmals auf. Was mich sehr erstaunt, ist, dass jemand einfach sagen kann, er habe keine Auslandskonten. Da wird noch nicht einmal eine eidesstattliche Erklärung verlangt. Auf Nachfrage, warum das nicht weiter verfolgt würde – übrigens auch in der Verhandlung vor dem OLG –, sagt die Richterin tatsächlich wörtlich: »Wenn wir uns darum auch noch kümmern sollten, dann werden wir hier ja nie fertig.« Das ist für mich haarsträubend.

Es war dann so, nach Ablehnung des Richters, also vor der ersten Instanz, eine eidesstattliche Erklärung dazu zu verlangen, hat mein

Anwalt für mich ein offizielles Auskunftsbegehren auf Offenlegung abgeschickt, und das hat übrigens die Länge dieses Prozessverlaufs vergrößert. Der Richter hat dort im Mai 2012 geantwortet, dass der Antrag auf Offenlegung der Schweizer Konten ohne eidesstattliche Versicherung mangels Beweisen abgelehnt wird. Kleine Beispiele für die Manipulation der Steuerbescheide und des unterhaltsrechtlichen Einkommens: Dazu sind tausend verschiedene Beispiele zu nennen.

T. hat dann seiner Mutter hohe Geldbeträge überwiesen, zum Beispiel ominösen Mieten für Niederlassungen seiner Firma. Ich hab Fotos vorgelegt, wie die Betriebsstätte seiner Firma im Reihenhaus der Ex-Schwiegermutter, also seiner Mutter, aussah. Das war ihr Nähzimmer, da steht eine Nähmaschine auf dem Tisch, und es hängen private Sachen im Regal und an der Wand. Das ist überhaupt keine Betriebsstätte, sondern das ist einfach so, wenn der Herr Sohn mal seine Mutter besucht, dann hat er sein Laptop dabei und arbeitet, wo er gerade ist. Da ist nichts, was auch nur irgendwie auf eine Betriebsstätte hinweist, noch dazu ist er dort so selten. Das ist ganz offensichtlich Betrug.

Dann war es wohl so, dass am Jahresende ziemlich viel Geld übrig war, dass er horrende Zahlungen veranlasst hat. Er hat übrigens auch seine 76-jährige Mutter als Mitarbeiterin der Firma angestellt und auch bei der Rentenversicherung Zahlungen geleistet. Auch da war es so, dass dieses Gehalt nicht jeden Monat überwiesen wurde, sondern als Einmalzahlung am Jahresende – 6 000 Euro wurden überwiesen – und im Jahr darauf noch höhere Beträge. Auch da der Hinweis, der Steuerberater könnte da mal nachfragen.

Mein Eindruck ist der, dass die Gerichte alles, was einen Steuerberatungsstempel hat, prinzipiell und vorbehaltlos anerkennen. Das ist einfach nicht in Ordnung. Es wäre ganz leicht nachzuweisen, dass es keine Mitarbeit in der Firma ist.

Der größte Punkt ist, finde ich, auch von gesellschaftlichem Interesse, dass hohe Einkommen von Unterhaltszahlungsverpflichteten offensichtlich erheblich gemindert werden können, indem Tilgungen bei Privatkrediten fingiert werden.

Es ist ein Leichtes, in dem privaten Netz, Familie, gefälschte Kreditverträge aufzusetzen und dann hohe Tilgungen zu leisten. So ist es im Fall T. auch passiert. Er hat zum Beispiel Verträge vorgelegt, alle mit der gleichen Maschine geschrieben, alle mit dem gleichen Schriftbild, er hat angeblich seiner Mutter 68 000 Euro geschuldet, seiner Zwillingsschwester 25 000 Euro und noch Privatkredite. Abgesehen davon, dass er mir noch wirklich 20 000 Euro schuldet, ein kleiner Kredit, der auch echt ist. Aber diese horrenden Summen bei Mutter und Zwillingsschwester sind frei erfunden. Da werden natürlich entsprechende Zahlungen geleistet. Im Jahr 2012 hat der arme T. 168 000 Euro private Kredite getilgt. Wenn man das von 63 000 Euro Einkommen abzieht, dann ist sofort klar, dass man für die Unterhaltszahlungen deutlich weniger zur Verfügung hat. Das geht einfach nicht.

Da ist – finde ich – eine echte Lücke in unserem Rechtssystem. Dass ungeprüft diese Tilgungen, die jeder frei erfinden kann, einfach anerkannt werden. Dann muss man noch dazu sagen, dass die ja nicht monatlich getilgt wurden, sondern als Einmalzahlungen am Jahresende erfolgt sind.

Diese und vermutlich noch diverse andere Manipulationen führten dazu, dass es T. geschafft hat, sein zu versteuerndes Einkommen beziehungsweise den Gewinn seiner Firma, die wie gesagt entsprechend hohe Gewinne abwarf, so zu mindern, dass er tatsächlich im Jahr 2012 einen negativen Steuerbescheid, sogar einen negativen Gewinn aufweisen konnte auf dem Papier. Das mag dazu geführt haben, dass die Richterin vor dem OLG meinte, dass er eben eigentlich nicht zu zahlen habe.

Nach diversen aggressiven Vorwürfen in meine Richtung – ich bin jetzt wieder bei dem Gerichtstermin vor dem OLG und dem Austausch von einigen Vorwürfen, die ich weglassen kann – kam die Anschluldigung, ich hätte seine alte Mutter fast ins Grab gebracht. Hintergrund ist, dass sie auf dem Weg zu mir wohl einen Herzanfall erlitten hat. Ich war diejenige, die sich darum gekümmert hat, dass sie mit dem Hubschrauber in die Intensivstation der Uniklinik geflogen wurde, dort Herzkatheter-Untersuchung und so weiter bekommen hat. Keines der drei Kinder der alten Dame war zugegen, insbesondere nicht T. Er war mit seiner Geliebten in Russland.

Ein persönlicher Einschub: In späteren Gesprächen stellte sich heraus, dass die Mutter von T. nur heimlich zu mir kommen wollte, weil sie solche Sehnsucht nach ihrem Enkelkind, unserer Tochter, hatte. Das hat T. versucht zu unterbinden. Tatsächlich ist es so, dass die alte

Dame und ich uns auf einer menschlichen Ebene gut verstehen. Sie hat am 5. Juli Geburtstag, was ja nichts zur Sache tut.

Es war ihm immer schon ein Dorn im Auge, dass die Mutter manche Sachen ausplaudert, zum Beispiel auch, dass es nicht sein Arbeitszimmer, sondern ihr Nähzimmer ist, das er angegeben hatte. Das gefällt ihm natürlich wenig. Insofern muss sie heimlich kommen, um ihre Enkelin zu besuchen. Gleichzeitig hat sie kurz zuvor von der erneuten Trennung erfahren, dass das dritte Kind wieder in Ungarn ist. Das hat sie seelisch belastet, so dass sie möglicherweise auch eine Herzerkrankung hatte.

Das Dumme ist, dass T. mich vor dem OLG beschuldigt, sie ins Grab zu bringen, das ist ziemlich unerträglich. Auf diesem niedrigen Niveau wurden dann auch Vorwürfe ausgetauscht. Das hat die Richterin sich angehört und hat dann plötzlich umgeschaltet, das würde sie alles nicht interessieren. Ich hab' nochmals von den Schweizer Konten angefangen und um Auskunft gebeten. Das hat sie auch weggewischt, und dann fiel dieser berühmte Satz: Wenn man sich damit auch noch befassen wolle, dann würde man hier ja nie fertig werden. Ich hab dann nochmals darauf hingewiesen, dass es doch sehr relevant sei, dieser erhebliche Einnahmenrückgang, der zu verzeichnen war, sprich 360 000 Euro auf minus. Das sei doch sehr erstaunlich und nach meiner Vermutung wäre das Geld einfach nicht mehr in Deutschland, sondern auf den Schweizer Konten.

Ich finde einfach, so unbequem das sein mag, dass man dem nachzugehen hat, wenn es um Gerechtigkeit geht. Wie gesagt, das wurde abgelehnt.

Und jetzt kommt für mich ein echter juristischer Knaller. Es war dann so, dass die Richterin vor dem OLG, Frau Dr. J., sagte, das interessiere sie alles nicht, das sei alles nicht relevant. Sie lese uns jetzt den Vergleich vor. Und ich hab gedacht, was für ein Vergleich? Sie sagte, sie hätte sich schon befasst mit dem Kasus, sie würde jetzt den Vergleich vorlesen. Ich sagte, ich versteh' das nicht, sie sagte ich solle jetzt zuhören. Dann hat sie tatsächlich ihren Computer hochgefahren, sie hat noch nicht einmal einen Hehl daraus gemacht, dass der Vergleich schon vor Beginn der Verhandlung formuliert worden war.

In meinen Augen gab es da auch zumindest die Möglichkeit einer Absprache mit der Gegenseite, ein sehr ungutes Gefühl, wenn dieser

Eindruck entsteht. Der Vergleich sollte dann so lauten, dass ich statt der damals zu pfändenden 12 000 Euro nur noch 5 000 Euro erhalte. Das wäre also ein Verzicht von 7 000 Euro auf Kindesunterhalt in fünf Jahren. Im Gegenzug sollte ich dann weiterhin diese 416 Euro Tabellenstufe 10 für das Kind im Monat bekommen. Ich muss vielleicht hinzufügen, dass es ein Jahr zuvor eine einstweilige Anordnung vom Amtsgericht gegeben hatte auf Zahlung dieser 416 Euro, dem dann auch für ein Jahr stattgegeben wurde. Diese Anordnung war im Juli ausgelaufen.

Ich war so platt und so fassungslos, aber auch leider so hilflos in dieser Situation, dass ich gesagt habe, ich würde überhaupt nicht verstehen, was die Rechtsgrundlage dafür sei, dass ich auf 7 000 Euro verzichten solle. Die Richterin erläuterte das dann damit, dass das einfach so lange schon her sei. Ich entgegnete, dass der Verlauf nur zu einem Teil auf mich zurückzuführen sei und dass ich nicht verstehe, dass man hinterher mit finanzieller Einbuße dafür bestraft werden muss, dass man versucht, außergerichtlich den Gerichten diese Prozesse zu ersparen.

Das hatte überhaupt keinen Anklang gefunden. Mein Anwalt hat sich auch zu Wort gemeldet und sagte, dass Kindesunterhalt überhaupt nicht verzichtbar sei. Es wurde dann die E-Mail vorgelesen aus dem Jahr 2008, wo ich ihn in Verzug gesetzt habe. Von der Gegenseite wurde das aberkannt, dem hat die Richterin aber widersprochen. Es wurde einvernehmlich festgestellt zwischen der Richterin und uns, dass die Geltendmachung der Ansprüche wirksam erfolgt sei, und zwar im September 2008. Dann hab' ich als Laie gefragt, dass ich nicht verstehe, warum man 7 000 Euro rausnehmen kann. Mein Anwalt sagte dann noch, Kindesunterhalt würde nicht verjähren. Die Richterin entgegnete in äußerst schnippischem Ton, der sei auch nicht verjährt, sondern verwirkt.

Da kann ich mich nur noch zu Boden setzen, auch heute noch, ich hab' dann gesagt, dass ich das nicht verstehe, ob sie erläutern könne, was denn verwirkt sei. Sie sagte, Kindesunterhalt müsse ein Jahr nach entstehendem Anspruch gerichtlich geltend gemacht werden. An der Stelle hat mein Anwalt sie darauf hingewiesen, dass das falsch sei, juristisch, dass es Paragraphen gibt, dass das eine Kann-Regelung sei.

Der Rechtsanwalt hat darauf hingewiesen, eine Soll-Regelung, der Kindesunterhalt oder auch Ehegattenunterhalt soll innerhalb eines

Jahres geltend gemacht werden. Sie war der Meinung, er muss, dass es eine Ausschlussfrist ist. Dann muss ich an dieser Stelle auch kritisch anmerken, dass, wenn das eine so heikle Geschichte ist, der Zeitpunkt, wenn die Klage vor Gericht geht, warum bin ich nie darüber informiert worden? Ich hab mich mehrfach bei meinem Rechtsanwalt versichert, dass ja nichts verloren geht, auch, wenn ich mir damit ein bisschen mehr Zeit lasse, auch mit der Entscheidung, vor Gericht zu gehen. Es ist eine Riesenkritik, da ist einiges schiefgelaufen. Es macht mich hilflos, auch wütend und unzufrieden, ich finde, das kann nicht sein.

Im letzten Urlaub auf einer privaten Ebene habe ich von einer jungen dynamischen Anwältin gehört, dass das vollkommen ungewöhnlich sei, dass beim Kindesunterhaltprozess die Mutter ja nicht auf eigene Rechnung handelt, sondern nur das Kind vertritt, und dass es ja um die Rechte des Kindes geht. Kindesunterhalt gehört zu den elementaren Rechten, auf die man im Vergleich nicht einfach verzichten kann. Ich kann das nur so weitergeben, wie ich das gehört habe. Ich finde, das ist ein himmelschreiendes Unrecht.

Dann kommt noch hinzu, dass dieser völlig aggressive Ton und diese subversiven und unhaltbaren Vorwürfe mich leider ungewöhnlich erschöpft haben. Das Ganze ging über zwei Stunden, und ich war leider am Schluss so fertig, dass ich mich vielleicht auch nicht genügend gewehrt hab'.

Was ich auch kritisiere, ist, dass in dieser Verhandlung keinerlei Möglichkeit einer Besprechung mit meinem Anwalt gegeben war. Ich kam gar nicht auf die Idee, eine Pause zu verlangen, um mich zu besprechen.

Im Nachhinein denke ich auch, warum ist das nicht erfolgt? Ich kenne das auch, dass man die Möglichkeit zur Beratung hat, bevor man einen Vergleich annimmt. Ich hab' dann noch mal gesagt, dass ich das so nicht annehme, dass ich das als ganz ungerecht empfinde und dass ich nicht möchte, dass ich auf 7 000 Euro verzichte. Dann hat die Richterin mich tatsächlich bedroht und sagte sehr aggressiv: »Frau M., ich rate Ihnen dringend, diesen Vergleich anzunehmen.« Es sei auch eine Warnung damit verbunden. Ansonsten würde sie sich gezwungen sehen, das Urteil zu sprechen, und das könne ja auch deutlich schlechter für mich ausfallen. Nach dem Motto: Wenn Sie das nicht unterschreiben, dann knallt's. So hab ich das auch empfunden und mich ohnmächtig gefühlt, auch im Nachhinein noch. Ich finde das eine kata-strophale Situation. Diese Drohung, dass es auf einen Vergleich hin-ausläuft, das war auch schon zuvor formuliert worden. Sie sagte, ohne einen Vergleich verlassen wir diesen Saal heute nicht.

Und erst im Nachhinein habe ich die Zusammenhänge begreifen dürfen, dass die Gerichte überlastet sind und dass ein Vergleich für die Richter immer der einfachste Weg ist, weil dann die Akten nicht zwin-gend gelesen werden müssen, sondern es wird nur einfach der Ver-gleichstext abgespeichert. Das ist jetzt Spekulation und nicht nach-weisbar, aber ich habe den dringenden Eindruck, dass diese Richterin die dicke Akte überhaupt nicht gelesen hatte, oder nur teilweise. Sie hat Fragen gestellt, was ich denn gemacht habe, und dass ich da be-rufstätig war, es war ihr alles nicht bekannt. Auch diese Manipulatio-nen bei den Steuererklärungen – ich weiß nicht, ob sie das durchschaut hat. Sie hat es zumindest nicht erkennen lassen.

So weit, so schlecht.

Ich bin sehr unzufrieden mit dem Vergleich und hab auch überlegt, ob man das widerrufen kann.

Dafür habe ich mich zu schlecht vorher informiert. Ich werfe mir auch selbst vor und auch ein bisschen dem Anwalt, dass mir nicht klar war – ich war noch nie in meinem Leben vor dem OLG – mir war nicht klar, dass das die letzte Instanz war. In meinem laienhaften Verständ-nis nahm ich an, wenn das nicht gerecht ausläuft, dass man ja noch die dritte Instanzebene hat. Das ist vielleicht mir vorzuwerfen, dass ich mich da nicht richtig informiert hab'. Ich saß da relativ benommen und auch fassungslos und hab da auch nichts unterschrieben. Wie sie dann den Vergleich vorgelesen hat, hätte ich wahrscheinlich nochmals ein Veto-Recht gehabt, aber ich war so verdattert und auch einge-schüchtert, hilflos. Mit einer relativ passiven Beteiligung meinerseits wurde abgeschlossen.

Am Tag danach habe ich meinen Rechtsanwalt angerufen und nach einer schlaflosen Nacht ihm noch mal mitgeteilt, dass ich absolut nicht zufrieden bin und dass ich darüber mit ihm nochmals sprechen möchte. Ich hab' ihn auch gefragt, warum er das nicht abgewehrt und warum er das zugelassen habe. Er sagte, wenn der Steuerbescheid ne-gative Gewinne ausweist, dann sei es eben auch sozusagen ein Ge-winn, diese höchste Tabellenstufe überhaupt zugesprochen zu bekommen. In meinen Augen ist das viel zu wenig kämpferisch. Und wenn dieser Steuerbescheid offensichtlich auf Betrug beruht, dann ist er anfechtbar in meinen Augen. Aber man muss sich eben die Mühe machen, das auch aufzudecken. Da ist von der Anwaltsseite als auch vom Gericht große Bereitschaft, fertig zu werden und alles wegzulegen. Das kritisiere ich auch sehr stark.

Wie gesagt, vor dem Prozesstermin hatte ich fälschlicherweise im Bewusstsein, dass man ja diese Anfechtungen eines möglicherweise ungerechten Urteils immer noch im möglichen drittinstanzlichen Verfahren aufnehmen könnte. Aber das ist mein Fehler, das werfe ich mir auch vor.

In meiner Wut und Verzweiflung und in diesem elenden Gefühl der Ohnmacht bin ich dann Mitte Februar mit meiner Tochter nach Basel gefahren. Die Umstände kann ich kurz schildern: Ich hab' mich herausgeputzt nach Schweizer Wohlstandsart mit Kaschmirmantel, Perlenkette außen drübergehängt, das würde ich zu Hause im Leben nicht machen. Meine Tochter hat dann nochmals ein riesengroßes Erdbeereis direkt vor der Tür der Bank am Aschenplatz bekommen, die war dann auch zufrieden und kalorisch gut gezuckert. Gleichzeitig habe ich ihr versprochen, wenn sie das gut mitmacht, dass wir nachher noch in den Basler Zoo gehen. Es war echt ein Schauspiel.

Ich hatte die Kontoauszüge noch aus der Zeit des gemeinsamen Zusammenlebens in weiser Voraussicht damals kopiert, so dass ich die Kontodaten hatte von vier Konten. Das Schauspiel war so inszeniert, dass meine Tochter kurz vor ihrem fünften Geburtstag mit einem Fünf-Franken-Schein in der Hand an meiner Hand in diese Bankfiliale eintrat und wir dann liebreizend gebeten haben, dass sie anlässlich des fünften Geburtstages fünf Franken Taschengeld auf unser Konto einzahlen darf. Die Hoffnung war, dass die Aktivität dieser Konten nachgewiesen werden konnte. Das hat auch teilweise geklappt. Ich hab' Einzahlungsbelege, dadurch ist die Aktivität der Konten dokumentiert, damit ist auch die Lüge vor Gericht dokumentiert. Man wollte zuerst die Einzahlung bereitwillig vornehmen, dann aber etwas betreten: »Oh, das Konto ist inaktiv.« Ich hab' geantwortet: »Ja, das verstehe ich gar nicht, das ist doch unser Konto.« Sie hat mich dann gefragt, ob das wirklich unser Konto sei, weil das doch auf den Namen T. liefe, ob ich denn einen Ausweis dabei habe. Ich hab' gesagt: »Ja, natürlich.« Dann habe ich den Kinderausweis meiner Tochter, die auch den Namen T. trägt, leider, hingelegt, und damit war sie dann zufrieden. Das fand ich auch ganz interessant, dass der Kinderausweis genügte. Sie hat dann weiter im Computer geforscht.

Ich hab' gefragt, wie das Konto inaktiv sein könne? Sie sagte mir: »Das Konto ist am 10. Februar 2013 geschlossen worden.« Da war ich ganz entgeistert, denn das damalige Datum war der 13. Februar. Sie sagte: »Ja, das war gerade vor drei Tagen.« Und dann kam es ihr wohl auch ein bisschen komisch vor.

Dann habe ich sie gebeten, ob sie mir auf dem Kontoauszug die Kontoschließung bestätigen könne. In dem Moment hat sie wohl auch gemerkt, dass hier vielleicht familiär nicht alles so rosig und zuckersüß ist. Sie ist dann etwas zusammengezuckt und sagte: »Ach herrje, ich hätte Ihnen das mit der Kontoschließung und so weiter gar nicht sagen dürfen.«

Ich fasse dann mal zusammen: Beim OLG gab's noch mal vehemente Aussagen, dass es keine aktiven Schweizer Konten gibt, die nicht offengelegt worden seien. Der Gerichtsprozess war Anfang Februar, und nur eine Woche später hat T. am 10. Februar dieses Konto schließen lassen – die Verhandlung hat ihn wohl veranlasst, das Konto besser schnell zu schließen. Ob es noch weitere Fonds oder Anlagewerte gab, das weiß ich natürlich nicht. Dass das erst danach stattfand, das war in meinem Bewusstsein, dass ich noch eine dritte Instanz hätte bemühen können. Ich hatte ja auch keine Ahnung, dass es auf einen Vergleich hinausläuft, das hat mich alles sehr überrumpelt.

Jetzt mal zur Zukunft, zur Gegenwart. Inzwischen habe ich versucht, mich anderweitig zu orientieren und mich nicht die ganze Zeit zu ärgern oder aufzuregen. Psychohygiene – sonst wird man ja nur krank. Meine große Sorge gilt eigentlich dem Verfahren Trennungsunterhalt beziehungsweise nacheheliches Unterhaltsbegehren, also diese Sache hängt ja auch immer noch auf der Ausgangsstufe. Man muss ganz klar sagen, das liegt daran, dass diese Steuerbescheide aus den entsprechenden Jahren noch gar nicht vorliegen, Ehegattenunterhalt ist ja auch abhängig von meinen Einnahmen, so dass dann beide Steuerbescheide vorliegen müssen.

Nach diesem OLG-Termin mit der aggressiven Richterin und dem Hinweis, dass die Ansprüche verwirkt sind, dann zieht's mir wirklich den Boden unter den Füßen weg. T. frohlockt natürlich. Ich fühle mich wirklich ohnmächtig, ich finde es extrem ungerecht. Ich würde jetzt diesen Vergleich widerrufen, aber ich weiß nicht, ob das aussichtslos ist. Und wenn, dann nur mit einer strafrechtlichen Auseinandersetzung, gleichzeitig ist ja noch so ein Paradoxon, wenn ich tatsächlich die Steuerfahndung einschalten würde und die Auslandskonten irgendwohin gelangen lassen würde, insbesondere das UPS-Konto, dann würde man mir ja noch niederträchtige Gesinnung unterstellen und dass ich den Unterhaltspflichtigen in eine schlechte Situation bringe. Da gibt es auch einschlägige Rechtsprechung, die den Frauen, die so was »Schlimmes« machen, auch noch die Hände bindet. Auch da, finde ich, ist zu hinterfragen, was wir für ein Rechtssystem pflegen.

Was mir noch durch den Kopf geht, ist auch die Gerechtigkeit generell von unserem geltenden Familienrecht, was auch die Altersversorgung und die Rente angeht, also insbesondere meine persönliche Situation. Die Ehe auf dem Papier, und nur das zählt ja, war ja nur von kurzer Dauer. Von Dezember 2007 bis August 2009, da war es völlig klar, dass auf sämtliche Vorsorgeausgleiche oder Rentensachen wegen kurzer Dauer verzichtet wurde. Das ist ja schön und gut, aber mein Punkt ist der, dass ich wegen der Schwangerschaft aus einer gut dotierten leitenden Position kam und auf Bitten und Initiative meines Mannes und natürlich auch freiwillig Mutter wurde und Hausfrau, kurz natürlich. Das ist nun Lebenserfahrung, nachdem die Klinik geschlossen wurde, ich habe ja nicht freiwillig gekündigt, vielleicht hätte ich, weil ich die private Kinderkrippe selbst aufgezogen hatte, in der Klinik auch etwas vereinbaren können. So sehr darüber geredet wird und es auch im Bewusstsein unserer Gesellschaft ist, die Realität sieht einfach anders aus.

Ein Kind, das bei einer alleinerziehenden Mutter aufwächst, ich finde, dass diese Kinder am allerwenigsten um 7 Uhr in einer Kita abgegeben und um 18 Uhr wieder abgeholt werden sollten. Ganz unabhängig von der Frage, ob die Krippenplätze nun realisiert sind oder nicht, ich finde das entwicklungspsychologisch eine Katastrophe. Kinder in dem Alter gehen dann irgendwann schlafen, am besten wachsen sie komplett fremdbetreut auf.

Das wird nun eine ideologische Fragestellung, die ich hier nicht so vertiefen möchte, aber in meinem Leben ist es Fakt und auch belegt, dass die Stellenangebote, die ich jetzt von Headhuntern kriege, zum Beispiel in Köln eine leitende Position, wie soll ich das realisieren, allein, mit meiner Tochter?

Oder auch hier in der Gegend, ich habe durchaus Stellenangebote ohne das Angebot einer Kinderkrippe mit Reisetätigkeit. Das heißt, ich muss Vorträge halten, ich muss forschen, vor allem auch Nachtdienste machen. Wie soll ich das alles bewerkstelligen? Ich denke, dass man da ruhig ein bisschen klagen darf. Mit einer Teilzeittätigkeit kann ich nur einen Bruchteil meines früheren Gehalts erwirtschaften. Ich möchte in dem Bewusstsein leben, auch meinem Kind gerecht zu werden, das ist für mich ein wichtiger Leitgedanke. Ich muss mich nicht selbst verwirklichen bzw. es ist eine Realität, dass ich im Moment zum Beispiel 2 000 Euro erarbeite, wo ich schon weiß, dass ich als Radiologin privilegiert bin, dass ich mit einer gewissen Leichtigkeit 2 000 Euro verdienen kann. Es ist ein Fünftel von dem, was ich als Gehaltsniveau vor der Ehe hatte. Wie gesagt, der T. zeugt das nächste Kind, verlässt die Frau wieder, verdient sich dumm und dämlich, schafft das Geld zur Seite, hinterzieht die Steuern, zahlt keinen Unterhalt und ich soll dann noch für den Vergleich dankbar sein. Ich finde das einfach haarsträubend und frag mich dann auch, wie das so ist in 20 Jahren mit der Rente.

Dazu kommt noch ein letzter kritischer Gedanke zu dem Vergleich vor dem OLG: Wenn man das meinem Ex-Mann T. einfach so durchgehen lässt, dass die Steuerbescheide einen negativen Gewinn ausweisen, dann habe ich mir eingekauft mit 7 000 Euro Verzicht auf die Nachzahlung von Kindesunterhalt die Anwaltsrechnung von 5 000 Euro.

Ein kritischer Gedanke zu dem Gewinn durch den Vergleich: Von den 12 000 Euro Unterhalt, die nachgezahlt werden sollten laut erstinstanzlichem Urteil, wurden durch den Vergleich 7 000 Euro mir abgenommen, das heißt, es wurden nur 5 000 Euro nachbezahlt. Die gingen dann komplett an die Rechnung für den Anwalt, weil es ja ein Vergleich war. Das heißt, 12 000 Euro sind komplett weg in der Bilanz. Und was ich dadurch teuer eingekauft hab', der Hinweis darauf, dass T. jetzt Tabellenstufe 10 zahlt. Meine persönliche Befürchtung ist ohnehin die, dass ich jetzt 7 000 Euro quasi verloren hab' dafür, dass ich die Tabellenstufe 10 bekomme. Wenn er aber jetzt schon einen negativen Gewinn vorlegt und das noch ein oder zwei Jahre so macht …

Dann muss ich mir gleich was Schönes gönnen, ein Stück Kuchen und eine Tasse Kaffee. Ich hoffe, Sie haben das Zuhören irgendwie gut hinter sich gebracht. Bitte verzeihen Sie mir auch etwas unkorrekte grammatikalische sprachliche Aussetzer. Ich hab' das jetzt einfach so frei aus der Erinnerung heraus erzählt, wie Sie es mir ja angeraten hatten, Herr Dr. Blüm. Hoffentlich noch einen schönen Tag in X und – wie gesagt – nochmals vielen Dank fürs Zuhören und Ernstnehmen. Und vielen Dank, dass Sie die Kraft, die Power und die Energie haben, daraus wirklich was zu machen im Sinne von dass alles irgendwo doch noch einen Sinn haben könnte. Der Gedanke gefällt mir sehr gut und gibt mir etwas Mut. Falls noch irgendetwas fehlt, können Sie sich jederzeit gern an mich wenden, die Kontaktdaten haben Sie ja.

Schöne Grüße aus dem Garten in der Sonne und einen schönen Frühling – Tschüß!«

Inzwischen hat C. M. den Wohnsitz gewechselt, um bei weiteren Klagen nicht mehr im versifften Biotop X den dortigen Jagdgewohnheiten unterworfen zu sein.

Jagdszene 2

Aus dem Sumpf der Rechtspflege: »Mit Kleinigkeiten die zwei anderen nicht ärgern …«
Ich führte dieses Interview vor zwei Jahren. Die Namen der an dem Verfahren beteiligten Personen sind geändert.

Norbert Blüm: Nach 17 Jahren Ehe löste sich Ihr Mann sang- und klanglos von Ihnen und Ihren zwei Kindern. Wie vollzog sich die Trennung?
Doris: Wir kamen erholt vom Urlaub zurück. Er füllte mir noch Benzin ins Auto und sagte nebenbei und knapp: »Du, ich komm' nicht mehr nach Hause.« »Wann kommst du dann?«, fragte ich. »Ich komm' gar nicht mehr nach Hause«, sagte er. Das war die Erklärung, dass er mich verlässt. Wir wollten zum Training, abends, November, dunkel. »A propos – wenn ihr zum Training wollt, ich habe die Nummernschilder abgeschraubt«, sagte er mir am Telefon. Er gab das Auto dann an den Händler zurück und steckte das Geld ein. Gekauft war das Auto zu Lasten unseres gemeinsamen Kontos. Jetzt hatten wir über 6 000 Euro

Miese, und ich als Hartz-IV-Empfängerin wurde gezwungen, irgendwann das Geld zurückzuzahlen. Ich habe meine Lebensversicherung aufgelöst. Ich besaß kein Auto mehr, aber bezahlte das Auto ab.

Ich suchte Hilfe bei einer Anwältin. Sie hat mir kurz zugehört und gefragt, wo ich arbeite. Ich sagte, ich bin arbeitslos, und danach sagte sie: »Wenn Sie Arbeit haben, kommen Sie wieder.« Ich suchte einen neuen Anwalt. Da ich Prozesskostenhilfe bekam, schickte man mich zur Anwaltskammer, um einen Anwalt zu suchen.

NB: Haben Sie den Anwalt ausgesucht oder haben Sie ihn zugewiesen bekommen?
Doris: Ausgesucht, aber nach einem Zettel. Ich habe danach ausgewählt, wer ist nah. Ich hab' ja kein Auto und es war November. Wo kann ich mit dem Fahrrad hinkommen bei Schnee? Danach habe ich den Anwalt ausgesucht. Niemand hat mich beraten.

NB: Wer hat Ihnen die Liste vorgelegt?
Doris: Die Anwaltskammer, da war ich. Die Frau von der Prozesskostenhilfestelle hat gesagt, gehen Sie dahin, Sie kriegen dort eine Liste, und da war ich.

NB: Die Prozesskostenhilfe war beim Amtsgericht?
Doris: Die war beim Amtsgericht, genau.

NB: Und dort hat man Ihnen gesagt, gehen Sie zur Anwaltskammer, da kriegen Sie eine Liste. Und die Kammer hat nicht mit Ihnen geredet, sondern Ihnen nur eine Liste gegeben?
Doris: Nee, erklärt hat mir niemand etwas.

NB: Nur eine Liste ohne Erklärung?
Doris: Genau.

NB: Da haben Sie sich den Anwalt ausgesucht, der in der Nähe ist?
Doris: Ja, ja. Es muss ein Anwalt sein, den ich mit dem Fahrrad erreichen kann. Sie müssen sich vorstellen, mit zwei Kindern auf Hartz IV. Zwei Euro für eine Fahrt mit der Straßenbahn, das ist für mich zu viel, da muss ich mit dem Fahrrad hinkommen.

NB: Was bekommen Sie als Hartz-IV-Empfängerin?
Doris: 780 Euro, Henry ist im Ausland, also auch kein Kindergeld, ich war nicht berechtigt. Aber der Henry hat damals noch Kindesunterhalt bezahlt, und da kam ich auch auf 1 400 bis 1 500 Euro.

NB: Das war der Unterhalt für die Kinder?
Doris: Für die Kinder, ja, ja, da kam ich auf 1 400 bis 1 500 Euro, davon konnte man auch leben.

NB: Sie haben ja keinen Unterhalt bekommen.
Doris: Nee.

NB: Sie hatten Hartz IV und Kindesunterhalt?
Doris: Genau.

NB: Und jetzt haben Sie statt Hartz IV Ihr Gehalt von einem Uni-Job, ungefähr so hoch wie Hartz IV.
Doris: 20 Euro mehr.

NB: Jetzt haben Sie einen Beruf, der 20 Euro mehr Einkommen bringt als Hartz IV.
Doris: Aber meine Arbeit macht Spaß. Ich bin dort jemand, ich geh gerne hin.

NB: Sie könnten ja auch sagen, ich nehme Hartz IV, dann habe ich genauso viel Geld und brauche nicht zu arbeiten.
Doris: Anderen auf der Tasche liegen und selbst nichts tun ist nichts für mich. Dann hätte ich wahrscheinlich schon Selbstmord begangen.

NB: Ich will das festhalten. Sie könnten ja, wenn's um das Geld geht, mit Hartz IV ungefähr genauso leben, aber Sie sagen, nein, ich will mein Geld selber verdienen.
Doris: Ja, wegen des Selbstwertgefühls.

NB: Zurück zur Anwältin.
Doris: In der Zeit, wo sie mich vertreten hat – sie hat nicht mal erwähnt, dass es Trennungsunterhalt gibt, es hätte mir zugestanden. Ich

habe nachgelesen, es soll so sein, dass in dem Lebensniveau der Parteien keine Lücken auftreten sollen. Deshalb muss auch der berufstätige Ehegatte dem anderen etwas zahlen. Das hat sie mir gegenüber nicht erwähnt. Dann habe ich ihr gesagt: »Wie steht es mit dem Ehegattenunterhalt?« Darauf hat sie geantwortet: »Ach, wissen Sie, wir sollten mit den Kleinigkeiten die zwei anderen nicht ärgern.«

NB: Welche zwei?
Doris: Den Anwalt und meinen Ex. Die beiden sollen wir nicht provozieren. Ehegattenunterhalt kam also gar nicht in Frage bei uns. Ich weiß nicht, ob das mangelnde Kenntnisse waren. Auf jeden Fall wollte sie Ehegattenunterhalt und Ähnliches nicht aufnehmen. Das bringe sowieso nur wenig, sagte sie.

NB: Die Hauptbegründung war, die zwei Männer dürfen nicht provoziert werden. Und wie hieß die Rechtsanwältin?
Doris: (Nennt den Namen. Sie ist eine angesehene Anwältin.) Und dann kam die Gerichtsverhandlung. Wir wurden geschieden ohne Rentenausgleich, ohne die finanziellen Verhältnisse zu klären. Und dann war ich natürlich enttäuscht und hab' geweint vor dieser Anwältin und gesagt: »Ja, das ist nicht gerecht. Wieso wird gleich geschieden?« Dann hatte sie Mitleid und hat gesagt, »Frau Doris, das Leben ist halt ungerecht.« Und dann war es beendet. Ich wollte keine Beschwerde einlegen, ich konnte nicht mehr, ich war fix und fertig, ich konnte den Mann und das Gericht nicht mehr sehen. Sie hat trotzdem eine Beschwerde wegen unterlassenem Versorgungsausgleich gemacht. Ein Jahr später kam die Antwort vom Oberlandesgericht. Unserer Beschwerde wurde stattgegeben.

Doris zeigt NB das Urteil. Der entscheidende Satz des Beschlusses des Oberlandesgerichts lautet: *»Die zulässige Beschwerde der Antragsgegnerin ist begründet. Sie führt zur Aufhebung des Beschlusses und zur Zurückweisung der Sache zur erneuten Behandlung und Entscheidung.«* Darauf folgt eine mehrseitige Liste *»wesentlicher Mängel des Verfahrens des Familiengerichts«.*

NB: Wenn man das liest, bekommt man Mitleid mit den zurechtgewiesenen Familienrichtern. Sie scheinen alles gelernt zu haben, nur nicht Recht. An deren Stelle würde ich umschulen.

Weiter aus dem Urteil: »*Vorliegend hat der Antragsteller neben den ausländischen Anrechten jedoch auch ein inländisches Anrecht in der gesetzlichen Rentenversicherung erworben. Verfügt ein Ehegatte, der nicht ausgleichsreife ausländische Anrechte erworben hat – wie hier der Antragsteller –, zugleich über ausgleichsreife Anrechte im Inland, entspricht es dem Interesse des anderen Ehegatten, jedenfalls diese Anrechte zu teilen (Johannsen/Henrich/Holzwarth, a. a. O., Paragraph 19 VersAusglG Rz. 20; Borth, a. a. O., Rz. 654; NK-BGB/Götsche, a. a. O., Paragraph 19 VersAusglG Rz. 31, 41).*

Die von dem Ausgleich gem. Paragraph 19 Abs. 3 VersAusglG ausgenommenen Anrechte, die gemäß Paragraph 19 Abs. 4 VersAusglG dem Ausgleich nach der Scheidung gemäß Paragraph 20 – 26 ff. VersAusglG unterliegen, müssen in der erneuten Entscheidung des Familiengerichtes gemäß Paragraph 224 Abs. 4 FamFG benannt werden.

Im Hinblick darauf, dass für eine Entscheidung des Senats aufwändige Ermittlungen hinsichtlich der Klärung des Versicherungskontos der Antragsgegnerin sowie der Höhe der ausländischen Anwartschaften des Antragstellers – möglicherweise sogar durch Sachverständigengutachten – notwendig wären und die Antragsgegnerin die Zurückweisung beantragt hat, wird der angefochtene Beschluss aufgehoben und die Sache zur erneuten Behandlung und Entscheidung – auch über die Kosten des Beschwerdeverfahrens – an das Familiengericht X zurückverwiesen.

III.

Die Niederschlagung der Gerichtskosten der Beschwerdeinstanz beruht auf Paragraph 20 FamGKG. Die Festsetzung des Beschwerdewertes folgt aus Paragraph 40 Abs. 1 Satz 1 und Abs. 2, 50 Abs. 1 Satz 1 FamGKG. Unterschrift«

NB: Der Beschluss des Oberlandesgerichts ist ein Sieg des Rechtsstaates. Es gibt doch noch Richter, vor denen man den Hut ziehen muss. Das war eine schallende Ohrfeige für das vorhergehende Familiengericht, das offenbar zu faul war, seine Aufgaben zu machen. Aber offen gefragt: Haben Sie eigentlich verstanden, was im Juristenkauderwelsch im Urteil steht?
Doris: Ich habe verstanden, dass ich recht habe, mehr nicht, und diese Erfahrung war gut. Man fühlt sich oft alleingelassen und be-

kommt Angst. Ich muss ja auch meine Kinder schützen. Ich mache mir Sorgen, wenn Henry die Kinder mitnimmt. Ich habe Angst, dass er kokst.

NB: Wer? Ihr Sohn?
Doris: Nein, nicht der Alex, der Henry, mein Ex-Mann. Er hat mir mal was angeboten, und ich hab' gesagt, ich mag so was nicht, und dann war ich halt die Ängstliche, die nichts probieren will und alles ablehnt. Und dann hab ich das Jugendamt angerufen, dass er, wenn er mal so was nimmt, dass er wahnsinnig schlecht fährt, und ich mach mir Sorgen wegen der Kinder. Sie haben gesagt, sie können nur dann etwas machen, wenn etwas passiert, also sie können sich gar nicht einschalten.

Dann kommt die finanzielle Geschichte. Er hat drei Monate keinen Unterhalt bezahlt, weil er sich arbeitslos gemeldet hat. Es gibt diesen Unterhaltsvorschuss, die Mütter kriegen 180 Euro. Wenn der Vater keinen Unterhalt zahlt, zahlen kann, dann bekommen die Kinder bis zwölf Jahre 180 Euro pro Monat. Ist das richtig, dass die Kinder, die älter sind, die eigentlich mehr Geld bräuchten, gar nichts kriegen vom Staat? Die Mutter soll wieder mehr arbeiten, sagen sie.

NB: Die Mutter soll mehr arbeiten, damit der Vater arbeitslos bleiben kann?
Doris: Auf meine Frage, warum der Vater nicht dazu gezwungen werden kann, Arbeit zu suchen: »Ja, wir kontrollieren schon, aber wir sind auch nicht allmächtig.« Er muss seine Bewerbungen auf dem Amt abgeben, das ist alles, was der Vater machen muss. Dann kam bei mir noch dazu – Extra-Ausgaben für die Schule – also Landschulheim und Ausflüge, die die Klasse macht, musste der Vater zur Hälfte mittragen. Jetzt bekam ich einen Bescheid vom Jugendamt, jetzt ist es nicht mehr so. Der Vater kann sich daran freiwillig beteiligen, zahlen muss er nicht. Sie empfehlen mir, schon Monate voraus anzufangen zu sparen. Schriftlich heißt es »bei Klassenfahrten handelt es sich um sog. vorhersehbare einmalige Ausgaben, die nicht als Mehr- oder Sonderbedarf gelten.« Bei Alex bedeutet das 140 Euro Schulheim für drei Tage. Weil ich weiß, dass es im Oktober stattfindet, will ich anfangen zu sparen. Mein Gehalt sind 800 Euro netto, das ist ok. Die Katja fährt nach Eng-

land und nach Russland nächstes Jahr, da kann ich auch jetzt schon sparen.

NB: Was kostet die Russlandreise?
Doris: Das weiß ich noch nicht. Aber sie muss mitfahren. Sie ist in der bilingualen Klasse, darauf bin ich stolz, sie ist eine gute Schülerin. Ich will nicht, dass sie wegen der Scheidung weniger Chancen hat.

NB: Sie verdienen 800 Euro. Wo?
Doris: An der Uni, ich selbst habe zwei Uni-Abschlüsse und bin trotzdem in E 5 eingestuft.

NB: Welche Abschlüsse haben Sie?
Doris: Ich bin Diplom-Volkswirtin und Master in europäischem Wirtschaftsrecht.

NB: Und Sie arbeiten jetzt an der Uni als was?
Doris: Als Prüfungsamt-Mitarbeiterin. Ich schätze meine Arbeit sehr, ich will nicht wechseln.

NB: Was machen Sie da?
Doris: Ich bin im Prüfungsamt für Pharmazeuten zuständig für Prüfungsorganisation, Bescheide rausgeben, Noten eintragen, Sprechstunden für die Studenten, alle, die ein Wehwehchen haben, praktisch eine Zwischenstufe zwischen Professoren und Studenten.

NB: Ist das ein Vollzeitjob?
Doris: Nein, das ist Halbzeit, und ich krieg' oft eine 75-Prozent-Stellen-Arbeit, weil mein Chef weiß, dass ich finanziell nicht so gut stehe, und er deshalb immer ein bisschen was drauftut auf meine 50 Prozent. Ich hatte sechs Monate nochmals eine 50-Prozent-Stelle, so dass ich dann 100 Prozent arbeiten durfte. Dafür bekam ich 1 420 Euro netto, jetzt habe ich zusätzlich zur Halbzeit-Arbeit noch eine 25-Prozent-Stelle. Der Professor versucht, mir zu helfen, aber er kann nicht ständig meine 50-Prozent-Stelle aufstocken, das geht gegen die Vorschriften.

NB: Vielleicht erzählen Sie nochmals von Ihrem damaligen Ehemann, wann und wie Sie ihn kennengelernt haben.
Doris: Ja, ich stamme aus Ungarn. Ich habe vor der Wende 1989 bei der Sparkasse ein Praktikum gemacht, da haben wir uns kennengelernt. Dann war ich noch mal hier 1990, auch als Praktikantin, und dann habe ich meinen Master gemacht in Spanien. Wir waren drei Jahre zusammen, 1992 haben wir geheiratet. Er hat damals an der PH studiert, er wollte Lehrer werden, hat allerdings die Abschlussprüfung nicht gemacht oder nicht geschafft. Er wollte auch nicht mehr. Wir waren 17 Jahre verheiratet. Nach Alex' Geburt oder so fing er an, in der Schweiz zu arbeiten, und damit fingen die Probleme an.

NB: Als was arbeitete er in der Schweiz?
Doris: Er war Werbekaufmann, er hatte inzwischen eine Ausbildung gemacht. Er war bei Burger King, also in der Gastronomie hat er gearbeitet. Und da fing es an, dass ich nicht mehr durchgeschaut habe, was er macht. Ich erreichte ihn tagelang nicht. Er sagte aber, er arbeite Tag und Nacht, er hatte auch viele südländische Mitarbeiter. Ich fragte: »Wie kannst du denn zwei oder drei Nächte hintereinander arbeiten, ohne zu schlafen?« »Ich hab' was gefunden, was besser ist als 60 Espresso.« Irgendwie begriff ich diese Welt nicht. Wir entfernten uns innerlich, aber ich dachte, das wird noch. Also 17 Jahre sind doch eine stolze Zahl, oder?

NB: Erzählen Sie doch mal von Ihrer jetzigen Lage. Er erzählt Ihnen, er würde nichts verdienen. Er ist doch jetzt beruflich Musiker?
Doris: Hauptsächlich aber arbeitslos. Er gibt nicht zu, dass er als Musiker viel Geld verdient. Ich hab geguckt, wann sie Konzerte haben, sie hatten in vier Monaten elf, zwölf, dreizehn Konzerte, aber nicht hier in der Gegend, überall, sogar in Moskau.

NB: Ist das eine berühmte Band, in der er spielt?
Doris: Ich bin nicht in der Szene. Heavy Metal, und sie heißen (Name bekannt).

NB: Und sie spielen in der Schweiz und in der ganzen Welt?
Doris: Wirklich, ja, die waren in Griechenland, hatten in Brasilien Auftritte und in Moskau.

NB: Und davon lebt er? Hat er keinen Beruf mehr? Er sagt, er würde nichts verdienen?

Doris: Doch, er bekommt Arbeitslosengeld. Neuerdings zahlt er wieder, aber nur als Geringverdiener. Er tankwartet auf einer 30-Prozent-Stelle in der Schweiz.

NB: Zahlen tut er entsprechend der 30-Prozent-Stelle?

Doris: Nach seinen Verhältnissen, also, was er hat. Diese 30-Prozent-Stelle ist wie ein Ein-Euro-Job, sagt meine Schwiegermutter, die muss es wissen.

NB: Und von dem Geld, das er als Musiker verdient?

Doris: Das gibt's nicht. Die kriegen dort nichts, sagt er.

NB: Die spielen umsonst?

Doris: Ja, ja.

NB: Er ist doch mit den Kindern in einen teuren Urlaub gefahren?

Doris: Er war letztes Jahr mit den Kindern in Urlaub.

NB: Und zwar in einem sehr anspruchsvollen …

Doris: Fünf-Sterne-Hotel, all inclusive, zwei Wochen.

NB: Und das hat er bezahlt?

Doris: Ja, vom Lohn der Tankstelle, sagte er. Da hat er noch an der Tankstelle gearbeitet, und als er zurück war, wurde ihm einen Monat später gekündigt, weil die Chefin angeblich eifersüchtig war. Ich weiß es nicht. Drei Monate hat er gar nichts gezahlt, weil er angeblich arbeitslos war. Und jetzt kriegt er Arbeitslosengeld und Minijob-Lohn, und danach zahlt er.

NB: Was muss er zahlen jetzt?

Doris: Ich hab' halt hier den Titel: Er müsste 350 für Alex und 400 für die Katja zahlen nach der Düsseldorfer Tabelle.

NB: Und für Sie?

Doris: Nichts, nicht mal Ehegattenunterhalt, von dem meine Anwältin gesagt hat, wir sollen die »zwei« nicht ärgern, und wir ärgern sie halt nicht, ich will nicht.

NB: Dagegen haben Sie also noch nicht mal geklagt?
Doris: Nee, ich habe keine Kraft. Ich mach' gar nichts mehr, ich will kein Geld, ich will meine Ruhe haben.

NB: Aber Sie müssen doch mit den Kindern leben?
Doris: Ja, wir leben. Wir waren jetzt sogar im Urlaub auf einem Campingplatz, es war prima. Wir haben eine kleine Sozialwohnung, ich zahle 480 Euro Miete. Also das ist schon sehr günstig.

NB: Und wenn Sie nur 800 Euro verdienen …
Doris: Ja, aber dann kommt noch Kindergeld, über 300 Euro, und der Henry ist uns eben noch über 1 900 Euro schuldig.

NB: Sind die Kinder gern mit dem Vater in Urlaub gefahren?
Doris: Die Katja hatte ja monate-, jahrelang keinen Kontakt mit ihm, dann ist sie aber doch mit, ich glaub', es hat ihnen schon einigermaßen gefallen. Er war früher eher ein Kumpel für sie, ein sehr gut aussehender Mensch, jetzt allerdings ist es ihnen peinlich, wie er aussieht. Cool aussehen und den jungen Mädels gefallen ist sein Leben. Das mögen die Kinder nicht so.

NB: Wo war denn das Luxushotel, in dem die Kinder mit ihrem Vater waren?
Doris: Das war in der Türkei.

NB: Wo ist denn Ihr Mann jetzt?
Doris: Ich weiß wirklich nichts von ihm. Meine Schwiegereltern wissen es, also er wohnt angeblich in der Schweiz.

NB: Aber den Fünf-Sterne-Aufenthalt kann er doch nicht vom Tankstellenlohn bezahlen. Das kostet doch viel Geld.
Doris: Er hat ja Geld. Ich kann's jedenfalls nicht bezahlen.

NB: Er bekommt wahrscheinlich viel Geld beim Musikmachen.
Doris: Natürlich kriegt er viel. Sie können sich vorstellen, wie er mit

den Kindern in der Türkei war, hat er ihnen erzählt, wie sie mit Riesenlimousinen abgeholt wurden, als seine Band in Moskau war.

NB: In Moskau war er auch?
Doris: Mit der Band. In der Türkei hat er den Kindern erzählt, wie toll das im Fünf-Sterne-Hotel war. Fürs Gericht ist er arbeitslos mit geringem Zusatzverdienst. Für die Kinder ist er Gast in Luxushotels.

NB: Sie wollen jetzt gar nichts mehr fordern? Um ihren Unterhalt kämpfen Sie jetzt nicht mehr?
Doris: Ich habe keine Kraft. Wissen Sie, seitdem die Scheidung abgelaufen ist, gerade vor einem Jahr, bin ich erschöpft und brauche die Kraft für meine beiden Kinder.

NB: Warum hat Sie die Scheidung so getroffen?
Doris: Ich war nicht darauf vorbereitet, dass in der Verhandlung die Scheidung ausgesprochen würde. Ich wusste gar nichts, ich war noch nie beim Gericht.

NB: Das war die erste Verhandlung?
Doris: Ja, genau, da wird was erzählt, und dann reden Sie noch mal und noch mal, und dann ist alles vorbei, und du stehst mit leeren Händen da. Eine solche Niederlage möchte ich nicht mehr erleben.

NB: Plötzlich sagt die Richterin: »Ich spreche die Scheidung aus«.
Doris: Ja.

NB: Und es war kein Unterhalt geregelt.
Doris: Der Rentenausgleich war nicht geregelt. Ich war sieben Jahre zu Hause mit den Kindern, weil er gesagt hat, ich soll nicht arbeiten, die Mutter gehört zu den Kindern.

NB: Beim Rentenausgleich war nichts geregelt?
Doris: Da war nichts geregelt. Deshalb haben wir die Beschwerde geschrieben.

NB: Und warum haben Sie alle Kraft verloren? Wenn jetzt ein Rechtsanwalt käme, der Sie vertreten würde mit Kraft, würden Sie dann den Kampf aufnehmen, was würden Sie einklagen?

Doris: Meinen Unterhalt. Aber ich bin nicht so ein Kämpfertyp. Ich will Ruhe, und ich weiß, meine Anwältin hat gesagt, es sind wirklich nur ein paar Euro, und das lohnt sich nicht. Ich will diesen Mann nicht sehen. Ich glaub', ich habe mich immer noch nicht gelöst von ihm. Ich will nicht mal seinen Namen hören, dann geht es mir schlecht. Und dann werde ich wieder so klein wie in diesem Prozess. Jetzt habe ich irgendwie Selbstbewusstsein, jetzt geht unser Leben wieder. Ich habe Freunde, die Kinder haben Freunde, ich kann lachen und ihnen ins Gesicht sehen.

NB: Warum fürchten Sie sich vor den Gerichten?

Doris: Weil ich dort missachtet wurde. Nicht einmal mein Name wurde richtig ausgesprochen, auch in den Briefen wurde permanent von dem Gegenanwalt nur die eine Hälfte genannt, das ist schon eine Respektlosigkeit. Auf jedem Schriftstück von ihm war nur die eine Hälfte meines Doppelnamens, und die Richterin hat nichts gesagt.

NB: Der gegnerische Rechtsanwalt hat immer die Hälfte Ihres Namens geschrieben?

Doris: Genau. Ich hasse es, wenn ich nur mit dem Namen genannt werde, den ich nicht leiden kann. Das kann ja nicht sein, dass er nicht lesen kann.

NB: Wie heißt der Anwalt?

Doris: (Name bekannt)

NB: Er schreibt die Hälfte Ihres Namens?

Doris: Genau.

NB: Auch vor Gericht?

Doris: Ja, ja!

NB: Und der Anwalt kannte Ihren Namen genau, und er wusste von Ihrem Mann …

Doris: Natürlich, er kannte ihn von meinem Mann und von den Schriftstücken meiner Anwältin. Da war immer der ganze Name drauf. Ich
heiß halt nicht so, wie er schreibt.

NB: Und die Richterin, war die frech zu Ihnen?
Doris: Nee, also, die war sehr sachlich, sehr regungslos, hat ihre Pa-
piere angeguckt, sonst gar nichts. Also frech kann ich nicht sagen. Die
Männer, also der Anwalt und alle die anderen, die waren schon über-
heblich, aber ich kann jetzt nicht sagen, die waren frech, aber doch
sehr von oben herab.

*NB: Aber wenn sie Ihren Namen falsch schreiben und aussprechen, ist das
ja kein Versehen.*
Doris: Genau, jahrelang, in jedem Schriftstück.

NB: Doris, ich danke Ihnen für das Gespräch.
Nachtrag: Das Schmierenstück der Rechtspflege ging mit der bekannten
Besetzung weiter. Henry hat seinen Beruf verlassen und sich selbständig
gemacht, was ihm kein gesichertes Einkommen verschafft. Der Gitar-
renverkauf, mit dem er sein Geld verdienen will, ist ein windiges Geschäft. Deshalb hat er den Unterhalt für die zwei Kinder von je 350 Euro
auf je 50 Euro eigenmächtig gekürzt. Damit soll Doris jetzt zurechtkommen. Das Jugendamt, das den Kindern Beistand geben soll, schreibt an
Henry zwei Briefe, die unbeantwortet bleiben. Daraufhin nimmt es
Henry vor Doris in Schutz: »Der arme Mann hat halt kein Geld.«

Das Jugendamt hat für Doris den trostreichen Rat, sie könne ja
abends – nach ihrer Berufstätigkeit – an der Uni eine Putzstelle annehmen, um den Lebensunterhalt der Restfamilie zu sichern! Warum kann
der Gitarrenspieler nicht putzen oder bügeln gehen, um seinen Unterhaltspflichten nachzukommen?

Das zuständige Jugendamt rät Doris, deshalb keinen Prozess anzu-
strengen, da sie im Falle einer Niederlage die Prozesskosten tragen
müsse. Das ist erstens verquer und zweitens sachlich falsch, weil ein
Anspruch auf Prozesskostenhilfe besteht.

Dann wird es noch verrückter: Henry will nun von seiner Unter-
haltspflicht in Höhe von 350 Euro für jedes der beiden Kinder herunter. Er klagt gegen seine »titulierte« eigene Zusage. So lange kann bei

ihm nicht gepfändet werden. Der Rechtsanwalt meldet sich krank, also kann die Verhandlung nicht stattfinden. »Kann man nichts machen«, bedauert das Jugendamt.

Doris aber bleibt alleingelassen. Der Rechtsstaat lässt sie im Stich.

Als sie verzweifelt versucht, den Vater zu erreichen, um für den Sohn um die Einwilligung zu einer dringend erforderlichen Psychotherapie zu bitten, lässt Henry sie auflaufen. Auch die Schwiegereltern lehnen es ab, ihrem Sohn die Bitte vorzutragen und das Formular zur Unterschrift weiterzugeben. Über Umwege erhält sie von Henry stattdessen die Nachricht: »Wenn der Junge psychisch krank ist, dann ist die Mutter daran schuld.« Dies teilt der unterhaltsflüchtige Vater auch dem Kind mit, das auf Hilfe wartet. Jetzt klagt Doris auf Entzug des Sorgerechts des Vaters …

Jagdszene 3

Aus dem Dickicht der Rechtspflege: »Schwupp – und alles war vorbei«

Ein Interview. Die Namen der beteiligten Personen und Orte sind geändert.

Mein Besuch an einem Samstagmorgen geschah ohne große Ankündigung. Von dem Schicksal der Frau Anna (so nennen wir sie, um auch ihre Anonymität zu schützen) habe ich durch Zufall erfahren. Ich traf Frau Anna in ihrer kleinen, adrett sauberen Wohnung vor, als sie mit ihrer Untermieterin eine Tasse Kaffee trank. Sie hatte der Studentin ein Zimmer abgetreten, um ihre eigenen Mietkosten zu senken. Dass Frau Anna nicht in Saus und Braus lebte, war spür- und sichtbar. Sie erzählte mir viel von ihrem Leben »davor« und »danach«. Die Wetterscheide ihres Lebens war die Trennung von ihrem Ehemann. Von ihm verlassen zu werden war zwar eine Niederlage. Dass die Kinder ihr entzogen wurden, das war der Tiefschlag ihres Lebens, von dem sich Anna nur schwer wieder aufrichtete. Ich bat sie, mir die Geschichte vom Ende ihrer Ehe zu erzählen.

Anna: Wir bauten ein Haus um, während der Bauerei natürlich Stress und so weiter. Ich habe dann vieles auf die Bauerei geschoben, und irgendwann ging es dann halt gar nicht mehr. Ich bin ausgezogen, zwei Häuser weiter, und dann ging das Drama erst richtig los. Im September 2009 habe ich mich an eine Anwältin gewandt, um einfach vorab mal Infos zu bekommen. Es war mir plötzlich klar, dass wir auch über Paartherapie nicht mehr zusammenkommen. Nach dem ersten Anwaltsbrief setzten die ersten Ausraster ein.

NB: Bei ihm? Was heißt Ausraster?
Anna: Bei ihm, und zwar in einer massiven Art und Weise mit Beschimpfungen und Beleidigungen, das war Herbst 2009. Bei den Kindern ist er in schlimmster Weise über mich hergezogen. Er hat die ganzen Anwaltssachen mit ihnen besprochen und sie total mit reingezogen.

NB: Wie alt sind die Kinder?
Anna: Mittlerweise ist der Große zwölf, der Kleine ist neun.
Irgendwann wurde es Ernst mit der Scheidung, und es ging dann darum, dass mein Mann die Daten offenlegen sollte. Der normale Ablauf, damit wir mal zur Klärung der Ausgangsverhältnisse kommen. Anfangs hat er Unterhalt gezahlt, aber nie das, was er hätte zahlen sollen.

NB: Was hat er denn gezahlt?
Anna: Er hat im Anfang 1 400 Euro rum gezahlt, irgendwann hatten wir mal eine Einigung gehabt, wo er 2 400 Euro zu zahlen hatte. Das ging aber nur eine gewisse Zeit lang, er hätte deutlich mehr zahlen müssen. Er verdient nicht schlecht. Das Dumme ist, wir sind erst seit fünf Jahren verheiratet, aber sechzehn Jahre zusammen. Wie auch immer, es zählen nur die fünf Jahre. Unsere Heirat war erst am Ende der Bauzeit.

Er ist vom Naturell her ein charismatischer Mann. Plötzlich war er wie verwandelt und brüllte: »Ich werde dich fertigmachen, und dich kriege ich klein! Jedes Ding, das ich mir vorgenommen habe, das schaffe ich.« Mit solchen Sprüchen versucht er, mich zu zermürben. Und er schaffte es auch fast.

Dann kam ein schlimmer Vorfall, fast eine Katastrophe! Und das war so: Er hat ganz viele andere Frauen gehabt und war dann auch mit einer Geliebten zusammen. Er hat mir gesagt: »Ich war schon lange, bevor du daran gedacht hast, bei einer Prostituierten« und so weiter. Und irgendwann habe auch ich einen Mann kennengelernt und hab' ein Wochenende mit dem verbracht. Die Kinder waren bei sehr guten, langjährigen Freunden untergebracht. Wilhelm hat das mitbekommen, ist am Sonntagmorgen wutentbrannt zu den gemeinsamen Freunden gefahren und hat die Kinder geholt. Mich rief er an über Handy und schrie: »Ich habe die Kinder und fahre sofort los.« Etwas später: »Ich bin im Europapark in Rust, fahre sofort weiter, du kannst mich nicht suchen und finden.« Kurze Zeit später rief er während der Fahrt wieder an: »Ich mach' die Kinder fertig. Ich mach' die Kinder platt. Euch mache ich alle platt.« Und die ganze Zeit immer wieder: »Die Mutter lässt sich ficken, die Mutter ist 'ne Hure. Und Jakob sitzt neben mir, der stottert nur noch, der kann gar nichts mehr, den hab' ich schon fertiggemacht.« Ich habe ihn angefleht: »Wilhelm komm, ich bin zu jedem Gespräch bereit, komm' heim, wir organisieren die Unterbringung der Kinder, komm' nach Hause.« Ich wusste, die Kinder sind in Gefahr. Ich hab' die Polizei angerufen, die konnte auch nicht helfen. Sie steckte im Masseneinsatz eines Stadtmarathons, es war kein Durchkommen.

Und irgendwann war er so weit, dass er gesagt hat, er kommt nach Hause. Und dann kam die Polizei nicht schnell genug, aber der Bekannte war da, und der ist ein langjähriger Freund von Wilhelm. Die Kinder haben wir zu der Berta gebracht, und dann haben wir geredet. Es war alles furchtbar, meine armen Kinder! Sie sind seitdem traumatisiert, fragen Sie die Lehrer. Das war die Zeit, wo der Fritz nicht mehr allein in die Schule gehen konnte. Er hatte Angst. Die Lehrerin sagte nur: »Wenn ich neben ihm stehe, dann geht gar nichts mehr. Er verträgt keine Menschen in nächster Nähe.«

Während der ganzen Zeit hab' ich immer um Hilfe von der Frau Weiler vom Jugendamt gebeten, die für unseren Bereich zuständig ist. Ich wurde ganz oft einfach abgeblockt, einmal hab' ich zu hören gekriegt: »Was denken Sie sich denn, was ich alles zu tun habe.« Letztendlich hat mein Mann einen Termin bei ihr ausgemacht, weil ich beantragt hatte, dass er nur noch in Begleitung Umgang mit den Kindern haben sollte.

NB: Sie haben einen Antrag gestellt auf »begleiteten Umgang«?
Anna: Das hat meine Anwältin mir empfohlen, das soll ich machen, und das könnte ich nach diesem Vorfall machen.

NB: Was haben Sie Ihrem Mann dazu gesagt?

Anna: Ich habe ihm nur gesagt, du bekommst die Kinder nur noch in Begleitung nach diesem Vorfall. Und auf dem Jugendamt hat er Frau Weiler selber die ganze Geschichte seiner Entführungsfahrt erzählt. Frau Weiler hat sich das auch notiert und ihm gesagt, dass er dringend Hilfe braucht, dass er gegen seine Aggressionen was tun soll und muss.

Allerdings ging's weiter mit dem Mobbing. Er hat mich danach belagert. Er hat Telefonterror gemacht, er hat Klingelterror gemacht. Er ist unten am Balkon gestanden und hat geschrien. Er hat mich permanent abgepasst. Irgendwann war ich so weit. Ich konnte nicht mehr.

Meine Mama ist in der Zeit gestorben, und ich hab' das Elternhaus geerbt. Im Juni 2010 reifte in mir der Entschluss, ich gehe mit den Kindern fort in mein Elternhaus in S. Wir haben die Wohnung meiner Mama leer geräumt. Meine Schwester hat mir immer Mut gemacht zu gehen und gesagt: »Du kriegst bei ihm in der Nähe keinen Frieden, ihr müsst raus da, ihr geht alle kaputt.« Und dann habe ich zu meiner Schwester gesagt, okay, ich ziehe heim. Ich hab sofort Frau Weiß, meine Anwältin, angerufen. Ich habe die über alles informiert. Frau Weiß hat mir gesagt, dass ich in meine Heimatstadt umziehen darf. Sie hat alles gewusst und gutgeheißen. Mein Mann wollte nur einen Umzug in der Stadt zulassen.

NB: Warum?

Anna: Zu weit weg aus seinem Einzugsbereich, er wollte uns in nächster Nähe haben.

NB: Wohnt er hier?

Anna: Er wohnt hier in der Nachbarschaft. Wir sind fünf Minuten voneinander entfernt. Er wohnt in dem Haus, das wir gemeinsam umgebaut haben. Und seine neue Frau hat sofort zu mir gesagt: »Er wird Sie nicht wegziehen lassen und sobald er was weiß, werden Sie noch mal die Hölle haben.«

Ich hab' zu dem Zeitpunkt schon Angst um unser Leben gehabt. Später hat eine ehemalige Freundin von ihm Kontakt mit mir aufgenommen und mich gewarnt: »Er nimmt Drogen. Er ist so unter Strom, der kommt gar nicht mehr runter.« Er hätte immer nur gesagt, ich spreng' die alle in die Luft. Deshalb habe ich wirklich Angst gehabt um die Kinder und um mich. Ich bin zur Polizei, und ich war beim Frauenschutz-haus – ich weiß die Straße nicht mehr –, damit ich informiert bin, wenn irgendeine Bedrohung ist. Ich habe mir alle Telefonnummern gemerkt. Die wussten auch alle ständig Bescheid, wie es bei mir aus-sieht. Ich war immer nur in Habachtstellung. Jeden Abend habe ich – ich habe ja gewusst, er kommt um halb acht heim – das Telefon abge-stellt und die Klingel ausgemacht, damit wir irgendwie Ruhe finden.

Die Rechtsanwältin hat mir gesagt, alles gar kein Problem, als ich sie nochmals gefragt habe, ob ich nach S. umziehen kann.

NB: Die Anwältin hat Ihnen das gesagt?
Anna: Ja, die Anwältin. Innerhalb Baden-Württembergs darf ich ohne Zustimmung vom Vater umziehen. Die Anwältin sagte: »Das ist gar nicht so schlecht, wenn er was dagegen hat, dann können wir das Auf-enthaltsbestimmungsrecht einklagen. Dann kommen wir darüber zu Gericht.«

In der Zwischenzeit stand der Urlaub an, er wollte mit den Kindern in Urlaub fahren. Ich hab' gesagt, ich lass' die Kinder nicht mit ihm ge-hen, dann ging der Streit wieder los. Wir haben uns zu viert getroffen bei der Anwältin, er mit seinem Anwalt, und haben den Urlaub ausge-handelt. Wir haben gefragt, wie man es machen kann. Ich habe zuge-stimmt, okay, eine Woche Urlaub, aber ich will genau die Route wis-sen, täglicher Telefonkontakt, und er darf Deutschland nicht verlassen. Das war abgesprochen, unter diesen Voraussetzungen hab' ich zuge-stimmt, die Kinder mit ihm in den Urlaub zu lassen. Ich habe immer noch gedacht, diese Kinder brauchen ihren Vater, und Jungs sowieso.

Dann kam das, was mir dann echt das Genick gebrochen hat. Ich bin im September in meine Heimatstadt S. gezogen, heimlich, hab' ihm eine SMS geschrieben, ich ziehe jetzt nach S. Die Kinder habe ich in der Zwischenzeit zu W. gebracht, damit ich diese Umzugszeit überbrü-cken konnte. Um während der Umzugsphase Ruhe zu haben, habe ich hinzugefügt »wir sind zwei Tage in München«.

Ich hab' einen Security-Mann organisiert, weil ich Angst gehabt hab', wenn mein Ex-Mann weiß, wo wir wohnen. Er war auch jahre-lang in S. dabei, der hat das alles gekannt. Der Security-Mann hat bei uns geschlafen.

NB: Wie ging es denn mit dem Aufenthaltsbestimmungsrecht weiter?

Anna: Mein Mann hat tatsächlich das Aufenthaltsbestimmungsrecht eingeklagt, und schwupp – war meine Anwältin in Urlaub zu der Zeit. Es kam ein neuer Richter, Herr Schmidt, der sich nicht mal die Mühe gemacht hat, die ganzen Sachen zu lesen. Es kam das neue Scheidungsrecht für Männer heraus. Meinen Gewaltschutzantrag hat er ins Lächerliche gezogen. Weil ich meinen Mann ja mit meinen Kindern in den Urlaub hätte fahren lassen, könnte es ja gar nicht so dramatisch gewesen sein. Und ich hätte ihn ja nie angezeigt. Das Ganze geschah im Eilverfahren – die Einladung kam am Donnerstagabend um 18 Uhr in der Rechtsanwaltskanzlei an. Die Verhandlung fand am anderen Morgen statt.

NB: Von wem kam die Einladung?

Anna: Vom Richter Schmidt – Eilverfahren mit Fristsetzung am nächsten Morgen um 10 Uhr. Das war schon mal nicht gut. Die Zeit war zu kurz gewesen. Da hat keiner mehr reagieren können oder sich dagegen wehren. Ich Naivchen hab' in der Nacht eine zehnseitige Stellungnahme geschrieben, diese morgens dem Vertretungsanwalt geschickt, denn mein Anwalt war in Urlaub. Der hat sie nicht mal mit zum Gericht genommen, weil er gedacht hat, es läuft ja ein Gewaltschutzantrag. Um 14 Uhr hab ich Nachricht bekommen: »Schlechte Karten hatten Sie, Frau Anna, Sie müssen die Kinder zurückführen.« Und schwupp – die Kinder waren fort. Am 11. September hab ich die Jungen ihm übergeben müssen, mir ist das Herz gebrochen. Am 13. September wurde Jakob in einer neuen Schule eingeschult, wobei er eigentlich da keinen Platz gehabt hat. Wie dieser Mann das auch immer schafft, für Jakob noch einen Platz zu bekommen. Und dann kam das Hauptsachenverfahren, die stellten fest, ich hätte eine »legale Entführung« gemacht. Alles andere wäre nicht wichtig, spielt keine Rolle, nur das ist Fakt. Die Frau vom Jugendamt war auch da. In der Stellungnahme von Wilhelm fürs Gericht erklärte Wilhelm zum Vorfall auf der Fahrt nach Rust, es hätte da nie ein Handy-Gespräch stattgefunden.

NB: Was hat die Frau vom Jugendamt dazu gesagt?

Anna: Die Frau vom Jugendamt sagte nichts, obwohl sie doch alles von ihm in meinem Beisein auf dem Jugendamt erzählt bekommen hat. Als ich sie dann daraufhin angesprochen hab', hat sie nur gesagt, ja ich bin frisch vom Urlaub gekommen, ich hatte die Akte noch nicht gelesen. Aber schwupp – wurde entschieden, die Kinder sind beim Vater. Es wurde dann ein Gutachter eingeschaltet, der hat sich ein Dreivierteljahr Zeit gelassen und die Kinder bekamen eine Verfahrenspflegerin. Während diesem Dreivierteljahr bin ich wieder hierher zurückgezogen, in die Nähe meiner Kinder.

NB: Was hat Ihre Anwältin zu dem ganzen Vorgang gesagt?
Anna: Meine Anwältin hat mir nicht gesagt, dass wir sofort Berufung einlegen müssten beim Oberlandesgericht. Und ich hab das alles nicht geschnallt, ich meine, ich hab' ihr einfach nur vertraut, dass die alles richtig macht. Ich habe den Termin verpasst. Ich hab' dann aber im November 2010 die Anwältin gewechselt, aber da war schon alles zu spät, da waren alle Fristen abgelaufen. Jetzt bin ich bei einer anderen Anwältin, und die ist wirklich pfiffig.

NB: Die Kinder sind jetzt beim Vater?
Anna: Die Kinder haben ihren Lebensmittelpunkt beim Vater.

NB: Sehen Sie Ihre Kinder noch?
Anna: Ja, ein Dreivierteljahr habe ich sie nur alle vierzehn Tage gesehen. Die Kinder mussten in eine Ganztagsschule und anschließend zu Oma und Opa, und ich bin fünf Minuten weit weg gewesen. Ich durfte sie nicht sehen, wenn ich wollte. Ich hab' erst im April hier Arbeit gefunden. Ich durfte die Kinder nicht sehen, die Kinder durften nicht zu mir kommen.

NB: Und wie verkraften die Kinder das?
Anna: Nach Aussage meines Mannes »alles bestens, alles wunderbar«. Die Kinder hätten keinerlei Probleme, mittlerweile seien sie so weit, dass sie nach seiner Aussage gar nicht mehr zu mir wollen. Die wollten noch die Umgangswochenenden, das fänden sie in Ordnung, aber mehr Mama wollten sie nicht, so wären sie jetzt. Es stimmte alles nicht. So ging's eben weiter, ein Dreivierteljahr.

NB: Die Kinder wohnen bei ihrem Vater jetzt?
Anna: Ja. Er hat doch eine Professorin.

NB: Als Lebenspartnerin?
Anna: Ja, die ist sofort eingezogen.

NB: Und die betreut die Kinder?
Anna: Ja, die betreut sie. Und ich habe im Hauptsachenverfahren zugestanden bekommen, dass die Kinder montags, dienstags, mittwochs nachmittags nach der Schule bei mir sein können und jedes zweite Wochenende mal ein langes Wochenende, das heißt von Freitag bis Montagmorgen, am kurzen Wochenende dann erst ab Samstag. Aber er darf während meiner Zeit bestimmen, dass Jakob in die Hausaufgabenbetreuung geht, das heißt, er kommt immer erst um halb vier nach Hause.

NB: Wie steht es mit Ihrem Unterhalt?
Anna: Dann ging's im Hauptsachenverfahren weiter: Ich hätte durch die legale Entführung alles verloren, ich hätte keine Ansprüche mehr. Zugewinn wäre ja sowieso nichts, ich hätte keinen Anspruch. Für Zugewinn habe ich nächsten Montag Termin mit dem Gutachter, wenn wir das Haus besichtigen gehen. Ich hab' Schreiben an Herrn K., das ist sein Rechtsanwalt, in dem die Fragen stehen: Wie kann ich mein Motorrad, wie kann ich mein Flugzeug, wie ich kann ich mein Erspartes, meine Aktien auf die Seite bringen?

NB: Besitzt er ein Flugzeug?
Anna: Mittlerweile nur noch einen Drittelanteil davon. Das Motorrad hat er angeblich verkauft. Die üblichen Geschichten und die ganzen Spielereien beim Finanzamt haben niemand interessiert, der Mann kann machen, was er will. Es steht etwas in den Akten, es interessiert niemand. Nach meinem Eilverfahren, wie ich noch bei meiner ersten Anwältin war, bin ich die Treppe runter nach der Verhandlung, da sagt sie zu mir: »Frau Anna, alles, was Sie bisher erlebt haben, gehört ab sofort der Vergangenheit an. Die Kinder sind weg, freuen Sie sich, ein Leben ohne Kinder ist ja auch schön. Genießen Sie es alle zwei Wochen, wenn die Kinder Sie besuchen.«

Bis zum Zeitpunkt der Trennung war ich eine Alleinerziehende mit Anhang. Der Wilhelm kam abends um halb acht nach Hause. Ich war für die Kinder bis dahin komplett zu Hause. Alles vorbei, schwupp – ist die Mutter nicht mehr wichtig.

NB: Was sagen die Kinder, wenn sie bei Ihnen sind?

Anna: Die sagen schon was ganz anderes, der Fritz hat letztens zu mir gesagt: »Mama, wir möchten schon wieder zu dir, aber wenn wir jetzt zu dir kommen, dann fängt das alles wieder von vorne an, genau das.« Der Jakob sagt: »Mama, dass du loslassen kannst, das ist ganz groß, Mama.« Aber ich kann nicht anders. Ich kann mich nicht mit der Trennung von meinen Kindern abfinden. Jetzt fange ich wieder ein Umgangsverfahren an, wo ich einfach sage: »Ich möchte die Kinder zwei Übernachtungen mehr. Und dann vielleicht ein Kompromiss, indem man festlegt, okay, nicht jede Woche montags, dienstags, zwei Tage mehr, sondern im Anschluss an die Umgangswochenenden. Wilhelm hat brutal gesagt, er ist zu keinerlei Kompromiss bereit.

NB: Zahlt er Ihnen gar keinen Unterhalt? Von was leben Sie denn?

Anna: Ich lebe von meinem Ersparten, ich habe mein Haus meiner Schwester gegeben, das Geld ist bald aufgebraucht. Mein Einkommen reicht nicht mal ganz für die Miete.

NB: Wo arbeiten Sie?

Anna: Bei Bettenhaus Reinhardt. Ich muss gucken, wie ich alles irgendwie schaffe, in dem Moment, wo ich aufstocke, dann geht das von der Zeit mit den Kindern ab. Dann muss ich meine Kinderbetreuungszeiten, montags habe ich frei, aber Dienstag und Mittwoch hergeben.

NB: Wollen Sie mehr arbeiten?

Anna: Ja, Montag, Dienstag arbeite ich von 8.30 bis 14 Uhr, und Mittwoch auch. Meine Chefin war ja echt klasse, die hat geschaut, dass ich das Maximum mit den Kindern rauskriege. Aber das sind die Arbeitszeiten, die zusammenkommen, 30, 32 Stunden je nachdem, mehr nicht.

NB: Was verdienen Sie denn bei 32 Stunden?

Anna: 1 034 Euro kriege ich raus, netto.

NB: Wie teuer ist die Wohnung?

Anna: 1 050 Euro. Die habe ich halt geholt, da wusste ich noch nicht, wie's weitergeht. Ich musste eine Wohnung haben, groß genug für uns drei. Das war in dem Dreivierteljahr, wo der Gutachter und das alles, wo noch nicht klar war, ob ich die Kinder wieder kriege oder nicht. Ich musste einfach auch eine Wohnung haben, wo jeder ein Zimmer hat, damit das Jugendamt zustimmt, dass ich meine Kinder auch über Nacht behalten kann. Und mal ganz ehrlich, ich packe im Moment keinen Umzug mehr. Ich habe jetzt drei Umzüge gehabt.

NB: Haben Sie Vertrauen ins Jugendamt?
Anna: Wie soll ich? Es bleibt mir allerdings nichts anderes übrig.

(Einschub NB: Das Jugendamt hat in einer Besprechung für den Vater plädiert, weil dessen Wohnung größer sei und die von Anna unordentlich. Bei meinem Besuch war die kleine Wohnung liebevoll eingerichtet und sauber).

NB: Wann ist denn die nächste Verhandlung?
Anna: Keine Ahnung, jetzt steht einfach noch einiges aus.

NB: Um was geht's denn jetzt?
Anna: Er hat bei dem Umgangsverfahren am 10. November gesagt, nicht mal eine halbe Stunde, mehr will er mir nicht einräumen. Er sei zu keinem Kompromiss bereit. Er hat sich wirklich selber nicht gut aufgeführt. Im Gerichtssaal war es total still.
    Mittlerweile ist es auch schon die dritte Richterin, und die hat aber schon angekündigt, beim nächsten Urteil wird sie wahrscheinlich gar nicht mehr da sein, dann ist die andere wieder aus dem Mutterschaftsurlaub da. Also ein Hin und Her, bei dieser Richterin habe ich jetzt ein gutes Gefühl, die ist eine junge, die hat sich reingekniet.

NB: Die hat die Akten gelesen?
Anna: Zumindest habe ich das Gefühl.

NB: Und die andere hat die Akten …
Anna: Na ja, die hat einfach gesagt: »Sie haben die legale Entführung gemacht, das zählt. Alles andere brauche ich nicht zu lesen.«

NB: Aber Ihre Rechtsanwältin hat doch vorher gesagt, es wär' alles in Ordnung? Dann muss sie doch jetzt dazu stehen.

Anna: Sie hat einen Brief geschrieben, in dem steht: »durch den über-raschenden Umzug meiner Mandantin«, dann war sie aus dem Schnei-der. Wenn alles überraschend war, hat sie angeblich nichts gewusst, obwohl ich es mit ihr besprochen hatte. Dann habe ich der nächsten Anwältin das alles erzählt, und die sagt, wenn die Anwältin behauptet, sie hat von nichts gewusst, dann geht nichts. Die nächste Anwältin hat mir geraten, ich könnte auf Schadenersatz klagen gegen die erste An-wältin. Das ist eine andere Geschichte. Da weiß ich nicht, ob ich dann die Kraft habe, eine Schadenersatzforderung zu stellen.

NB: Wie bezahlen Sie die Anwältinnen?
Anna: Mit Geld von der Erbschaft, das zu Ende geht.

NB: Kriegen Sie staatliche Unterstützung?
Anna: Nein, ich habe ja mein Erbe. Davon sind 100 000 Euro weg in den drei Jahren. Ich hatte drei Umzüge, ich habe meine Wohnung ein-gerichtet. Soll ich jetzt noch Schadenersatz von der alten Anwältin for-dern?

NB: Die neue Anwältin ist gut, sagen Sie.
Anna: Ich hoffe, dass sie gut ist.

NB: Wie sind Sie denn an die erste Anwältin gekommen, die Sie im Stich gelassen hat?
Anna: Die erste? Über meine Schwester in Hamburg, die kannte die Frauenbeauftragte der Stadt Kiel. Und die kannte meine Anwältin, die haben zusammen studiert. Und Susanne, die Frauenbeauftragte von Kiel, die hat auch immer wieder mit der Anwältin telefoniert und sie gefragt: »Ist das wirklich rechtens, was du der Frau Anna erzählst? Ich meine, ich hab ja nun auch ein bisschen Ahnung.« Darauf hat die An-wältin immer gesagt: »Nee, alles ist gut, alles hat Hand und Fuß.« Meine Schwester hat ihr alles immer erzählt, was aktuell ist. Bei jedem Gespräch hat sie gesagt, alles perfekt, die darf das, das ist rechtens und gut. Dann aber kam der Hammerschlag »legale Entführung«. Ich hab' sie gefragt: »Wie kann mir das passieren?« Vor einem halben Jahr sah ich die alte Anwältin in der Straßenbahn. Ich hatte mich von ihr ge-trennt, nachdem sie sich nicht mehr erinnert hatte, dass sie mir den

Umzug nach N. empfohlen hatte. Sie ist schnell aus der Straßenbahn ausgestiegen und auf die andere Seite gegangen. Sie sind alle feige.

NB: Und die Jugendämter waren auch feige?
Anna: Nach einem Dreivierteljahr hat die Frau vom Jugendamt in ihrer Stellungnahme fürs Hauptsachenverfahren reingeschrieben, dass dieser Vorfall in Rust stattgefunden hat, also das Gespräch mit dem Handy, wo mein Mann mit den Kindern abgehauen ist. Das hatte er ihr selber erzählt, und sie habe ihm geraten, Hilfe zu suchen. Nach einem Dreivierteljahr hat das niemand mehr interessiert. Da waren die Kinder weg.

Das ist ganz egal, der Mann ist ein »toller Mensch«, ein »toller Papa«, er kann sich darstellen, er kann lügen, er kann machen, was er will.

NB: Fährt er jeden Tag von hier in die Schweiz?
Anna: Ja, mit dem Zug.

NB: Nach Basel, oder wohin? Was ist er da in der Firma?
Anna: Informatiker. Aber zurück zu unserer Sache mit den Kindern, das ist meine Hauptsache. Am Anfang der Auseinandersetzung hat er immer noch gesagt, er will ein klassisches Wechselmodell der Kinderbetreuung von Vater und Mutter. Das ist dann so, dass die Kinder hälftig bei je einem Elternteil sind. Ob das jetzt wochen- oder monatsweise geht, ist egal. Da wir im gleichen Ort wohnen, wäre es überhaupt kein Problem. Nur mittlerweile will er das natürlich nicht mehr.

NB: Er will die Kinder ganz haben.
Anna: Er hat irgendwann zu mir gesagt: »So, jetzt hab ich die Macht.« Bringe ich die Kinder zwei Minuten zu spät nach Hause, müssen sie sofort ins Bett. Sie werden bestraft wegen zwei Minuten. Und auch da sagt niemand was dazu. Das ist das typische – kennen Sie das? – das PAS-Syndrom, die Elternentfremder, genau in diese Rolle …

NB: Setzt er Sie unter Druck?
Anna: Ja, genau das läuft. Und mittlerweile ist es gang und gäbe. Ich werde ständig gegängelt von allen, Gericht und Jugendamt, ja.

NB: Wie heißt das Syndrom?
Anna: PAS-Syndrom.

NB: Was heißt denn PAS?
Anna: Das ist Englisch, ich hab's irgendwo. Das ist das Modell, wo die Kinder zum Werkzeug genommen werden, um den Partner zu bestrafen.

NB: Und die Kinder dazu.
Anna: Ja, und einfach zum Entfremden, die Kinder werden manipuliert. Das ist emotionaler Missbrauch von Kindern, so dass sie gar nicht mehr gern zum anderen Elternteil gehen.

NB: Waren Sie im Urlaub mit den Kindern? Waren die Kinder zufrieden mit Ihnen?
Anna: Das läuft noch. Gott sei Dank.

NB: Sie haben aber Angst vor Entfremdung?
Anna: Ja, wobei ich denke, das wird er nicht schaffen. Da habe ich ganz, ganz großes Vertrauen. Aber ich sehe ganz klar, er wird es weiter versuchen.

NB: Unterhalt will er keinen geben?
Anna: Ich kriege nichts. Wegen der legalen Entführung klagt sein Anwalt auf Verwirkung. Das sind über 30 000 Euro, die er mir mittlerweile schuldet.

NB: Was sagt Ihre Anwältin dagegen?
Anna: Nein, das wäre keine Verwirkung. Man muss ja mal sehen, das ist aber alles im Gang, das läuft jetzt gerade erst.

NB: Wann Verhandlung ist, das wissen Sie nicht?
Anna: Der nächste Termin ist am 15. Oktober. Vorher kommt diese Begehung mit dem Herrn Genhold, das ist der Gutachter, der guckt sich das Haus an. Weil mein Mann behauptet, Zugewinn wäre nicht allzuviel. Und ich hab' auch nicht so gute Karten, weil die Eheschließung wirklich am Ende unseres Zusammenseins vor 16 Jahren stand.

NB: Die Heirat fand am Ende der Beziehung statt?
Anna: Ja, auch nach der Bauphase, dieser Zeitpunkt steht halt. Alles, was davor war, ist sein eingebrachtes Vermögen. Meine jetzige Anwältin kämpft noch um Unterhalt. Die alte Anwältin sagte, sie könnte nicht klagen, weil sie es nicht auf die Reihe bringe. Sie hat einen Scheiß zusammengeredet.

NB: Die alte Anwältin hat zu Ihnen gesagt, sie kann nicht klagen, weil sie es nicht versteht?
Anna: Ja. Das muss auch eigentlich ein Richter sehen, dass diese Frau mich falsch beraten hat und dass ich dieser Frau vertraut habe und nun dafür bestraft werde.

NB: Finden Sie sich mit den Fehlern Ihrer ersten Anwältin ab?
Anna: Ich frage mich, wie weit gehe ich, was mache ich jetzt?

NB: Das muss Ihre neue Anwältin entscheiden, sie muss Sie beraten.
Anna: Na ja, ich muss es bezahlen. Mein Geld geht aus. Ich weiß eh nicht, ob ich diesen Schadensersatz weitermache, ich kann nicht mehr, ich bin ausgelaugt, ich mache wahrscheinlich noch die Scheidung, meinen Unterhalt und Versorgungsausgleich. 55 000 Euro hat meine Anwältin ausgerechnet. Auch das macht er mir streitig. Das wäre nicht so, dass er mir Versorgungsausgleich bezahlen müsste, behauptet mein Ex, und »Zugewinn, Entschuldigung, was ist denn das überhaupt, wo ist noch irgendwas?« Ich hab keine Ahnung, wie's ausgeht. Sein Anwalt ist in Fachkreisen als gewiefter Hund bekannt. Da kann ich nicht mithalten.

NB: Warum?
Anna: Ein Mann ohne Skrupel. Der muss ganz schön bissig sein. Mein Mann hat sich schon einen sehr guten Anwalt geholt, der ist bestimmt auch teuer. Mittlerweile läuft es nämlich so, dass sie mir im Umgangsverfahren vorwerfen, dass ich das Wechselmodell will wegen der finanziellen Geschichten. Und sie lehnen ein Wechselmodell total ab. Sie verkoppeln das mit der finanziellen Forderung, obwohl es beim Umgangsverfahren nur um meine Kinder geht, mit denen ich wenigstens halbwegs leben will. Ich will einfach meine Kinder haben, und nicht nur für die Hausaufgabenzeit. Diese Mittage sind so voll von

Hausaufgaben, das müssen wir noch lernen und das und das. Das ist keine Lebensqualität, da ist immer nur Hektik und Zeitdruck. Sie kommen um halb drei heim, dann klingelt das Telefon mit Anrufen von den Freunden. Ich sag, lasst uns erst mal zur Ruhe kommen, wir müssen jetzt erst mal essen und dann Hausaufgaben machen. Die ganze Freundschaftspflege von den Kindern geht größtenteils an diesen drei Mittagen über mich, und wir haben für uns fast keine Zeit. Wenn sie dann am Wochenende bei mir sind, haben sie schon Lust, bei den Freunden zu übernachten, aber »Mama, dann habe ich dich nicht«. Das kann nicht sein, dass sie sich zwischen mir und dem Freund entscheiden müssen und deshalb in diesem Dilemma stecken.

NB: Sind Sie vor Gericht gut behandelt worden oder von oben herab?
Anna: Den ersten Richter habe ich persönlich ja nie gesehen, da war ich zunächst gar nicht dabei, da waren nur die Anwälte und Richter unter sich. Der andere hat sich über mich lustig gemacht und gelacht, wenn ich etwas gesagt habe. Die Richterin fand ich sehr neutral. Aber ich hab' das Gefühl gehabt, der sind einfach durch die legale Entführung die Hände gebunden. Ich hab' das Gefühl gehabt, da wird nicht richtig nachgeguckt.

NB: Die sagen: »legale Entführung«, und damit war alles gelöst?
Anna: So war es. Damit war die Sache gegessen. Sie wollte gar nicht irgendwas groß weiter hören, was mich überhaupt dazu getrieben hat, das so zu machen. Die neue Richterin, wie gesagt, da habe ich das Gefühl, das ist eine Junge, frisch da reingekommen, die hat Ehrgeiz, aber die kann natürlich auch das Ruder nicht herumwerfen.

NB: Fühlen Sie sich jetzt gut behandelt?
Anna: Von der neuen Richterin habe ich das Gefühl, sie guckt nach und strengt sich an.

NB: Sie behandelt Sie fair.
Anna: Sie hat auch gestern gesagt, wenn keine Einigung und auch kein Kompromiss, dann entscheidet sie. Das steht jetzt noch aus, dieses Umgangsrecht, meine wichtigste Sache. Wichtiger als Geld sind meine Kinder. Da habe ich morgen einen Termin bei der Verfahrenspflegerin. Und das Jugendamt und die Verfahrenspflegerin wollen sich mit den

Schulen in Verbindung setzen, und dann werden wir sehen. Keine Ahnung, ob ich die Kinder eine Nacht oder zwei Nächte mehr kriege. Aber es wird einfach nicht richtig geguckt. Das Jugendamt kommt nicht, scheint nur überlastet zu sein, und dann, was bringt's mir, das kann doch nicht sein, dass nach einem Dreivierteljahr geschrieben wird, dass dieser Vorfall, den mein Mann bestreitet und den das Jugendamt in der ersten Verhandlung vergessen hatte, weil die Vertreterin erst tags zuvor aus dem Urlaub kam, doch stattgefunden hat.

NB: Dieser Rust-Vorfall?
Anna: Dass die Kinder seitdem traumatisiert sind.

NB: Alles, was davor war, wird mit der Behauptung »legale Entführung« beiseite gewischt. Dabei war es nur ein Umzug in Ihre Heimatstadt, den Ihre Rechtsanwältin guthieß, was sie später vergessen hatte.
Anna: Und ich hatte einfach Angst, und es wurde nicht geguckt, was läuft da. Ich war beim Jugendamt und, und, und. Niemand hat mich und die Kinder geschützt.

Jagdszene 4

Auf der Lichtung verirrt: »Weitere Problemkreise, die uns bekannt sind, haben wir bewusst nicht angesprochen.«

Herr S. aus G. berichtete mir im Juli 2014: Meine langjährigen Führungserfahrungen in Wettbewerbsunternehmen wollte ich zusammen mit den erworbenen betrieblichen Kenntnissen und Kompetenzen in einem neuen unternehmerischen Umfeld einbringen.

Ein weiterer Gesellschafter, selbst über Jahrzehnte erfahrener, anerkannter mittelständischer Unternehmer, und ich haben es gleichsam unternommen, in ein Unternehmen einzusteigen, das umwelt- und zukunftsorientiert am Markt agiert.

Nach den ersten Kontakten zu dem Unternehmen stellte es sich so dar, dass ein Allein-Geschäftsführer zwar fungierte, aber die Bank, eine Volksbank, als alleinige Hausbank das Sagen hatte. Von der Gründung des Unternehmens an kannten Vorstand und Mitarbeiter der

Bank alle Details in und um das Unternehmen. Alle betrieblichen Kennzahlen, sämtliche Einkäufe und Vertriebsaktivitäten blieben den Verantwortlichen der Hausbank nicht verborgen.

Unsere Recherchen über das Unternehmen waren sehr intensiv, den fachlichen Rat holten wir uns bei Institutionen und Wirtschaftsprüfern ein. Die Informationen bestärkten uns, den Entscheidungsprozess positiv abzuschließen. Bei dieser Sachlage bot mir *initiativ* die Bank an, die Zwischenfinanzierung meiner Einlage bis zur endgültigen Zusage der Zuwendungsgeber zu begleiten.

Der Vorstand der Bank hat mehrmals in den Gesprächen bestätigt, dass das Unternehmen eine solide Basis, geordnete Strukturen aufweise und liquide sei.

Den Beteiligungsvertrag als stiller Gesellschafter habe ich an einem Abend unterschrieben, was das Vorstandsmitglied der Eile wegen gleich am folgenden frühen Morgen persönlich in Erfahrung gebracht hat. Die Angst war offensichtlich sehr groß, ob »er nun unterschreibt oder nicht«.

Wenige Tage nachdem die neuen Gesellschafter notariell alles besiegelt hatten, stellte der Vorstand der Volksbank in einer eiligst einberufenen Krisensitzung die Frage, ob das Unternehmen überhaupt am Markt überlebensfähig sei. Dieser Aufruf hatte die Gesellschafter sehr irritiert, zumal die Bank stets andere, positive betriebliche Zahlen vorgelegt hat.

Über diese Krisensitzung wurde von der Bank ein internes, geheimes Protokoll erstellt, in dem es unter anderem heißt: »*Weitere Problemkreise, die uns (Bank) bekannt sind, haben wir bewusst nicht angesprochen, um den Beitritt der neuen Gesellschafter nicht zu gefährden.*«

»*Die Passage der Aktennotiz scheint zunächst eindeutig dafür zu sprechen, dass dem Kläger als neuem Gesellschafter bestimmte der Beklagten bekannte, dem Kläger unbekannte Problemkreise nicht vor Augen geführt werden sollten. Bei genauer Betrachtung lässt sie aber auch ein Verständnis der Passage dahingehend zu, dass bestimmte auch der Beklagten, aber eben auch anderen bekannte Probleme nicht erneut an dieser Stelle angesprochen werden sollten. Auf ein überlegenes Wissen der Beklagten deutet die Passage somit nicht zwingend hin*«. OLG Hamm

Bei dieser Situation bedarf es gar keines Nachweises mehr, weil die vom BGH geforderten Anspruchsvoraussetzungen allein schon durch diesen Eigenvermerk der Bank bewiesen sind.

Offensichtlich haben die Richter sich mit dem Hintergrund und den Details nicht beschäftigt, nicht beschäftigen wollen oder es gar nicht verstanden, worum es geht. Man kann es so oder so sehen. Nur die Tatsachen sind entscheidend anders.

Diese Aussage im Zusammenhang mit dem Schreiben der Bank an den Geschäftsführer des Unternehmens vor dem Eintritt der Gesellschafter, er solle sich um frisches Geld bemühen, beweist die katastrophale Lage des Betriebes. Die Kreditlinien sind am Limit. Die öffentlichen Institute, wie KfW, konnten mit Finanzmitteln nicht mehr helfen, so heißt es in dem Schreiben.

Dem Bericht des Konkursverwalters ist zu entnehmen, dass der Vorstand der Volksbank sich jenseits aller Regeln bei der Vergabe von Krediten für dieses Unternehmen übernommen hat. Im Gegenzug wurden durch die Globalzession Gebäude, Maschinen an die Bank übertragen. Darüber hinaus hatte sich die Bank alle sonstigen Vermögenswerte, auch alle künftigen Forderungen des Unternehmens und sonstiger Schuldner übertragen lassen, so dass die Bank ihr Risiko schon frühzeitig erkannte und sich auch hier absicherte. Dies haben die Gesellschafter erst erfahren, als alle Bücher auf den Tisch mussten.

Die Bank war verpflichtet, als kreditgebendes Institut mir als Kreditnehmer Tatsachen zu offenbaren, die nach der eigenen Einschätzung der Bank für die Risikobewertung des aufzunehmenden Kredits von Bedeutung sein mussten.

Nicht zuletzt war die Bank nach Treu und Glauben verpflichtet, Tatsachen mitzuteilen, die geeignet waren, bei entsprechender Kenntnis mich von der Aufnahme des Kredits und damit des Engagements bei dem Unternehmen abzuhalten.

Da der Bank solche Tatsachen bekannt waren, war sie verpflichtet, diese Tatsachen mitzuteilen, bevor die Kreditverträge unterschrieben wurden. Da sie gegen diese Verpflichtung verstieß, haftet sie auch für den dadurch entstandenen Schaden, und zwar aus dem Gesichtspunkt der positiven Vertragsverletzung.

Der Bank war vor dem Eintritt der Gesellschafter bereits bekannt, dass die Grundlagen für die eigene positive Bewertung des Unternehmens erheblich ins Wanken geraten waren, wie zum Beispiel,
■ als die Controller der KPMG/DKR bei der betriebswirtschaftlichen Prüfung zu dem Ergebnis kamen, dass das Unternehmen wirtschaft-

lich nicht mit Erfolgsaussichten zu führen sei und zudem eine Vielzahl ungeklärter Fragen nicht beantwortet wurden,

- dass nach Auffassung der Prüfer das Unternehmen bereits pleite ist,
- dass nach Aussagen des späteren Konkursverwalters die Bank dem Unternehmen bereits in unvertretbar hohem Maße kurzfristige Kredite eingeräumt hat, die selbst bei günstigster Unternehmensentwicklung in überschaubarer Zeit nicht aus den Erträgen des Unternehmens hätten zurückgezahlt werden können; auch der Konkursverwalter bestätigte, dass bereits vor dem Eintritt der Gesellschafter das Unternehmen pleite war,
- dass die Verträge mit dem einzigen, aber existentiell notwendigen Sekundärrohstofflieferanten nicht existierten, sondern lediglich Absichtserklärungen, die ohnehin alle manipuliert waren, wie sich im Nachhinein herausstellte,
- dass das Unternehmen nicht über die Patente verfügte und somit die eigene Existenz bedrohte,
- dass die betrieblichen Kennzahlen beim Energieverbrauch manipuliert waren,
- dass der Vertreter der Unternehmensberatung vor dem Landgericht Münster zugeben musste, dass das Marketingkonzept für den alleinigen Kunststofflieferanten auf Druck des Bankvorstands manipuliert werden musste, um besser dazustehen und vieles mehr.

Das alles wollte die Volksbank vor dem Eintritt der Gesellschafter als alleinige Hausbank nicht gewusst haben? Allein der Blick auf das Konto des Unternehmens mit beständigen monatlichen Verlusten hätte dem Bankvorstand und den Mitarbeitern reichen müssen, um zu erkennen, in welchem Zustand sich das Unternehmen befand.

Dennoch hatte die Bank bei dieser Kenntnis der Situation die Kreditverträge von dem Gesellschafter unterschreiben lassen. Die Volksbank wusste um die Relevanz der von ihr verheimlichten Tatsachen. Vor dem Landgericht musste das Vorstandsmitglied in dem Parallelverfahren einräumen, dass die Finanzierung des Unternehmens eine hohe »Wagnisfinanzierung« war.

Die Bank wäre verpflichtet gewesen, die ihr bekannten Tatsachen offenzulegen. Der BGH hat in einigen Urteilen zur Frage, wann ein Kreditinstitut ausnahmsweise zur Offenbarung eines eigenen Wissensvorsprungs dem Kreditnehmer gegenüber verpflichtet ist, ausgeführt:

»*Einen konkreten Wissensvorsprung in Bezug auf ein spezielles Risiko des zu finanzierenden Vorhabens besitzt das Kreditinstitut zum Beispiel dann, wenn es weiß oder damit rechnet, dass dieses Vorhaben scheitern wird. (BGH Urteil v. 9. April 1987 – III ZR 126/85)*

Ein weiterer Ausnahmefall ist gegeben, wenn das Kreditinstitut einen zu den allgemeinen wirtschaftlichen Risiken hinzutretenden besonderen Gefährdungstatbestand für den Kunden schafft oder dessen Entstehen begünstigt. Eine solche Gefährdung ist zu bejahen, wenn das Kreditinstitut das eigene wirtschaftliche Wagnis auf den Kunden verlagert und diesen bewusst mit einem Risiko belastet, das über die mit dem zu finanzierenden Vorhaben normalerweise verbundenen Gefahren hinausgeht. (BGH, Urt. v. 28.04.1992 – X IZR 165/91 a. a. O.)«

Die Einlagen der Gesellschafter, so waren die Kreditverträge an die öffentlichen Institute (KfW und andere) ausgerichtet, sollten zweckgebunden für weitere Investitionen im Unternehmen verwandt werden. Nachdem die Beträge auf das Firmenkonto eingezahlt worden sind, bestand der Bankvorstand darauf, dass diese Einlagen zur Reduzierung der Kreditlinien bei der Bank eingesetzt werden mussten.

In der Replik zur »Wahrheitsfindung« und der Urteilsbegründung der Richterin am LG Münster stelle ich fest, dass sie mit ihren Annahmen, willkürlichen Feststellungen in den überwiegenden Passagen haarscharf an der Realität vorbeischwappt. Die Richterin hat Fakten zusammengebracht, die nicht zusammengehören. Aus diesem Grund wäre es konstruktiv und zugleich sinnvoller gewesen, wenn das Gericht die benannten Zeugen zugelassen und Beweise angenommen hätte. Das Urteil gründet auf Rechtsfehlern und lässt Tatsachen unberücksichtigt, die eine andere Entscheidung fordern und rechtfertigen.

Die folgenden juristischen Instanzen haben sich schlicht an das Ergebnis des LG Münster gehalten. Nicht eine einzige neue Sichtweise ist in den Urteilen zu entdecken.

Durch alle gerichtlichen Instanzen sind immer wieder die gleichen Floskeln, dem Inhalt wenig dienend, unbedeutende Einwürfe seitens der Rechtsanwälte der Bank vorgetragen worden.

Der »Wissensvorsprung der Bank«, die Bank und ihre »Rolle als Kreditgeberin« sowie der schwerwiegende »Interessenkonflikt der Bank« –

zu diesen drei Konfliktfeldern konnten die Richter nichts Erhellendes beigetragen.

Stattdessen kamen wiederholt die stereotypen Sätze: »*Der Senat beabsichtigt, die Berufung des Klägers durch einstimmigen Beschluss gemäß Paragraph 522 Abs. 2 ZPO zurückzuweisen, da das Berufungsbegehren zur Überzeugung des Senats keine Aussicht auf Erfolg hat, der Rechtssache keine grundsätzliche Bedeutung zukommt und eine Entscheidung in dieser Sache nicht der Fortbildung des Rechts oder der Sicherung einer einheitlichen Rechtsprechung dient*«. (OLG Hamm)

Kann es auch daran gelegen haben, dass es nur eine Anwaltskanzlei gibt, die in der gesamten Region die Volksbanken vertritt, und die Richterin den Anwalt auch noch gut kannte?

Überlegenswert bleibt es auch für die Weiterentwicklung unserer Gesellschaft, ob es nicht auch möglich ist – wie in anderen Berufen selbstverständlich –, dass die Damen und Herren Richter mit diesen Leistungen auf die Ersatzbank geschickt werden.

Wer vor diesem Hintergrund mit diesen Fakten zu den in den Urteilen beschriebenen »Erkenntnissen« »im Namen des Volkes« kommt, muss sich eine Vielzahl von Fragen gefallen lassen.

Jagdszene 5

Deutsch-amerikanische Jagdfreundschaft: »Vielleicht bessert es sich …«

Ein Telefon-Interview mit Heike G. im Juli 2014:

Heike: Wir waren zwei Jahre in den USA aufgrund des Berufs meines Ex-Mannes. Er hat sich dann dort etwa nach einem Jahr getrennt. Mir war immer das Wichtigste, dass die Kinder in intakten Familienverhältnissen aufwachsen. Mir war klar, dass es schwierig wird, wenn ich jetzt nach Deutschland zurückgehe. Ich hab' dann zugestimmt, dass ich auch erst mal in Amerika bleibe. Es war immer ausgemacht, dass wir nach zwei Jahren nach Deutschland zurückkehren. Die Aussage hat mein Ex-Mann nicht eingehalten. Er hat dann immer gesagt, ich brauch' dann einen Job, und ich brauch' das und das. Daraufhin war für mich klar, dass er nicht mehr gewillt ist, nach Deutschland zurückzukommen. Ich habe dann von den USA aus einen Anwalt in Freiburg kontaktiert. Er hat gesagt, das ist kein Problem. Kommen Sie nach Freiburg, wir leiten hier das Sorgerechtsverfahren ein, dann können Sie mit den Kindern hierbleiben. Das habe ich dann gemacht. Der Anwalt hatte von Tuten und Blasen keine Ahnung. Das war Kindesentführung, das OLG Karlsruhe hatte auch entschieden, dass ich mit den Kindern in die USA zurück muss. Das war rein rechtlich gesehen der Tatbestand der Kindesentführung von meiner Seite. Der Anwalt hat mich falsch beraten. Als das Verfahren vor dem OLG gelaufen ist, hat er immer gesagt: Wir haben gute Chancen, dass Sie mit den Kindern hierbleiben können.

NB: Das hat der Anwalt zu Ihnen gesagt?
Heike: Ja, das ist ein Anwalt für Familienrecht gewesen.

NB: Also eigentlich ein Spezialist?
Heike: Ja, eigentlich. Allerdings hört man öfter, wenn man sich mit diesen Fällen beschäftigt, dass es Familienanwälte gibt, die da einfach falsch beraten.

NB: Ich kenne so einen Fall. Da ist auch beraten worden und anschließend Kindesentführung behauptet worden. Das ist nicht zum ersten Mal, dass Anwälte falsch beraten. Allerdings wollen sie anschließend nichts mehr davon wissen. Wie war das bei Ihnen?
Heike: Das Ganze ist dann weiter in den USA gelaufen. Das Sorgerecht ist in den USA entschieden worden. Aufgrund meiner Kindesentführung stand ich natürlich schlecht da. Die Kinder sind dann meinem Ex-Mann zugesprochen worden. Ich bin dann wieder nach Deutschland zurück und hab' mir einen Anwalt genommen, um meinen Ex-Anwalt zu verklagen. Ich hab' auch Schadenersatz bekommen.

NB: Den haben Sie auch wirklich bekommen?
Heike: Den habe ich wirklich bekommen. Es wurde dann ausgerechnet, weil ich ja Unterhaltszahlungen leisten musste. Ich habe ja auch einen Anwalt in den USA bezahlen müssen, ich glaube, das waren zwischen 150 000 und 200 000 Dollar Anwaltskosten in den USA. Das ist

ja ein gutes Jahr gelaufen. Da hatte ich dann finanziell eine gewisse Entschädigung. Aber die Kinder waren weg. Das Finanzielle war zweitrangig, die Kinder waren bei meinem Ex-Mann.

NB: Haben die Kinder sich mal geäußert, wohin sie wollten? Ob sie zum Vater oder zur Mutter wollten?
Heike: In den USA ist es so, dass eine forensische Psychologin sich mit den Kindern unterhält, mit den Kindern und der Mutter, mit den Kindern und dem Vater. Daraufhin macht sie Gutachten. Die Kinder waren damals drei und fünf Jahre alt, also da gibt es eigentlich keinen Kindeswillen. Es wurde damals gesagt, dass ich die Hauptbezugsperson bin, aber die Kontinuität mit dem Wohnsitz in den USA wichtiger ist. Vor dem deutschen Gericht wurden die Kinder schon mal befragt, allerdings ist es so, dass mein Ex-Mann die Kinder gegen mich aufhetzt, das ist auch die Meinung vom Gericht. Das steht auch in den Urteilen drin, dass er sie in Loyalitätskonflikt bringt, die Kinder PAS haben, das heißt ein elterliches Entfremdungssyndrom. Der Vater versucht alles, damit die Kinder die Mutter hassen. Er erzählt Lügen über mich, dass ich sie nicht liebe und so weiter. Der Vater versucht so, die Kinder mir zu entfremden, so dass sie nicht mehr zu mir wollen.

Das hat das deutsche Gericht in meinem Fall festgestellt. Das OLG hat aber trotzdem gesagt, die Kinder können erst mal beim Vater bleiben. Es wurde das Landesjugendgericht gehört in Deutschland.

NB: Das Freiburger Jugendamt?
Heike: Wir wohnen in Lörrach, das war das Lörracher Jugendamt. Die Kinder haben eine Anwältin bekommen. Jugendamt und Anwältin haben deutlich gesagt, dass Veränderung stattfinden muss, dass das Sorgerecht geändert werden muss. Das Gericht hat zusätzlich festgestellt, dass der Vater die Kinder in Loyalitätskonflikt bringt, dass er mich und die Kinder anlügt. Als er in China war, das war die Zeit, wo ich die Kinder sieben Monate überhaupt nicht gesehen habe. Es war so, dass ich mal nach Shanghai geflogen bin, im Oktober angekündigt, um die Kinder für eine Woche zu besuchen in ihren Ferien. Sie waren einfach nicht da, weil der Vater mit ihnen verreist war. Es ist auch nie vor Gericht in Frage gestellt worden.

NB: Also Sie sind umsonst nach Shanghai gereist? Sie haben Ihre Kinder nicht gesehen?
Heike: Genau, ich bin eine Woche in Shanghai gewesen, habe extra drei Tage verlängert, weil die Kinder dann wieder Schule hatten. Die Lehrerin und der Direktor hatten kein Problem damit, dass ich mit meinen Kindern den Unterricht verbringe, mussten allerdings meinen Ex-Mann anrufen, weil er das Sorgerecht hat. Er hat nein gesagt, der Direktor wollte mich hinauswerfen, und ich habe gesagt, dass ich nicht gehe, bevor ich meine Kinder wenigstens gesehen habe.

NB: Das ist ja unmöglich.
Heike: Das sind aber Tatsachen, die von meinem Ex-Mann nie bestritten wurden. Auch das OLG und auch das Amtsgericht haben sie anerkannt. Trotzdem wurde am Ende gesagt, die Kinder seien beim Vater besser aufgehoben, obwohl er nachweislich den Umgang mehrfach verweigert hatte. Telefonate finden nicht statt, teilweise wird der Stecker gezogen, wenn ich sage, ich freue mich, dass ich euch in drei Wochen sehe, haben die Kinder beim Jugendamt gesagt. Das ist ihm dann schon zu viel, dann wird der Stecker gezogen.

NB: Das Gericht zieht daraus keine Konsequenzen?
Heike: Das Gericht stellt auch fest, dass der Vater die Kinder in Loyalitätskonflikt bringt, dass der Vater sie anlügt, den Umgang verhindert, PAS bei den Kindern auslöst. Zum Schluss sagt es dann, aber vielleicht bessert es sich.

NB: Das sagt das deutsche Gericht? Alle Ihre Beschwerden werden bestätigt, aber dann sagt es, dass es nichts ändern wird?
Heike: Genau.

NB: Und was machen Sie jetzt?
Heike: Ich fliege demnächst rüber, um die Kinder für den Sommer zu holen.

NB: Die kommen mit Ihnen zurück?
Heike: Ich muss sie begleiten. Es ist oft so, dass ich Polizei holen muss, weil der Vater die Kinder nicht hergeben will. Das ist auch gerichtlich

dokumentiert, da gibt es auch keine Widersprüche bei Gericht. Das Gericht sieht es auch so, dass meine Aussage korrekt ist. Der Vater widerspricht oft auch gar nicht. Trotzdem bleiben die Kinder beim Vater, der für alle offensichtlich das einzige Ziel hat, dass die Kinder mich hassen und keinen Kontakt mehr haben wollen.

NB: Wenn die Kinder jetzt bei Ihnen sind, wie ist das Verhältnis dann zwischen Ihnen und den Kindern?
Heike: Das ist immer ganz eng, also emotional sind die Kinder ganz nah. Es ist so, dass mein Ex-Mann schon früher Workaholic war und viel gearbeitet hat. Das macht er jetzt auch noch. Das heißt, die Kinder sind ja in den USA. Auch in Shanghai sind die Schulen Ganztagsschulen. Unter dem Strich sehen die Kinder ihren Vater gar nicht so viel mehr als mich. Wenn die Kinder hier sind, arbeite ich die Zeit im Büro vor, so dass ich die fünf oder sieben Wochen komplett frei habe.

NB: Und wie ist dann jeweils der Abschied, wenn die Kinder wieder zurückgebracht werden müssen?
Heike: Das ist schwierig. Für die Kinder wird mehr oder weniger ein Schalter umgelegt. Was der Vater macht, ist wie eine Gehirnwäsche, weil er sie gegen mich aufhetzt. Es ist mittlerweile für mich auch klar, dass der Vater seine Kinder schlägt, was bei ihm auch in der Familie liegt. Sein Vater hat seine Mutter geschlagen. Es ist halt nicht so, dass die Kinder mit blauen Flecken ankommen, sie erzählen das manchmal, ganz selten, weil sie Angst haben. Aber man sieht es an ihren Reaktionen.

Sie haben einfach Angst vorm Vater. An Weihnachten vor zwei Jahren habe ich die Kinder am Flughafen abholen wollen. Der Vater ist nicht zum richtigen Gate rausgekommen. Sie sind am internationalen Terminal gelandet, und er ist bewusst mit Sky Train zum Domestic Terminal, ich hatte es schon vermutet, es ist eine längere Geschichte. Auf jeden Fall war wieder die Polizei da, und die Kinder können im Endeffekt erst entspannen, wenn sie bei mir sind und der Vater außer Sichtweite. Sie haben immer noch Angst, dass der Umgang nicht stattfindet.

NB: Wie ist denn die neue Lebenspartnerin, wie verhält sie sich gegenüber den Kindern?

Heike: Ganz normal, sie sind jetzt auch schon fünf Jahre zusammen, die Kinder kennen sie, sie mögen sie, für sie ist es überhaupt kein Problem.

NB: Wie geht es bei Ihnen weiter? Welche Perspektive haben Sie denn?
Heike: Ich bin nach dem OLG-Urteil noch mal zu dem Vorsitzenden Richter. Sie haben im Urteil klar dargelegt, dass ich damals nachweislich falsch beraten wurde, es gibt ja auch das Urteil gegen den Anwalt, wo er Schadensersatz hat zahlen müssen. Im jetzigen Urteil vom OLG steht drin, dass ich anscheinend falsch beraten wurde. Und andere Sachen, wo mehr oder weniger die Wahrheit verdreht wurde. Ich hab' dem Richter gesagt, aus meiner Sicht sind diese Argumente nicht der wahre Grund. Der wahre Grund ist, dass ich mit einer Frau zusammen bin. Dann hat er nur gesagt, er hätte keine Vorbehalte, wenn alle drei keine Vorbehalte haben.

NB: Ach so, Sie meinen, dass er das bezogen hat auf sich, um nicht sagen zu müssen, dass andere Vorbehalte hätten.
Heike: Wenn die gleichgeschlechtliche Beziehung nicht ein Grund gewesen wäre und alle drei das als unerheblich angesehen hätten, hätte er gesagt »das Gericht« oder »wir«. Das wäre wie ein Bestandteil vom Verfahren gewesen.

NB: Sie haben keine weitere Revisionsmöglichkeit?
Heike: Nach dem OLG hätte ich noch vor den Bundesgerichtshof – glaube ich – gehen können wegen der Fehleinschätzung. Aber mir geht auch schlichtweg das Geld aus. Ich kann auch nicht mehr von den Nerven her, weil das eine emotionale Belastung ist und auch eine finanzielle, die einfach nicht mehr tragbar ist.

NB: Aber wenn die Kinder mal groß sind, können sie sich ja selber entscheiden. Dann gibt es kein Sorgerecht und nichts mehr.
Heike: Das ist schon so, das ist auch in den USA so. Wenn sie zwölf sind, können sie entscheiden. Das Problem ist, dass wenn ein Kinderteil vom Elternteil physisch und psychisch misshandelt und unter Druck gesetzt wird, ist es für das Kind ganz schwierig, sich zu entscheiden. Ich muss auch sagen, warum sollten die Kinder irgendeinem Gericht vertrauen,

wenn ich das einem Richter sag', dann passiert das auch. Die Kinder haben das vor einem deutschen Gericht ausgesagt, dass sie gern mehr mit mir telefonieren wollen. Es passiert halt trotzdem nichts. Die erleben halt immer wieder, dass die Umgänge nur mit Hilfe der Polizei stattfinden. Da ist es natürlich für ein Kind, für einen Zwölf-, Vierzehn- oder Sechzehnjährigen schwierig, da wirklich rauszukommen. Der Vater sagt ihnen, ihr habt wirklich keine Chance in Deutschland, ihr würdet in der Schule nicht zurechtkommen. Das sind Lügen.

NB: Was macht das Jugendamt? Haben Sie sich vom Jugendamt unterstützt gefühlt oder im Stich gelassen?
Heike: Inzwischen ist der Vater wieder in Kalifornien, und das Jugendamt sagt ganz klar, wir sind für diesen Fall überhaupt nicht zuständig. Im Urteil vom OLG vom letzten Sommer stand drinnen, dass erst mal die möglichen milderen Mittel ausgeschöpft werden sollen. Das habe ich im Oktober beantragt beim Amtsgericht. Ich wollte, dass die Telefonkontakte, Umgang an Weihnachten konkret, Umgang im April und Sommer geregelt werden. Es gibt ja auch nach FamFG 156 den Beschleunigungsgrundsatz in solchen Sachen. Ich hab' das im Oktober eingereicht, ein Urteil vom Amtsgericht hatte ich dann im Februar. Da gab es zwischenzeitlich noch einen Termin, wo gesagt wurde, es wurde Zwangsgeld angeordnet.

NB: Was heißt Zwangsgeld?
Heike: Das heißt, wenn der Vater nicht so wie vereinbart den Umgang mit den Kindern ermöglicht, muss er 25 000 Euro Strafe zahlen, oder Ordnungsgeld heißt es. Im Februar hatte ich das Urteil, der Umgang im April war konkret angegeben. Zwischenzeitlich hatte der Vater mir noch gesagt, dass der Niklas im Science Camp ist, deswegen hatte ich die Daten noch mal angepasst. Der Richter hat vergessen, diese Daten anzupassen. Das heißt, das Urteil war überhaupt nicht ausführbar, weil der eine Sohn noch im Camp war. Für den Sommerumgang hat er auch nicht – mit dem Urteil konnte ich überhaupt nichts anfangen.

NB: Mit anderen Worten: Es war schlampig ausgefertigt.
Heike: Er hat die weiteren Eingaben – es hat sich über weitere drei Monate hingezogen – überhaupt nicht berücksichtigt. Das OLG hat dann

irgendwann, ich habe Einspruch eingelegt – der April- und der Sommer-umgang muss geklärt werden – und es müssen die Telefonate genauer geklärt werden. Es soll aus meiner Sicht auch Ordnungsgeld angedroht werden, weil er sich an nichts hält. Dann hat das OLG für den 9. Juli einen Termin anberaumt. Der Sommerumgang ist immer so, die Kinder haben in den USA schon ab Anfang Juni Ferien, das heißt, im Sommer kann ich den Sommerumgang für den Juni nicht mehr regeln. Ende April hat das OLG beschlossen, dass sie eigentlich gar nicht mehr zuständig sind. Da gab es ein Schreiben, dass sie prüfen, ob das Rechtsschutzbe-dürfnis in Deutschland überhaupt noch gegeben sei, weil ich mich doch auch an das amerikanische Gericht wenden könnte. Das deutsche Ge-richt versucht jetzt, den Fall loszuwerden. Die sagen halt, wir sind nicht mehr zuständig. In dem Urteil vom letzten Jahr steht ganz deutlich drin, dass das deutsche Gericht aufgrund der Staatsangehörigkeit der Kinder und meinem Wohnsitz hier in Deutschland immer zuständig sein wird. Jetzt sagt das deutsche Gericht, das ist alles zu schwierig und kompli-ziert, kümmern Sie sich doch in den USA darum. Das Jugendamt hat klar gesagt, dass sie nicht mehr zuständig sind für den Fall.

NB: Traurig. Wenn Sie aus Amerika zurückkommen, können wir viel-leicht doch in Verbindung bleiben. Darf ich Sie dann noch mal anrufen?
Heike: Ja, können Sie gerne.

NB: Ich schreibe das jetzt mal auf, und wenn Sie nichts dagegen haben, ohne dass ich Ihren Namen preisgebe, würde ich das gerne als ein Beispiel dafür nehmen, wie leicht es sich deutsche Gerichte machen. Ein Rechtsan-walt berät Sie falsch, und Sie haben die Folgen zu tragen. In einem ande-ren Zusammenhang habe ich auch noch einen Fall. Es war genauso, die Frau hat infolge eines falschen anwaltlichen Rats das Sorgerecht verloren.
Heike: Ja, das gibt es öfter. Erschreckend ist, dass das OLG die Tatsa-chen richtig im Urteil drin hat und sagt: Jetzt warten wir mal, der Vater verdient noch eine zweite Chance. Nachweislich hat das über zehn Jahre schon stattgefunden. Es ist ja kein Einzelfall. Normalerweise ist es ja so: Man trennt sich, das schaukelt sich hoch, und nach zwei bis drei Jahren beruhigt sich das. Wenn sich das nach vier Jahren nicht beruhigt hat und nachweislich immer schlimmer wird, dann muss ich die Konsequenzen ziehen.

NB: Es geht ja auch um das Wohl der Kinder.

Heike: Darum geht es nicht, die Richter wollen möglichst in Ruhe gelassen werden. Der Richter vom Amtsgericht hat mir gesagt – bei dem
bin ich öfter vorbeigegangen, um nachzufragen, wann ich denn endlich mal mit einem Urteil rechnen kann –, so wie das ist, Sie kriegen
das Sorgerecht in dieser Situation nie.

NB: Wer waren denn die Richter am OLG?

Heike: (Heike nennt drei Namen).

*NB: Ich danke schon mal sehr. Es geht mir nicht nur um Sie, es geht mir
darum, dass ich erfahren habe, man ist hilflos. Wenn die Richter nicht
wollen, dann wollen sie nicht. Wenn ich das richtig verstanden habe, werden die Fakten richtig beurteilt, und anschließend zieht man aus Bequemlichkeit keine Konsequenz.*

Heike: In den USA gibt es keine milderen Mittel. Das deutsche OLG
sagt, es müsse Deutschland durchsetzen. Da sagt das deutsche Gericht,
dafür sind wir gar nicht zuständig, wenden Sie sich an das amerikanische Gericht. Das amerikanische Gericht kennt so was gar nicht.

NB: Die Kinder sind immerhin deutsche Staatsangehörige, Sie auch.

Heike: Entweder ist man zuständig oder nicht. Entweder habe ich die
Verantwortung als deutscher Richter oder ich habe sie nicht.

*NB: Bis dahin habe ich sie und anschließend nicht mehr. Bin nicht mehr
zuständig für alle Sachen, die schwierig sind.*

Heike: Ja, genau so ist es. Der Fall ist kompliziert, und jeder Richter
will ihn möglichst schnell vom Tisch haben.

*NB: Ich melde mich möglicherweise noch mal. Schönen Dank auch. Und
gute Reise.*

Jagdszene 6

Der Oberförster schießt am besten: »Groß ist der Größte und Wichtig sein Büchsenspanner«

Dieser Jagdbericht ist eine Mischung aus Dichtung und Wahrheit, wobei die Dichtung in Sichtnähe der Wahrheit bleibt, jedenfalls ihre Essenz nicht mindert, sondern lediglich aus Gründen des Rechtsschutzes Spurenverwischung betreibt. Übereinstimmungen mit der Wirklichkeit sind rein zufällig, ganz und gar ungewollt, unter Umständen aber erkenntnisfördernd.

Die Karikatur verdeutlicht bisweilen die Wirklichkeit bis zur Wahrheit, und die Satire bringt die beschädigte Realität zur Kenntlichkeit. Zwar ist unser Stoff eigentlich zu traurig für eine Satire. Aber dass der oder die Ehrliche immer der oder die Dumme ist, das kann man ohne Trauer nur in der Komödie oder Satire ertragen.

Personen (Namen geändert):

1. Herr Zapig, Richter
2. Doktor Julius Wichtig, Anwalt des Antragsgegners
3. Frau Gotthelf, Anwältin der Antragstellerin
4. Herr Recht, Nachfolger von Frau Gotthelf
5. Judith, Antragstellerin
6. Groß, Antragsgegner
7. Rhaps, Mediator

Revier:

Familiengericht

Sinn der Szene:

Erkenntnisgewinn durch Beobachtung des Revierverhaltens von Groß- und Kleinwild im Unterholz der Rechtspflege

Vorspiel oder die Präparierung eines Rechtssubjekts zum Jagdobjekt

Bevor die Treibjagd ihren Anfang nimmt, präparieren Jäger, welche die Jagdmühen scheuen oder diese vielleicht auch nur minimieren möchten, die potentielle Beute so, dass der Jagdaufwand durch sys-

tematische Einschüchterung der Tiere verringert wird. Diese Jagd-
erleichterung wird freilich bei zünftigen Waidmännern nicht geschätzt,
weil es gegen die Regel einer fairen Jagd verstößt, was allerdings ihrer
zweckentfremdeten analogen Verbreitung in der Rechtspflege nicht im
Wege steht.

Mediator oder Magister

Vor zivilgerichtlichen Auseinandersetzungen erfüllt die Mediation die
sinnvolle Aufgabe, vor den Verhandlungen durch Versöhnung und
Ausgleich den Streit zu vermindern oder gar zu vermeiden. Zweckentfremdet erscheint jedoch eine vorgeschaltete Mediation, welche eine
der beiden Parteien so behandelt, dass sie für den finalen Fangschuss
zugerichtet wird. So verliert die Mediation die präjuristische Frieden
stiftende Funktion und wird Teil der Treibjagd.

So erging es Judith.

Judith machte sich, bevor der Rechtsweg begann, guten Willens und
schweren Herzens auf den Mediationsweg – wie das Gesetz es emp-
fiehlt. Der Mediator empfing sie erwartungsgemäß freundlich. Das
erste Gespräch verlief in höflich-sachlichem Ton.

Das zweite Gespräch erfolgte, nachdem der Kontrahent, nämlich
der Scheidung begehrende Ehemann, in den Genuss seiner ersten Mediation gekommen war. Das veränderte die Sachlage schlagartig. Un-
erwartet trifft Judith auf einen nicht mehr zuhörbereiten Mediator,
sondern auf einen penetrant belehrenden, aufdringlichen Magister.

Rhaps berichtete Judith mit wachsender Begeisterung vom Besuch
ihres Ehemannes, der sich auf dem »Abflug« von seinem familiären
Heimatland in sein neues Traumland Russland und der dazugehörigen
Oligarchin befand. Der Mediator schwärmte Judith etwas vor von au-
ßergewöhnlicher Begabung und von außerordentlichen russischen Erfolgsaussichten ihres verlorenen Ehegatten. Der Mann war zutiefst beeindruckt von den Zukunftsperspektiven, die Groß ihm geschildert
hatte.

Die Vergangenheitsrücksichten auf Groß' bisheriges zufriedenes
Eheleben mit Frau und drei Kindern fielen bei dieser Mediation zugunsten von Groß' langfristigen pekuniären Zukunftsaussichten unter
den Tisch. Groß hatte Hals über Kopf Frau und Kinder verlassen, ohne

sich auch nur einen Schnurz um die Organisation des Übergangs zu kümmern. Den Krempel, den er nicht brauchte, ließ er im Keller und Speicher. Den Zurückgebliebenen überließ er die Entsorgung.

Den Teil der gemeinsamen Haushaltsverwaltung wie Steuer, Versicherung, unbezahlte Rechnungen et cetera, den er bisher handhabte, hinterließ er der Verlassenen ohne ein Wort einer hilfreichen »Einweisung«. Von »Übergabe« konnte gar keine Rede sein. Groß machte sich wie ein Dieb in der Nacht aus dem Staub. Seiner Ehefrau teilte er das Ende der Ehe mit, als diese den Mantel angezogen, die Türklinke in der Hand auf dem Weg zur Schule war, in der sie 15 Minuten später Unterricht gab. Vorher hatte Groß noch eine friedliche halbe Stunde am Frühstückstisch wie immer mit Frau und drei Kindern Kaffee geschlürft. Taktvollerweise hatte Groß, das Gefühlsgenie, für die 30 Sekunden seiner Schlussmitteilung über das Ende einer 20-jährigen Beziehung jene Zeitlücke gewählt, in der die Kinder schon auf dem Schulweg waren.

Um Dinge, die ihn nicht interessierten, kümmerte er sich von heute auf morgen nicht mehr. Judith und die drei Kinder waren sich selbst überlassen. Groß kroch vorübergehend, nämlich bis zum Aufbruch in die neue russische Lebensepoche, bei einem Freund in der Nachbarschaft unter – nach mir die Sintflut! Zwischendurch holte er sich aus der Wohnung die Möbelstücke, die ihm behagten. Den Großbildschirm nebst Verankerung riss er aus der Wand, die danach aussah, als habe eine Granate sie getroffen. Die Lampen riss er von der Leitung, so dass sie funktionslos von der Decke baumelten. Die Wohnung hinterließ er wie ein vagabundierender Kommandant das Land nach der Plünderung.

Später erklärte er seinen Kindern voller Selbstmitleid, dass er viele »Werte« in der Wohnung zurückgelassen habe. Offenbar bedauerte er seine Großzügigkeit, die Wohnung nicht total leer geräumt zu haben.

Groß war aufs gelobte Land seiner Zukunft fixiert, und Rhaps wurde zu seinem juristischen Wasserträger, der die gleiche Funktion übernahm, welche die Domestiken bei der Tour de France für ihren Star leisten. Rhaps fand vor der staunenden Judith kein Ende, den Mann, der sie verlassen hatte, in goldenen Farben zu schildern. Judith verstand den Zweck der Übung nicht, in der Rhaps so tat, als kenne er Groß länger als sie, welche die Hälfte ihres Lebens mit Groß verbracht hatte.

Groß will offenbar – so scheint es – in Russland die Welt neu erfinden. »Das Geld liegt dort auf der Straße« war sein Resümee. Das Geld, das Groß als Erstes in Moskau gesehen hat, war das Geld in Gestalt einer jüngeren russischen Oligarchin, die sich im Internet als Besitzerin eines Hummer, Bentley, Mercedes Sportwagen nebst Penthouse in Miami, Immobilien in Monaco und Moskau dargestellt hatte. Es fehlten in dieser Art von Heiratsangebot eigentlich nur die Lichtbilder der Grundstücke. Das wäre für einen solchen Beziehungsaufbau, wie ihn Groß projektiert, ja auch wichtiger als die nebensächlichen persönlichen Daten. Die Ansichten der Fahrzeuge, zu der die Dame gehört, müssen nicht übermittelt werden. Sie sind ja sowieso in Prospekten zugänglich, deren Studium von jeher Groß' Lieblingsbeschäftigung war. Es genügt die Liste der Fahrzeuge, eventuell noch das Baujahr.

Groß hatte die neue »Anlagemöglichkeit« schon auf einer ersten Party in Russland an Land gezogen, eventuell auch sie ihn. Was Genaueres weiß man nicht, spielt auch keine Rolle. Der Blitzschlag des Geldes traf ihn zwar überraschend, aber erwartungsgemäß, jedenfalls seinen Lebenszielen entsprechend. Groß hatte, wie sich jetzt lebensgeschichtlich vermuten lässt, immer ein Faible, Liebe, Geld und Zukunft zu einem gewinnbringenden Spekulationsobjekt zu bündeln. Auch Judith hatte er sich nach seiner Flucht aus der DDR als eine solche zukunftsträchtige Investitionsanlage ausersehen und eine Partnerin ausgespäht, die sich dank der Familie, aus der sie kam, als ausbaufähige Anlage entwickeln ließ – jedenfalls für den Start im goldenen Westen.

Rhaps schien offensichtlich hingerissen vom Auftreten und Erscheinen des Jung-Managers Groß. Für Judith aber war die Berichterstattung vom neuen Leben ihres ehemaligen Ehemannes fast wie eine Liveschaltung in dessen geplantes, zukünftiges Leben, dessen Reporter der Mediator war. Und um Rhaps Einfühlungsvermögen die Krone aufzusetzen, fügte er dezent mit leiser Stimme, nach kurzer Atem- und Gedankenpause hinzu: »Groß ist ein attraktiver Mann.« Mehr Sensibilität kann von einem als Mediator verkleideten Zuhälter nicht erwartet werden.

Das war allerdings bei weitem noch die Spitzenleistung der Rhaps'-schen »Mitleidenschaft«. Seine Erfahrungen fasste dieser kühl am Ende der als Mediation getarnten Werbesendung zusammen, in einem Resümee von offenbar zeitloser Geltung: »Junge Ehefrauen kommen häufig mit den ambitionierten Lebensentwürfen ihrer Männer nicht zurecht.«

Im Vertrauen gesagt, Judith kämpfte an dieser Stelle mit den Tränen, was Rhaps im Überschwang seiner Analyse Gott sei Dank nicht bemerkte.

Judith verstand im Zusammenhang ihrer Lebenssituation den Sinn dieses Satzes vom mangelnden ehefraulichen Verständnis für ambitionierte Lebensentwürfe ihres Ehemannes nicht. Denn immerhin hatte sie die hochfliegenden Lebensentwürfe ihres Ehemannes über lange Strecken mit ihrem Einkommen finanziert.

Judith schwante lediglich etwas von den Verletzungsabsichten des Mediators, wollte diese aber sich selbst nicht eingestehen. Im Klartext lautet nämlich die Zusammenfassung des Mediators: »Sie sind zu dumm, Ihren Mann zu begreifen.«

Aus ihrer zunehmenden Ratlosigkeit wurde Judith jedoch blitzartig gerissen, als nämlich der mehr meditative Teil der Mediation beendet war und sich das Gespräch dem Pekuniären zuwendete. Da interessierte sich Rhaps plötzlich mit spürbar emotionalem Einsatz für die Frage, welche Unterstützung Judith von ihren Eltern erwarten dürfe. Jetzt war ihr klar, Rhaps ist gar nicht der Vermittler, der auf der Brücke steht, er sitzt am anderen Ufer! Was hat die Unterhaltsfrage mit dem Einkommen der Eltern von Judith zu tun? Gar nichts! Es sei denn, die heutige Emanzipation hat es im modernen Eherecht so weit gebracht wie es nach vorgestrigen afrikanischen Stammessitten immer schon Brauch war. Die Frau wird in den Kral der alten Eltern zurückgeschickt, wenn der Ehemann keinen Gebrauch mehr von ihr machen will.

Vom Mediationsregen in die Gerichtstraufe

Judiths Selbstbewusstsein war stark genug, an dieser Stelle die Mediation abzubrechen und sich in die Hände eines Familiengerichts zu begeben. Sie kam darüber vom Regen in die Traufe. Das Familiengericht war die Fortsetzung des Mediatorenmobbings mit anderen Mitteln.

Judith war noch im Glauben an richterliche Unabhängigkeit erzogen und von der kindlichen Erinnerung an Frau Justitia geprägt, die bekanntlich mit verbundenen Augen dargestellt wird. Judith ging noch von der Illusion aus, Justitia urteile »ohne Ansehen der Person«! Jäh überfiel sie das Entsetzen, als sie feststellen musste, dass Richter Zapig auch die Waage abhanden gekommen schien, mit der ihr Vorbild

Justitia die Argumente abwog. Zapig bediente statt der Waage den Hammer, mit dem er die Argumente festklopfte. Zapig nahm nur Argumente ins Protokoll auf, die ihm in den Kram passten. Einwände, die ihm ungelegen kamen, beschied er mit: »konnte nicht geklärt werden«, wie danach im Protokoll nachzulesen war.

Die Selektion der Fakten geschieht gewohnterweise »nach Büroschluss«. Der Richter fertigt selbst das Protokoll. »Wer schreibt, der bleibt.« (Einsprüche sind erlaubt.) So erhält die richterliche Unabhängigkeit neuen Sinn. In der Auswahl der Argumente, die in die Urteilsfindung eingehen, entwickelt der Richter eine gewisse Autorität, die ihm Einwände vom Hals hält. So wird er »unabhängig«.

Herr Richter Zapig vermochte auch nicht, Ressentiments so zu verstecken, wie dies erfahrenen Profis der Verhandlungsführung mit Hilfe von Witz und Ironie bisweilen gelingt. Nein, zur Ironie fehlt ihm eine gewisse Distanz, welche auch den Abstand zur eigenen Position einschließt.

Hin und wieder konnte Zapig seinem inneren Druck nicht standhalten, dann brach es seufzerhaft aus ihm heraus, dann verlor er den Faden der Argumentation und seine Gedanken die Spur. Ohne Zusammenhang mit dem Beratungsstand wandte er sich an Judith, um ihr kundzutun: »Sie wohnen in einer zu teuren Gegend, in der Sie nicht wohnen bleiben können.«

Zapigs Sorge um die zukünftigen Wohnverhältnisse der Restfamilie hatte weder mit der Wahrheits- noch Urteilsfindung zu tun. Sie waren die unterdrückten Symptome der Parteilichkeit und entsprachen den Interessen des Noch-Ehemannes, der inzwischen seine Frau samt Kindern mit allen Mitteln aus der Wohnung zu drängen versucht. Diese Interessen bezeichnete Zapig mehrmals als »berechtigt«. Ja, wozu dann noch Suche nach Gerechtigkeit und Urteil?

Zapigs »berechtigte Interessen«

Zapigs Lieblingsspruch ist wie gesagt: »berechtigte Interessen«, den er für Groß reserviert. Groß lässt durch sein »Mietmaul« (das ist kein von mir erfundenes Schimpfwort, sondern eine gängige Bezeichnung für Rechtsanwälte, die den Mandanten aus der Hand fressen) Rechtsanwalt Doktor Wichtig vor Gericht verkünden, die Zwangsversteigerung der gemeinsamen Immobilie, in der Judith und die drei Kinder zurückgelassen wurden, sei sein Ziel. Sofort ist Zapig zur Stelle im beflissenen Einsatz und erklärt dies hehre Ziel als »berechtigtes Interesse«. Auf die verwegene Idee, dass Judith auch berechtigte Interessen haben könnte, mit ihren drei Kindern in der vertrauten Wohnung und der gewohnten Umgebung zu bleiben, kommt in diesem weltfremden Gericht offenbar niemand.

Der praktische Menschenverstand hat im System der »berechtigten Interessen« offenbar keinen Platz im Urteilsvermögen von Richter Zapig. Anwalt Doktor Julius Wichtig, der Gefolgsmann von Groß, kennt sowieso in der Verfolgung seiner Interessen keine Grenzen der Berechtigung, noch nicht einmal moralische Skrupel.

Doch zurück beziehungsweise vorwärts ins Unterholz des Jagdreviers und zum Eröffnungssignal der Treibjagd.

Einblick in Verhandlung zwecks Terminvereinbarung

Wichtig, Anwalt des Antragsgegners: »Ich bin vom 1. September 2013 bis 16. September 2013 in Urlaub, anschließend in Kammerfragen unterwegs.«

Gotthelf, Anwältin der Antragsstellerin: »Ich bin vom 10. September bis 21. September 2013 verreist.«

Zapig, Richter: »Ich bin im August in Urlaub.«

Wichtig, Anwalt des Antragsgegners: »Bitte vereinbaren Sie den Termin mit meinem Büro.«

Herr Rechtsanwalt Doktor Julius Wichtig

Herr Rechtsanwalt Doktor Julius Wichtig, so haben wir ihn genannt, um so seine wahre Identität der Barmherzigkeit des Daten- und Persönlichkeitsschutzes anheimzugeben, lässt sich die Termine vom Gericht anliefern. Er begutachtet und genehmigt sie sodann und regelt im Vorübergehen auch, wer wann geladen wird. Schließlich ist Doktor Wichtig, ein hoher Funktionär der verfassten Rechtsanwaltschaft, und damit ein herausragender Repräsentant der Rechtspflege, zudem von beeindruckender regionaler und überregionaler Geltung, die ihren Höhepunkt erreicht, wenn Herr Dr. Wichtig auf internationalen Rechtsanwaltskonferenzen als Referent auftritt. Was er öfter mehr beiläufig zur Sprache bringt, wenn es beispielsweise gilt, dass das Gericht auf seine welt- und weitläufigen Verpflichtungen bei Vereinbarung von Gerichtsterminen »bitte« Rücksicht nehmen möge. Sein Status und sein Habitus vermögen durchaus auch seinen Mandanten vor Gericht das Leben leichter zu machen.

Der Herr der Geografie

Das zeigt sich auch bei Terminverpflichtungen, die seinen Mandanten zu- bzw. nicht zugemutet werden können. Groß, der inzwischen sein Auslandsziel erreicht hat, wird zum Beispiel die Ladung zum nächsten Gerichtstermin erspart, obschon er sich zu dieser Zeit auf Heimaturlaub in Deutschland befindet. Der Gerichtsort wäre zwar vom Urlaubsort durchaus mit Hilfe eines Inlandfluges und relativ geringem Zeitaufwand erreichbar. Wichtig »entscheidet« aber, dass der Urlaubsort sich nicht in der Nähe eines Flughafens befindet und deshalb die Ladung unzumutbar sei: Wichtig locuta – causa finita.

Der nächste Flughafen befindet sich jedoch nicht weit entfernt – wie jede Landkarte ausweist –, sondern höchstens 60 Kilometer vom Urlaubsdomizil seines Mandanten entfernt. Die ganze Angelegenheit hätte höchstens das Opfer eines Urlaubstages ausgemacht. Der Richter nimmt die geografische Entfernungsangabe des Anwalts Wichtig erwartungsgemäß widerspruchslos zur Kenntnis und folgt beflissen dessen Schlussfolgerung. So ist Wichtig nicht nur als Herr des Gerichtsverfahrens tätig, sondern auch der Geografie, die er zwecks Verhinderung der Ladung seines Mandanten wie Gott der Herr neu erschafft.

Herr Richter lächelte derweil wohlwollend zurückhaltend während dieser kurzen Exkursion der gerichtlichen Heimatkunde.

Groß bleibt fern. Judith tritt an: Vor dem Gesetz sind alle gleich!

Das Imponiergehabe

Die Gegenanwältin Gotthelf macht dabei das, was überhaupt ihre Lieblingsbeschäftigung während der Verhandlungen ist: Sie blättert beflissen in den Akten. Das unterscheidet sie schon körpersprachlich von dem eigentlich amtierenden Chef der Verhandlung, nämlich Herrn Rechtsanwalt Doktor Julius Wichtig, der seine Akten prinzipiell unbeachtet in einiger Distanz an der Grenze seiner Reichweite platziert hat. Seine offenbar angeborene Dominanz deutet er dadurch an, dass er die Füße von sich streckt und die Arme über die Seitenlehne seines Sessels lässig baumeln lässt. Schon rein optisch kontrastiert das geschäftig-verlegene Untertanengehabe der Anwältin die feiste, desinteressierte Blasiertheit des Gegenspielers. So sind die Rollen im Gerichtsspiel von vornherein fest verteilt, Gewinner und Verlierer klar markiert.

Das Beziehungsgeflecht im Unterholz

Anwalt Wichtig und Anwältin Gotthelf kennen sich gut; zu gut. Ihre beruflichen Verbindungen und Verquickungen sind besser, als es ihrer anwaltlichen Unabhängigkeit guttut.

Das Geflecht im Unterholz der Rechtspflege kennt manche Schleichpfade und versteckte Wege, die begangen werden, bevor überhaupt zur Jagd geblasen wird.

Die Kontrahenten treffen sich nicht nur vor Gericht.

So schließen sich die Kreise, bevor überhaupt das erste Wort im Gericht gesprochen ist. Wäre die Verhandlung in Köln, so könnte man die Konkordanz zwischen Wichtig und Gotthelf und Kammerpräsident mit einem Artikel aus dem Rheinischen Grundgesetz beschreiben: Mer kenne us, mer helfe us. Dieses nette rheinische Lebensmotto verniedlicht jedoch den harten Kern der Repression, der in einem Zusammenhang enthalten sein kann, wenn dieser sich als Kumpanei entpuppt. Die Augenbinde von Frau Justitia hat Sehschlitze, durch die sie ihren Vertrauten zublinzelt.

Frau Judith wechselt später, nachdem sie zufällig von diesen Zusammenhängen erfahren hat, von Frau Rechtsanwältin Gotthelf zu einem anderen Anwalt, der ehrbar und anständig ist.

Den »beruflich« verflochtenen Anwälten war dies nicht weiter peinlich. Dafür sind sie offensichtlich professionell zu abgebrüht. Noch nicht einmal eine Benachrichtigung der Mandantin Judith hielten Rechtsanwältin Gotthelf und Herr Rechtsanwalt Doktor Wichtig für nötig, und sei es nur aus Fairnessgründen. Herr Rechtsanwalt Doktor Wichtig hält viel beachtete Vorträge über Standesethik. Der Mann wird schließlich wissen, »was sich gehört« denkt man. »Denkste!«. Die Pharisäer wussten es auch, genau und sogar am besten.

Wer was will, stellt sich hinten an!

Nebenbei bemerkt: Das Jagdziel Terminvereinbarung, das wir zu Beginn unseres Berichtes auszugsweise geschildert hatten, wurde selbstverständlich zu guter Letzt unter Umgehung des Terminbegehrens der Noch-Ehefrau festgelegt. Die Einzige, die bei der Suche nach dem für alle akzeptablen Termin außerhalb des Kreises blieb, war also die Antragstellerin selbst, um deren Unterhalt und den ihrer Kinder es ging.

Eigentlich wäre die verlassene Mutter mit mehreren schulpflichtigen Kindern die Hauptperson und der naheliegende Fixpunkt der Terminsuche. Sie ist nämlich auch die einzige der Beteiligten, deren Arbeitszeit einem amtlichen Stundenplan folgen muss, der ihr als Lehrerin beamtenrechtlich vorgegeben ist. Man könnte von ihren Zeiten ausgehen, wenn man wollte, und die anderen Terminwünsche danach ordnen – so weit das geht und nicht mit anderen Gerichtsterminen kollidiert. Aber wer will das? Sie will was, die Klägerin, und deshalb wird ihr der Verhandlungstermin ungefragt vorgesetzt. Wer was fordert, muss klugerweise kuschen und sich schließlich hinten anstellen. Terminvereinbarungen vor dem Oberlandesgericht folgen später derselben Hackordnung. Alle werden nach ihren Terminmöglichkeiten gefragt. Die Antragstellerin, Lehrerin in dem Geschirr eines festen Stundenplans, erhält den Termin vorgesetzt. In den kleinen Usancen am Rande wird im Vorbeigehen »Herrschaft« zelebriert. Aber das fällt nicht weiter auf und wird von der Benachteiligten still geschluckt. Man will ja schließlich die Gerichtsstimmung nicht verderben. In dieser Unterwürfigkeit ist schon eine Menge Diskriminierungserfahrung verarbeitet.

Vogelfreie richterliche Zeitsouveränität

Die Zeitsouveränität des Herrn Richter ist jedenfalls die größte von allen im Gerichtssaal Versammelten. Er bestimmt seinen Zeitplan eigenmächtig. Herr Richter, frei wie ein Vogel in der Bestimmung seines Geschäftsablaufs und seiner Arbeitsorganisation, bricht nach relativ kurzer Zeit die Verhandlung ab. Er muss sein Kind vom Kindergarten abholen. Gut für das Kind des Richters, schlecht für die Kinder der Klägerin, denn wie es mit der Restfamilie weitergeht, bleibt auch nach vier Jahren ungeklärt.

Eine kurze Verhandlung nach Monaten der Verhandlungspause. Was soll denn in dieser Zeit von den Verwicklungen des Unterhaltsrechts »entwickelt« werden? Die Zeit reicht gerade für den Austausch von Formalien, Konventionalien und Lappalien. Zur Sache selbst geschah in dieser Zeit so gut wie nichts. Die Sache selbst verhandelt der Richter offenbar privatissime in seinem stillen Kämmerlein in solipsistischer Heimarbeit. Das hat den Vorzug, dass dort keine Gegenargumente stören.

Die Sensibilität der Familiengerichte

Die Frage ist freilich: Hätte Herr Richter sich dem Konflikt zwischen Ende der Kindergartenzeit und gerichtlicher Verhandlungszeit überhaupt entziehen können? Ja! Ganz einfach, er hätte seinen Gerichtstermin früher ansetzen können. Dann hätte ihm genügend Verhandlungsstunden zur Verfügung gestanden.

In seinem Falle handelt es sich also um eine relativ leicht zu organisierende zeitliche Koordination von Berufs- und Familienarbeit, für die Familiengerichte eigentlich eine besondere »Sensibilität« entwickeln sollten. Doch kalt ist jede Theorie, besonders wenn Sie die eisigen Temperaturen der Gerichtsräume der Familienrichter erreicht.

Erwerbsarbeit – der Himmel der Emanzipation

Die allein seligmachende Erwerbsarbeit der Mutter ist der feministische Himmel deutscher Familiengerichte. So verlangt auch Wichtig, dass die verlassene Mutter von drei Kindern die Stundenzahl ihres Lehrerberufs aufstockt, damit sie ihr Erwerbseinkommen erhöht, auf dass der mit Porsche als Zweitwagen protzende und in Geld schwimmende Vater keine Einkommensminderung durch höhere Unterhaltspflichten erleidet. Großzügig und einfühlsam schlägt Wichtig vor, die Mutter könne ja auf ihre Sonderqualifikation als Montessori-Lehrerin verzichten und zum einfachen Schuldienst zurückkehren, dann benötige sie weniger Vorbereitungszeit. Rechtsanwalt Doktor Julius Wichtig ist wie immer so auch hier auf der Höhe seines Einfallsreichtums:

Qualifikationsopfer der verlassenen Ehefrau zugunsten des Geldvorteils des flüchtigen Ehemanns.

Ist in den luftigen Höhen des Familienrechts, dort, wo es gemacht wird (in den Parlamenten), und dort, wo es angewandt wird (in den Gerichtssälen), je eine Nachricht angekommen, wie im Zeitalter der Rundumbetreuung des Kindes die Restzeit gemanagt werden muss, die von Schule noch nicht besetzt ist? Für die optimale Nutzung dieser sogenannten »Freizeit« bedürfen Eltern eines Masterplans, um die Koordination von zum Beispiel Klavierstunden, Kindergeburtstag, Jugendfeuerwehr, Bogenschießen und Drachensteigen zu organisieren. Auch Zeiten der Kinderkrankheiten sind selten mit den Arbeitszeiten der Betriebe synchronisiert. Meine »Ganztagsmutter« musste sich damals weniger um meine Freizeit kümmern als die heutigen Halbtagsmütter und -väter um ihre Ganztagsschulkinder.

Verwundert hört Judith im Revisionsgericht den Ratschlag des Familienrichters, das Kind sterbe auch nicht, wenn es an der Klassenfahrt nicht teilnehme, weil Groß sich weigere, die Fahrt zu bezahlen.

Ich habe als Stadtkind in der dörflichen Zwergschule, in die es mich im Krieg verschlagen hatte, als Einziger nie die Schulglocke läuten dürfen, die den Anmarsch der Lehrer ankündigte. Seit dieser Zeit weiß ich, wie sich Diskriminierung anfühlt, obwohl ich das Wort damals noch gar nicht schreiben konnte.

Judiths Kind wird den Ausschluss von Klassenfahrten überleben. Herr Richter hat recht. Aber Judiths Kind wird das einzige sein, das daheim bleiben muss. Die Sozialkassen der Schule springen ein, wenn Eltern das Geld nicht aufbringen können. Bei Judiths Kindern wird das nicht so sein, ihr Vater ist ein »reicher Mann«.

Für solche Schmerzen des kindlichen Alltags fehlt am Familiengericht offenbar das Sensorium.

Nie war der Feminismus männlicher

Mit triefender Arroganz, die sich durch verletzende sprachliche Schnoddrigkeit ausdrückt, klassifiziert Wichtig den Lehrerberuf von Frau Judith als Tätigkeit in einer »sogenannten Familienklasse«, die sie »betreut«. Hoppla, Herr Wichtig, sonst so definitiv, final präzise, leistet sich eine gewaltige sprachliche Nachlässigkeit. Judith »leitet« und »betreut« nicht eine »Familienklasse«, die nicht nur sogenannt wird, sondern auch eine ist. Wie auch Familiengerichte nicht »so genannte Familiengerichte« sind, die von Richterinnen »betreut« werden. Vielleicht »betreut« Wichtig eine »sogenannte Rechtsanwaltskammer« als »eventueller Präsident« – ich weiß es nicht.

Dass neben dem Streit um die unterhaltsrelevante Höhe der Erwerbsarbeit der Mutter kein Wort über das Kindeswohl gesprochen wird, offenbart auf peinliche Weise die »Kinderferne« der »Familien«gerichte und des Familienrechts, welches das Recht der Kinder vernachlässigt. Familie ohne Kinder?

Wichtig ist wichtig

Herr Rechtsanwalt Doktor Julius Wichtig hat ein »blendendes« Verständnis seines Berufs. Er legt übrigens großen Wert auf die Nennung seines Doktortitels, der auch noch die beiläufigsten Unterschriften schmückt. Der Doktortitel erfüllt für ihn offensichtlich eine ähnliche Funktion wie ein Hosenträger. Hosenträger geben Halt, der Hose und dem Träger. Ohne Hosenträger stehen besonders Würdenträger ziemlich entblößt da, und ohne Titel fühlt sich Wichtig wahrscheinlich nackt.

Wichtig ist nicht auf Krawall gebürstet, ganz im Gegenteil, er bevorzugt das Elegante, das freilich auch einen hohen Anteil von Unbestimmtheit enthält. Repression ist nicht »sein Ding«, denkt man. Seine »feine« Tour bewahrt ihn nicht vor grober Hemdsärmeligkeit und plumpen »Winkeladvokatentricks«. So wirft er mit lockerer Hand mit Verdachtsvorwürfen um sich, die er von jeder Begründung freihält, weil er sie auch nicht liefern kann. »Die Großeltern richten die Enkel feindlich gegen den Vater aus.« »Definitiv« verlangt er, den Umgang der Großeltern mit den Kindern gerichtlich zu unterbinden.

Der Vorwurf ist völlig aus der Luft gegriffen. Wichtig wirft seine Vorwürfe wie Knallfrösche ins Gericht, mit vergleichbarer Wirkung: Es blitzt, es donnert, es riecht ein bisschen, und dann ist es wieder dunkel und Wichtig macht weiter, als hätte er nie sein Blendwerk gezündet. So ist es auch mit dem Vorwurf, die Antragstellerin nehme Einsicht in

E-Mails, die an seinen Mandanten gerichtet seien. Dass dies technisch gar nicht möglich war, stört Wichtig nicht. Hauptsache ist der Knalleffekt, und mit dem will er Eindruck schinden. Und es gelingt ihm auch. Er sei zu keiner Begründung verpflichtet, antwortet Wichtig dem Großvater auf dessen Bitte, seine halsbrecherischen Vorwürfe zu begründen. »Wo kommen wir da hin?«, denkt sich Wichtig und übergeht die Nachfrage. »Behauptung ist Begründung« stellt er auf hartnäckige Bitte dann kurz fest. Als Rechtsanwalt müsse er nicht den Wahrheitsgehalt prüfen, der in den Aufträgen seines Mandanten enthalten sei. So einfach ist der Beruf?! So verkommt der Anwaltsberuf zu dem eines Briefträgers seines Auftraggebers.

Ein Bürger, der den Nachbarn Dieb nennen würde, müsste mit einer Verleumdungsklage rechnen. Ein Anwalt ist vor solchen Gefahren geschützt. Er muss die Vorwürfe, die er weitergibt, nicht prüfen. Er gibt sie weiter. Vor Gericht bleibt die Vorwurfskanonade nicht ohne Wirkung, auch wenn sie aus Platzpatronen besteht. Jedenfalls ist Richter Zapig beeindruckt. Bedenklich wiegt er den Kopf, als Wichtig behauptet, der Schwiegervater betreibe Rufschädigung seines Mandanten bei der Firma, die diesen beschäftige. Kein Wort ist wahr. Zapig aber bemerkt altklug, jetzt verstehe er, warum Groß die Verhandlungen über eine Immobilieneinigung abbreche. Verhandlungen, die dieser noch gar nicht aufgenommen hatte. Was Zapig so richterlich gutgläubig versteht, hat er gar nicht geprüft, es noch nicht einmal versucht. Zapig scheint mit der Gabe der Telepathie ausgestattet. Er erfühlt Sachverhalte, für die andere Richter erst Erkenntnisse sammeln müssen. Wichtig hat auf dem Umweg einer Lüge sein Ziel erreicht.

Der Schwarze Peter liegt wieder einmal bei der anderen Seite. Wieder ein Schritt näher an der Zwangsversteigerung. Die Rechtssuche hat sich vor Familiengerichten von der Wahrheitssuche emanzipiert. Die Wahrheit ist ein Störenfried vor Familiengerichten.

Zur Eleganz fügt sich Arroganz, die in unserem Falle eine Schwester der Ignoranz ist. Bluff ist vor Gericht salonfähig. Auf den Herrn Richter macht Wichtig sichtbaren Eindruck. Die Wahrheitsfrage hat sich klammheimlich aus den Verhandlungsräumen des Familiengerichts entfernt. Gut oder böse, Wahrheit oder Lüge spielen eine untergeordnete Rolle. Richtig ist, was Wichtig will. Recht ohne Wahrheit – wie soll das gehen? Auch wenn die Wahrheit nicht immer gefunden wird, muss sie dennoch gesucht werden, wenn Recht Recht bleiben soll.

Der Wahrheitsschlendrian

Es geht bei Familiengerichten außerordentlich schlampig zu, was Fakten und Wahrheit betrifft. Offenbar wird dort so viel schmutzige Wäsche gewaschen, dass den Richtern das Wissen verloren gegangen zu sein scheint, was schmutzige und saubere Wäsche unterscheidet. In dieser Waschbrühe verliert selbst der Anständigste sein weißes Hemd.

In Wahrheit ist ein Familiengericht ein Waisenkind ohne Bleibe. Dr. Wichtig ist ein Virtuose in der Herstellung einer Gemengelage von Halbwahrheiten und ganzen Unwahrheiten.

Groß ließ die Kreditkarte seiner Ehefrau sperren, indem er sie für verlustig erklärte. Seine Frau wusste von diesem »Verlust« nichts, denn die Karte befand sich unverändert in ihrem physischen Besitz. Ahnungslos benutzte sie die Karte weiter und flog beim nächsten Einsatz als vermeintlich unrechtmäßige Kartenbesitzerin auf. Wichtig hatte für die Peinlichkeit, die sein Mandant ausgelöst hatte, nur die banale Erklärung: »irrige Annahme«. Der Richter nahm das verständnisvoll zur Kenntnis.

Man stelle sich den Ablauf mit einigermaßen gesundem Menschenverstand vor: Ein Mann sitzt zu Hause und wird ohne Anlass oder Anhaltspunkt aus heiterem Himmel wie vom Blitz von der Erkenntnis getroffen, »die Kreditkarte meiner Frau ist verloren gegangen«. Er meldet das umgehend pflichtschuldigst dem Kreditkarteninstitut, und das handelt, wie zu erwarten war. Bedauerlicherweise ist der Ehemann nicht auf die Idee gekommen, seinen Einfall bei seiner Frau durch Rückfrage zu verifizieren, was ihm die Verlustmeldung und seiner Frau die peinliche Situation erspart hätte.

Die Handlungsweise des Ehemannes versieht ein ausgewachsener Mensch namens Wichtig mit der Erklärung »irrige Annahme«, als handle es sich um eine unglückliche Verwechslung, die immer mal passieren kann.

Welch ungeahnte komödiantische Begabung in Dr. Wichtig schlummert, kann man einem Schriftstück entnehmen, das er dem Gericht vorlegte: Darin behauptet er, sein Mandant habe sich vor den Augen seiner ältesten Tochter ein Haarbüschel abgeschnitten, um es ihr zum

Basteln zu geben, wohl wissend, dass damit ein Drogentest durchgeführt werden sollte, der »ergebnislos« verlief.

Man kann sich dieses Ereignis als eine vorzügliche Szene der Commedia dell'Arte vorstellen: Pantalone betritt diesmal mit wallender Haarpracht die Bühne und schneidet sich vor den Augen seiner entsetzten Tochter ein ganzes Büschel Haare von seinem Schopf, um es dem erschrockenen Kind zu Bastelzwecken zu übergeben. Das Kind ist keine Liebhaberin von Basteleien, besonders nicht mit Werkstücken, die man aus Haaren anfertigen kann. Das heimtückische Kind nimmt die Gabe dennoch an und rennt zum Drogentest, wie der Vater schon vorher wusste. Aber, oh Graus, der Vater hat das Opfer umsonst gebracht. Der Test ist gescheitert, alles vergebens. Vater und Tochter sind jetzt so klug wie zuvor. Aber des Vaters Haarpracht ist zerstört. Schallendes Gelächter, Beifall auf offener Bühne, Vorhang.

Dass man eine solche Farce in deutschen Gerichten aufführen kann, ohne dass ein Richter sich die Mühe macht, die Ernsthaftigkeit eines darin enthaltenen Vorwurfs zu hinterfragen, ist kein Grund zum Lachen, sondern zum Bedauern, das schwache Gemüter zum Weinen bringen könnte. Wahrheit spielt keine Rolle mehr. Die Lügen spazieren erhobenen Hauptes durch die Gerichtssäle, kein Richter schreitet ein.

Wichtig ist ein schriftstellerisches Multitalent. Er könnte ebenso als Stückeschreiber eines Bauerntheaters sein Geld verdienen.

Sein jüngster Regieeinfall bestand darin, drei Richter, Gegenanwalt und Mandantin auf das Eintreffen seines Mandanten warten zu lassen, der zur Gerichtsverhandlung aus dem Ausland anreisen sollte, wo er bekanntlich beschäftigt ist. Als nach einiger Zeit Doktor Groß immer noch nicht erschienen war, der Richter ungeduldig wurde, verließ Wichtig den Gerichtssaal zwecks Erkundung. Nach einiger Zeit erschien Wichtig gemessenen Schrittes und klärte die Anwesenden darüber auf, dass sein Mandant den Termin um einen Monat verwechselt habe. Auf die Frage des konsternierten Vorsitzenden, ob er vor diesem Termin keinen Kontakt mit seinem Mandanten gehabt habe, antwortet Wichtig: »keinen Kontakt«. Das ist im Bauerntheater ein Gag, vor Gericht eine unwahrscheinliche Konstellation.

Das und vieles andere mehr sind Banalitäten, das ist wahr. Wichtig aber betreibt sein Anwaltsgeschäft weniger mit der großen Juristerei, sondern mehr mit kleinen Tricks und Ablenkungsmanövern. Er kann es sich leisten, weil die hohen Gerichte solch armselige Spiele durchgehen lassen. Dementsprechend rührt die Verletzung des Rechtsgefühls vieler Beteiligter aus der Erfahrung, dass Raffinesse erfolgreicher ist als Recht, und nicht nur aus plumpen Rechtsverstößen.

Die selektive Regionalität des Rechts

Für den Herrn Richter ist der Standort der Rechtsfindung offenbar bestimmend für den Standpunkt des Rechts und die Art und Weise, wie es gefunden wird. So generiert Herr Richter Zapig eine ortsgebundene Autonomie der Rechtsprechung.

Als der neue Rechtsanwalt, frisch ins Verfahren eingewechselt, ein Schriftstück vorlegt, weist er dies brüsk zurück, weil derartige Schriftstücke hier nicht üblich seien. Der Hinweis des neuen Rechtsanwalts, ein in Ehren ergrauter alter Fuchs des Rechts, dass er »derartige« Schriftstücke schon vor allen Gerichten in Deutschland vorgelegt habe, vor denen er aufgetreten sei, hilft auch nicht weiter. Schließlich ist Herr Richter Herr im Haus. Wichtig unterstützt die richterlichen Gebietsgepflogenheiten durch fortgesetztes Kopfnicken. Seine nonverbalen anwaltlichen Beihilfen für Herrn Richter Zapig sind wie immer eindrucksvoll.

Später benutzt der Richter allerdings selbst die gleiche Methode, die er als angeblich nicht ortsüblich vormals gebrandmarkt hatte. Es wechselt der Standpunkt nicht nur mit dem Standort. Der Standpunkt ändert sich auch mit dem Zeitpunkt.

Bei Rechtsanwalt Wichtig drückt sich sein Berufsverständnis anders aus als bei Herrn Richter Zapig. Während dieser seine Unsicherheit kompensiert, indem er sich an den vermeintlich Stärkeren anlehnt, handelt Wichtig nach dem Motto: Selbst ist der Mann! Je zweifelhafter seine Argumentation ist, umso zweifelsfreier trägt er sie vor. Eindruck seiner Person ist ihm wichtiger als der inhaltliche Ausdruck seiner Gedanken.

Schriftstücke werden von Doktor Julius Wichtig offenbar mühelos und nebenbei angefertigt. Man stelle ihn sich vor, wie er seine Schriftstücke ins Diktiergerät spricht, dabei im Arbeitszimmer hin- und herwandelt und sich dabei selbst ob der Leichtigkeit seines Seins bewundert. Genial der Wechsel zwischen Pennälerdeutsch und hoher

Amtssprache, wenn zum Beispiel die Gegenseite bei der Firma Erkundigungen einzieht, die sie vor Gericht benötigt. Dann spricht er einigermaßen niedlich von »anschwärzen«, um kurz darauf die Gegenseite mit Donnerhall des »Rufmords« zu bezichtigen. Zur Qualifizierung ein und desselben Vorgangs greift er einmal zur Analogie mit einer Schülersünde, um im nächsten Moment die Sache mit dem Vorwurf eines kriminellen Deliktes zu titulieren – »Wie es euch gefällt«.

An Wichtigs Sprachkraft ist ein Shakespeare verloren gegangen. Wichtig ist ein Meister der Flüchtigkeit. Datierungen sind Glückssache und stimmen selten. Selbst Tage, die es gar nicht gibt, jedenfalls nicht mit dem angegebenen Datum, verwendet er in seinen Schriftstücken. Für so etwas Triviales wie Genauigkeit ist im Genie von der Größe Wichtigs kein Platz. Aber auch sonst macht es sich Wichtig mit Behauptungen nicht schwer. Das Bundesverwaltungsamt gebe keine Auskünfte zu bestimmten BAföG-Fragen, und forsch fügt er hinzu: »Unmögliches kann nicht verlangt werden.« Nichts wäre allerdings leichter zu haben gewesen als die verlangte Auskunft. In diesem Falle hätte ein Telefonanruf genügt, um zu erfahren, dass das Bundesverwaltungsamt die Auskunft liefert, die zu erhalten Wichtig zu den Unmöglichkeiten erklärte.

Jahrelang gibt er Krankenkassenbeiträge seines Mandanten an, die fast sechsmal so hoch sind wie die wirklichen. Ertappt, erklärt er die Zahlen für bedeutungslos, weil sie nicht das Eheleben geprägt hätten. Bei Überführung seiner zahlreichen Unwahrheiten verliert Wichtig nie seine gut gespielte Souveränität. Er wechselt ohne Bedauern und viel Federlesen zum nächsten Thema. Diese Immunität gegen jedwede Verlegenheit kennt man sonst nur bei Hochstaplern. Dr. Wichtig wäre eine Idealbesetzung für die Neuverfilmung des *Felix Krull*.

Für die Kleinigkeiten sachlicher Genauigkeit, und seien es nur Termindaten, hat Wichtig wenig Sinn. Für den gleichen Sachverhalt gibt es zum Beispiel drei verschiedene Datierungen, für einen anderen drei unterschiedliche sachliche Versionen. In der Hitze des Gefechts arbeitet Wichtig auch schon mal schlampig und vergisst den alten Grundsatz: »Wer lügt, braucht ein gutes Gedächtnis, um nicht aufzufallen.« Vor »seinem« Gericht fällt Wichtig mit solchen Unwahrheiten, die als kleine Nachlässigkeiten gelten, offenbar nicht weiter auf. Da hat er einen Promi-Bonus als Freifahrtschein für offensichtliche Unwahrheiten, zumal Herr Richter wohl ein schwaches Gedächtnis für Lügen hat. Wahrheit spielt wie gesagt auch keine Rolle (»wir sind hier nicht im Strafgericht«).

Wichtig bestimmt die Grenzen

In der Bestimmung seiner Verhandlungsgrenzen, wozu er also bereit ist mitzumachen, ist der flexible Wichtig überraschend starr und stur. Da versteht er keinen Spaß. Vorgaben, die ihm nicht passen, lehnt er einfach mit dem Bescheid ab: »Mache ich nicht, definitiv«. »Definitiv« ist eines seiner Lieblingsworte. Er verwendet es nicht sehr wählerisch. Es genügt, um seine finale Entschlossenheit dem Gericht zu signalisieren. »Final« ist sein zweites Zauberwort. Dies benutzt er alternierend kumulativ oder kumulierend alternativ. Und siehe, ohne Atempause überspielt Herr Richter dann seine Verlegenheit, die aus der Peinlichkeit entsteht, dass er sich nicht traut, Wichtig zu widersprechen, er willigt schnell ins von Wichtig gewünschte Verfahren ohne Widerspruch ein. – Definitiv final!

Der Richter lässt sich von energisch ausgesprochenen Stoppzeichen von Wichtig in die Schranken weisen und folgt dem von Wichtig »freigegebenen« Verfahren. So entpuppt Zapig sich als weniger souverän, als er gemeinhin tut. Es ging in diesem Falle um die Zuordnung von Ausgaben vom gemeinsamen Konto der beiden Ehepartner nach der Trennung, die diese getätigt hatten. Diese ließen sich mit Hilfe der Kontoauszüge leicht individuell zuordnen. Wichtig bevorzugt aber die hälftige Pauschalierung. Da steht sich sein Mandant besser, denn er hat das gemeinsame Konto überzogen und ausgeraubt. Das Ergebnis von Wichtigs Arbeitsverweigerung: Wichtig hat's bequemer, und Judith bezahlt den Konsumrausch, dem sich Groß nach der Trennung hingegeben hat … Wichtig ist sein Geld wert.

Wichtiges Bubenstück wird von einem Meistertrick gekrönt. Groß ist im Konsumrausch. Die Grenze seines Überziehungskredits legt die Sparkasse auf 18 000 Euro. Das reicht für einen Mann mit Zukunftsreichtum nicht. Also beantragt er Verdoppelung des Kreditrahmens für das gemeinsame Konto mit der Vortäuschung, die Kontomitinhaberin, noch seine Frau, sei damit einverstanden. Die weiß aber gar nichts davon und verweigert die nachträgliche Unterschrift. Jetzt kam Groß in große Verlegenheit. Mit vollendeten Tatsachen seine Frau zu überrumpeln, war missglückt. Die Zustimmung seiner Ehefrau zur Erhöhung des Überziehungskredits bei der Sparkasse fiel als vorgetäuscht auf. Was jetzt tun? Wichtig und Groß wissen immer Auswege: Sie beruhigen Judith und die Sparkasse mit der Zusage, bei der nächsten Bonuszahlung, die Groß erwartete, werde das Konto glattgestellt. Als es dann so weit war, hatten Groß und Wichtig das Versprechen und die Sparkasse ihre Zusage zu diesem Verfahren vergessen. Groß eröffnete ein neues Konto, die Sparkasse machte gute Miene zum bösen Spiel und ermöglichte so Groß, seine Bonuszahlung am überzogenen Konto vorbei im sicheren Hafen eines eigenen separaten Kontos anzulanden. Judith war die Dumme. Sie musste Groß' Schulden mit abbezahlen.

Die Harmonie zweier Herzen oder die Gedankenübertragung zwischen zwei Köpfen

Zwischen Richter Zapig und seinem Anwalt Wichtig scheint eine fast telepathische übersinnliche Gedankenverbindung zu bestehen, denn bevor Herr Doktor Wichtig seinen Mund zu einem etwaigen Widerspruch öffnet, weiß Herr Richter Zapig häufig, was dieser sagen will. Mit vorauseilendem Gehorsam erklärt er hastig, dass Herr Rechtsanwalt Wichtig die Zahlenangaben der Gegenseite so wenig versteht wie er selbst. Woher weiß er, was Wichtig nicht versteht, ohne dass vorher die Rede davon war? Seine Überschlagsberechnung, die er für den Zugewinn über den Daumen peilt, kommt erstaunlicherweise haargenau zu dem gleichen Ergebnis, das später Wichtig als Berechnung vorlegt. Welche Zufälle oder doch himmlische Harmonie der Herzen?

Dass die Gegenseite die wechselseitigen Rentenansprüche auf null stellt, weiß Zapig, bevor Wichtig auch nur den Mund aufmacht oder gar ein Wort geschrieben hat.

Herr Rechtsanwalt Doktor Julius Wichtig entfaltet bisweilen mit präsidialem Ambiente einen herrschaftlichen Amtsnimbus, den man in obrigkeitlichen Zeiten noch bewunderte.

Inzwischen ist dieses wichtigtuerische Gehabe aus der Zeit gefallen. Wichtig, der Stehengebliebene, hat vor »progressiven« Gerichten paradoxerweise erstaunlichen Erfolg mit seinen reaktionären Marotten.

Es sind nicht nur die kleinen Erniedrigungen, die in der Rechtspflege überwintert haben, sondern eine strukturelle Arroganz, die den

»Schwächeren« vor die Wand laufen lassen. Wichtig ist, was Wichtig sich leisten zu können glaubt. Das setzt Maßstäbe. Und so geschieht denen vor Gericht Unrecht, die einem Wichtig im Bündnis mit einem schwachen Richter gegenüberstehen.

Der flexible Teilzeitanwalt

Zur kreativen Höchstform läuft Doktor Wichtig auf in der Handhabung seines Mandates. Mal besitzt er den Auftrag des Mandanten, mal hat ihm sein Klient das Mandat plötzlich wieder entzogen, um wenige Tage später überraschenderweise wieder in seinen Besitz zurückzugelangen. Das Mandat folgt einem unausgesprochenen Hokuspokus von Anwalt Wichtig. Mal ist das Mandat sichtbar, mal ist es spurlos verschwunden. Wer nicht an Anwaltsmagie glaubt, wird an die Überraschungseffekte der Vietkong erinnert. Die Amis wussten nie, wo die Vietkongs waren. Auf jeden Fall waren sie so unberechenbar wie Wichtigs Mandatstricks.

Beim zweiten Hinsehen ist das taktische Schema, das Wichtigs Verhalten zugrunde liegt, allerdings leicht durchschaubar, weil es einem einfachen Schema folgt und knallhart kalkuliert ist. Wenn das Gericht von Wichtigs Mandanten etwas will, dann steht Wichtig mit leeren Händen da. Dann hat er kein Mandat, etwa für eine Ladung vor Gericht oder die Zustellung eines Urteils, an das sich die Vollstreckung einer Pfändung anschließt. In solchen Notfällen ist Wichtig das Mandat einfach abhanden gekommen, und süffisant teilt er dem Gericht mit, dass es die Zustellung selbst besorgen müsse: »Wohnort Moskau«. Sehe das Gericht zu, wie es an die Adresse kommt.

Einige Zeit später allerdings tritt Doktor Wichtig für seinen Mandanten wieder mit allen Waffen ausgestattet und in imponierender Dominanz auf das gerichtliche Kampffeld, als habe er nie etwas anderes gemacht als das Mandat des Rechtsflüchtlings sorgsam zu verwalten. Das ist immer dann der Fall, wenn Wichtig etwas vor Gericht durchsetzen will. Dann ist er im Amt und besitzt das Mandat. Wichtig ist der modern-flexible Mobilanwalt, je nach Prozesslage ist er in oder außer Betrieb.

Selbst in seiner angeblich mandatsfreien Zeit verhandelt Wichtig mit Sparkasse und Unternehmen seines Mandanten mit Unschuldsmine über genau die Angelegenheiten, für die er vor Gericht »barfuß«

ohne Mandat stand, weil es ihm wieder einmal prozesstaktisch abhanden gekommen war.

Bis zum Urteil hat er das Mandat. Bei Eintreibung der Gerichtskosten, zu deren Zahlung Groß verurteilt worden war, kann Wichtig nicht mehr behilflich sein, weil ihm der spezielle Auftrag dazu fehlt. So stochert das Gericht im Nebel, denn der in Russland beschäftigte Groß ist dort nicht auffindbar. Und Groß selbst nimmt Vorladungen russischer Justizbehörden einfach nicht an. Mächtige Oligarchen und ertragreiche Unternehmerinteressen gewähren ihm Schutz. Anfragen an den deutschen Unternehmensvorstand, für den Groß in Moskau tätig ist, werden zunächst mit dem lächerlichen Hinweis auf Datenschutz zurückgewiesen, obwohl Anstand noch nie unter Datenschutz stand. So ist die Koalition Groß/Wichtig/Firma wasserdicht. Die Bande ist geschlossen, zusammengehalten wird das Dreierbündnis durch das gemeinsame Interesse: Geld.

Der Rechtsstaat steht draußen vor der Tür. Mit den billigen Tricks eines bramarbasierenden Winkeladvokaten wird das Mandat, das als rechtliches Vertrauensverhältnis gedacht war, zum Instrument prozesstaktischer Spiele.

Das todernste Spiel

Wichtigs Mandatshandhabung erweckt – wie gesagt – zunächst den Eindruck, es handele sich bei seinem ungewöhnlichen launischen Vorgehen um die kleinen spielerischen Anwaltstricks, denen sogar ein gewisser Unterhaltungswert nicht abgesprochen werden kann. In Wirklichkeit geht es jedoch um eine anwaltliche Tätigkeit mit toternsten Folgen. Es geht in diesem Fall um Zeitgewinn. Groß ist verurteilt, Darlehenspflichten aus gemeinsamem ehelichen Immobilienbesitz zur Hälfte zu begleichen. Je länger er sich dieser Aufforderung entzieht, umso eher schlägt die Sparkasse mit Zwangsversteigerung der Immobilie zu, und das ist das Ziel von Wichtig. Groß will Frau und Kinder aus dem gemeinsamen Haus werfen. Das ist eine andere Form von innerfamiliärem Diebstahl. Dabei steht Wichtig Groß zu Diensten. Wichtig steht im Nebenberuf Schmiere. Um Geld geht's! Am Gelde hängt, nach Gelde drängt sein Mandant! Da ist Wichtig jedes Mittel recht.

Die ironische Paradoxie dieser verzwickten Konstellation besteht darin, dass das Gericht bei der Festlegung der Unterhaltshöhe die Zahlungspflicht für das Darlehen von Wichtigs Mandant berücksichtigt hat, also dessen Unterhaltspflichten gemindert hat, obwohl der sich in Russland tot stellt, also nicht zahlt. Wichtig ist also nicht nur Schmierensteher, sondern virtueller Leichenbeschauer.

Mal so, mal so: Wie es dem Herrn Richter gefällt

Für das Gericht ist das Urteil Faktum, danach bemisst es den Unterhaltsanspruch, ohne Rücksicht, ob das Darlehen tatsächlich gezahlt wurde. Für die Sparkasse, die auf das Geld wartet, das sie verliehen hat, zählt dagegen allein die Zahlung, und die steht und fällt mit Wichtigs Spiel auf Zeit. So steht juristische Virtualität gegen pekuniäre Realität. Dreimal dürfen Sie raten, wer diese Schlacht gewinnt.

Einmal argumentiert Herr Richter mit den tatsächlichen Zuständen, ein andermal mit der Rechtslage. Als Groß eine Mieterin gegen alle Regeln von Anstand und Recht aus der Wohnung warf, berücksichtigt er für die Unterhaltsansprüche, dass Groß tatsächlich keine Mieteinnahmen hat. In diesem Falle gilt das Realitätsprinzip, nicht das Recht, gegen das der Rauswurf verstieß. In beiden Fällen mindert der Richter die Unterhaltspflichten von Groß. Einmal so herum, ein andermal andersherum. Das Ziel bleibt gleich: Groß' Vorteil. Das ist die unabhängige Variable von Herrn Zapigs Überlegungen. Schließlich weiß der Richter, was Wichtig will, und darauf kommt es an.

Der Richter erklärte freilich den illegalen Rauswurf der Mieterin durch Herrn Groß in einem späteren Mietprozess, den er auch zu entscheiden hatte, für rechtens. Wie hätte er auch anders entscheiden sollen, schließlich kann die Justiz doch von ihm nicht erwarten, seine eigene Leistung als ungenügend einzustufen und das von ihm gefertigte Urteil im Mietprozess zu verwerfen. So weit geht die Sensibilität der Gerichte, dass sie gar wegen »läppischer« Interessenkonflikte Zuständigkeiten ordnet.

Die Verhandlungen finden zwar in unterschiedlichen »Prozessen« statt, aber jeweils mit demselben Richter, der denselben Sachverhalt nur aus unterschiedlichem Anlass klären soll. Offenbar geht die Rechtspflege von der professionellen Möglichkeit der Schizophrenie der Richter aus, mit deren Hilfe die beiden Gehirnhälften getrennt bei jeweils einem der beiden Prozesse eingesetzt werden, um so unabhängig voneinander die Sachlage zu prüfen. Wie viel Lebensferne erlaubt sich eigentlich das deutsche Gerichtswesen?

Der tobende Gentleman

Die rechtspflegerischen Burlesken, zu denen die Verhandlungen vor dem Familiengericht zeitweise ausarten, verlieren ganz schnell ihren belustigenden Charakter, wenn einem einfällt, dass in diesem Spiel über Schicksale entschieden und möglicherweise ein ganzes Leben aus dem Gleis geworfen wird. Wichtigs kleine taktische Spielchen sind dann gar nicht mehr nur gewitzt, sondern von überraschender Brutalität, die sich bei ihm in unbeherrschte Hysterien steigern können, wenn er Widerstand erfährt, der sogar erfolgreich werden könnte. Er ist dann in der Wahl seiner Mittel nicht wählerisch. Verlieren kann er schlecht.

Als mit Hilfe eines schlauen Gerichtsvollziehers der Zahlungsverpflichtete bei einem seiner spärlichen heimatlichen Kurzbesuche erwischt wurde und ihm der Gerichtsbeschluss überreicht werden konnte, tobte Doktor Julius Wichtig, der zu den Lokalgrößen seiner sympathischen Heimatstadt gehört, ganz unstandesgemäß. Wahrscheinlich konnte er sich die kleine Nachlässigkeit nicht verzeihen, das Schlupfloch, das die Zustellung zufällig ermöglichte, übersehen zu haben. In solchen Situationen verlässt offenbar auch den repräsentablen Doktor Wichtig seine Contenance. Ersatzweise überschüttet er jetzt die Gegenseite mit wilden, unbewiesenen Vorwürfen, zum Beispiel das Briefgeheimnis gebrochen zu haben, das Unternehmen, in dem sein Mandant beschäftigt ist, in den Streit einbezogen zu haben. Alles falsch, aber mit der zusätzlichen Drohung versehen, die Gegenseite verliere nicht nur alle Unterhaltsansprüche, sondern die Antragstellerin auch den Beamtenstatus. Wenn Not am Mann ist, scheut Doktor Wichtig nicht vor Einschüchterungsversuchen zurück. Mit diesem Mann ist nicht zu spaßen!

Inzwischen drehte sich das Rad weiter. Es liegt ein Vollstreckungsbefehl vor. Die Firma teilte dem Gericht mit, Groß sei nicht mehr bei ihr beschäftigt. Der Mandant war inzwischen unter ein neues unternehmerisches Schutzdach geschlüpft, das die Pfändung schwer macht.

Groß, Wichtig und die Firma sind erfinderisch. Die Geld-Connection funktioniert, die Verzögerungstaktiken scheinen sich zu lohnen.

Zeit heilt nicht nur Wunden, sie reißt auch neue auf, wenn nicht das Recht, sondern der Zeitverlauf die Sache erledigt. Wichtig stand Schmiere, und die Firma gewährte zunächst rechtliche Fluchthilfe. Das sind die Opportunitäten der neuen Wirtschaftsethik. Für ihr Geschäft nehmen Unternehmer zwar den Schutz des deutschen Rechtsstaates auch im Ausland in Anspruch, aber sie lassen diesen Rechtsstaat leerlaufen, wenn er sie in die Pflicht nehmen will und es ihnen oder ihren Geschäftemachern nicht in den Kram passt. Wichtig würde, da bin ich sicher, seinem Mandanten unter Berufung auf die deutsche Staatsbürgerschaft Zuflucht zur deutschen Botschaft erkämpfen, wenn sein Schutzbefohlener im Ausland in rechtliche Kalamitäten geriete. Umgekehrt aber wehren sich Wichtig und sein Mandant, einem deutschen Gerichtsbeschluss zu folgen und den Darlehensverpflichtungen gerecht zu werden.

Wichtigs Mandant Groß ist sich »seines« Geldes so sicher, dass er auch Ladungen russischer Gerichte nicht folgt. Wer mächtige Freunde hat, braucht offenbar in Putins Russland das Recht nicht zu fürchten. Berichte des russischen Justizministeriums über Gerichtsladungen, denen er nicht folgt, tut Groß lächelnd mit leichter Hand ab. Das seien Schreiben untergeordneter Schreiber, meint er. Die russische Oligarchie kennt offenbar Staatsbürger erster und zweiter Klasse. Groß schickt sich an, in die erste eingemeindet zu werden. Was sollen also die Schreiben des Justizministeriums?

Justizbehörden sind nicht die Gewichtsklasse von Groß, in der er boxt. Recht ist Leicht-, Geld Schwergewicht. Was Putin von Gerichten hält, haben seine Richtermarionetten vorgeführt. Die Macht liegt bei denen, die an den Strippen ziehen, nicht bei denen, die an Strippen gezogen werden. Groß hat's mit den Mächtigen. Schließlich verkehrt Groß mit den Großen aus Putins Oligarchenclique, und seine neue Ehe- bzw. Geschäftspartnerin ist selbst eine von diesen. Deshalb hat er sie schließlich ausgesucht. Sein sozialistischer Vater aus der DDR, ein SED-Funktionär an der Universität, ist stolzer auf diese kapitalistische Errungenschaft seines Sohnes als er es gewesen wäre, wenn dieser eine Karriere als NVA-Offizier gemacht hätte. Einst zog der Sohn aus, an den Tischen des westlichen Kapitalismus Platz zu nehmen. Jetzt tafelt er sogar mit den östlichen Oligarchen, derweil seine heimatliche Ehefrau mit drei Kindern sich durch den mühsamen Alltag schlägt. Sie war seine erste Errungenschaft im Westen auf der Wallfahrt zu Gott Mammon. In der ihm eigenen Mimikry hat er sich sogar taufen lassen. Niemand hatte das von ihm verlangt, noch nicht einmal still erwartet. Groß wollte dazugehören, wohin er auch immer gehörte. Jetzt referiert er auf Spitzentreffen deutsch-russischer Wirtschaftsfunktionäre. In seiner Anpassungsanstrengung leistet er ein Übersoll wie einst Stachnow, ein Held der Arbeit.

Seine Taufe zelebrierte er als Mimikry im westlichen System wie ein mystisches Ereignis in einer Osternacht in einer süddeutschen Universitätsstadt mit Wasser aus dem Jordan.

Er wollte eben mit Haut und Haaren dazugehören.

Mit solchen Sperenzchen ist es jetzt bei Groß vorbei: Längst ist er zu Gott Mammon zurückgekehrt. Es zählt nur der Rubel, der rollt. Kirche kostet Geld. Deshalb ist Groß inzwischen wieder aus der Kirche ausgetreten. Alles zu seiner Zeit und zur rentablen Gelegenheit.

Happy End (vorerst)

Es ist wie im Märchen. Im Falle seiner Darlehensverpflichtung setzte das Unternehmen, das sich seiner besseren Seiten erinnerte, die es Gott sei Dank hat, Groß unter moralischen Druck und schaffte, was die Justiz nicht zustande brachte: Groß zahlt! Der Vorhang nach dem ersten Akt hat sich gesenkt.

Zwischenruf eines Jagdaufsehers: »Die Wahrheit!«

»Die Wahrheit ist das Fundament der Gerechtigkeit. Also geht es zuerst und zunächst um die Wahrheitssuche. ›Jedem das Seine‹ – das alte Gerechtigkeitsgebot – beginnt mit der Fahndung nach dem »Seinen«, das jedem zusteht. Zuerst die Tatsachen ermitteln ist das kleine Einmaleins der gerichtlichen Wahrheitssuche.

Zugegeben, im Streit der Eheauflösung sind oft viele Wahrheiten unter schweren Verletzungen begraben, welche die Trennungen begleiten. Es geht auch nicht um letzte Wahrheiten. Lebensbeichten werden nicht verlangt. Auf der Suche nach einer einvernehmlichen Scheidung genügen möglicherweise vorletzte Wahrheiten, mit denen beide Seiten in Selbstachtung weiterleben können.

Wenn das so ist, dann ist mit der Scheidung auch weiterhin die Wahrheitssuche verbunden.

Je mehr Wahrheit und Gerechtigkeit aus dem Scheidungsrecht schwinden, umso eher wird die Scheidung ein Kampf, den der Cleverere gewinnt. Das ist, wie sich langsam herumspricht, der Höherverdienende, also in der Regel der Mann.« (Ende des Jagdaufsehers Zwischenruf).

Ein bisschen Sadismus macht auch Freude

Ein bisschen Quälen gönnt sich der Richter ab und zu doch – man muss es verstehen – in der Öde des Gerichtsverfahrens. Obwohl er sich erklärtermaßen für die Theorie entschieden hat, Groß habe mit seinem Wechsel nach Russland einen nicht vorgesehenen Karrieresprung gemacht, der Teilhabe an dem Einkommenssprung rechtlich nicht vorsehe, lässt sich Herr Richter Zapig eine Bedarfsrechnung von Groß' ehemaliger Ehefrau vorlegen, die gar nicht zum Zuge kommt, wenn Zapig seine Theorie vom Karrieresprung durchzieht. Aber Zapig gönnt sich den Genuss, ein Vorgehen anzuwenden, das gar nicht ans Ziel führt, weil er längst das andere Ziel fixiert hat. Eine Bedarfsprüfung für die Zielerreichung, die er anstrebt, ist gar nicht vorgesehen. Der überflüssige Umweg gibt Zapig die Gelegenheit, diese Bedarfsliste von Judith genüsslich unter geifernder Assistenz von Wichtig zu zerpflücken.

Einzige Lust, die er dabei empfindet: Er will die verlassene Ehefrau als geldgierig denunzieren. Die Aktion dient lediglich der Demütigung der Noch-Ehefrau. Auf freier Wildbahn nennt man das Mobbing. Vor Gericht ist das Verhandlung. Nach Schließung der Verhandlung auf dem Gang des Gerichts entrüstet sich die Aktionsgemeinschaft Wichtig/Zapig lautstark für die Ohren der Ehefrau über deren Bedarfsunverschämtheiten. Was Judith verlange, liege weit über ihren vergangenen Lebensverhältnissen, sie verdiene wenig und wolle viel. Dabei hatte die Ehefrau nur die alten Ausgaben fortgeschrieben und war sogar unter den Ausgaben geblieben, die Groß vorgelegt hatte, ohne dass dessen Vorlage als über seinen finanziellen Möglichkeiten benotet worden war. Dabei will Judith überhaupt nicht an das Geld, das Groß als »sein Geld« bezeichnet. Sie will nur für ihre Kinder eine Zukunft sichern, so wie sie sich bei der Familiengründung damals die Zukunft ihrer Kinder gemeinsam vorgestellt hatten. Groß ist inzwischen zu einem Tausendsassa avanciert. Scheidungswilligen Sekretärinnen gibt er im Betrieb Nachhilfe, wie man die Trennung rechtlich meistert.

Der prozesstaktische Gedächtnisschwund des wortgewaltigen Herrn Wichtig

Wichtig nutzte den Beginn der Auseinandersetzung zwischen den streitenden Parteien zu zahllosen Versprechungen, die er offensichtlich, wie sich später herausstellt, gar nicht einzuhalten gedachte, die aber ablenken sollten. Die heillosen Versprechungen dienten dem prozesstaktischen Zeitgewinn und der Zähmung der Prozessgegner durch Vertrösten. Wichtig gibt an, die Notifizierung des Ehegattenunterhaltsanspruchs habe stattgefunden oder finde spätestens in den nächsten Tagen statt. Kein Wort wahr, nie hat er stattgefunden. Lediglich in Wichtigs Phantasie gibt es die Notifizierung, die für die rechtliche Verankerung der Ansprüche wichtig gewesen waren. Kein Hahn kräht nach Wichtigs Lügen. »War eine irrige Annahme« ist die dürftige, refrainartige Ausflucht. Wie eine Brotkrume wischt Wichtig seine Unwahrheiten vom Tisch. Den Richter berührt das alles nicht: »Wir sind nicht im Strafprozess«, ist die bekannte ermüdende, salvatorische Formel, die die Wahrheit außer Gerichtsbetrieb setzt.

Wichtig ist Spezialist fürs Allgemeine, Wortreichtum schlägt Wahrheitssuche. Wenn er argumentativ schwimmt, dann sprudeln eloquent die Allgemeinplätze – Zeitgewinn durch Plattitüden.

Wir werden Groß auf seinem weiteren Lebensweg begleiten. Vielleicht lässt sich daraus doch das lehrreiche Beispiel entnehmen, dass Geld nicht glücklich macht und Lügen auf dem langen Lebenslauf zu kurze Beine haben.

Gottes Wege sind unerforschlich – wie die des Gerichts.

Schluss

Die Jagdszene 6 ist wie ein Sammelsurium von Lappalien, kleinen Schikanen, kleinen, mittelschweren und großen Lügen, miesen Mobbingattacken, nebenbei ein paar Tricks aus der Mottenkiste der Anwaltraffinesse et cetera. Angesichts der hehren Ziele, die dem Recht gesetzt sind, erscheinen sie wie Banalitäten. Ihre Aneinanderreihung kann sogar ermüden. Das gehört jedoch zum strategischen Ziel der Rechtsverdreher. Denn aus solchen »Nebensächlichkeiten« besteht ihr Zermürbungspotential.

In diesem Unterholz sich zurechtzufinden, sind Menschen gezwungen, die ihr Recht suchen. Im Unterholz der Rechtspflege ist es sehr düster.

Der Teufel wohnt im Detail. Von diesen »Kleinigkeiten« handelte die Jagdszene 6.

Nachwort

Ich habe das Manuskript dieses Buches einem in Ehren ergrauten, angesehenen Rechtsanwalt zur Begutachtung übergeben. Er gab es mir zurück mit der Bemerkung: »Ich war wütend auf Sie nach der Lektüre. Nachdem ich jedoch eine Nacht über mein zorniges Resümee geschlafen hatte, wachte ich morgens mit der Frage auf: Vielleicht hat der Blüm doch recht, und es ist etwas mit unserem Berufsstand passiert, was wir nicht weiter zulassen dürfen.« Dieser gute Mann hat mir meine verbliebenen kleinen Skrupel und Ängste genommen, ob ich dieses Buch veröffentlichen soll.

Seit ich mich mit diesem Buch beschäftige, lese ich die Zeitungen anders als vorher. Es kommen mir Nachrichten aus Gerichten in die Quere, die ich vorher gar nicht zur Kenntnis genommen habe. Der Gerichtssaal ist eine Terra incognita. Dort, im unbekannten Land, erleiden Menschen Unrecht, wo sie Recht gesucht haben.

Ich schrieb dieses Buch vor allem für die Menschen, die sich vor Gericht respektlos behandelt fühlen und nicht »ihr Recht« bekommen. Das Recht beginnt mit der Anerkennung des anderen und gipfelt in der Gerechtigkeit.

256 Seiten
ISBN 978-3-86489-094-9
€ 17,99
auch als E-Book erhältlich
www.westendverlag.de

Ganz legaler Betrug in Perfektion

Holger Balodis und Dagmar Hühne, die Autoren des Bestsellers »Die Vorsorgelüge« zeigen, dass wir, Inhaber von Lebensversicherungen oder Riesterrenten, alle Opfer des größten legalen Betrugs der Geschichte sind. Ihr schockierender Befund: Jedes Jahr verlieren Versicherte mit privater »Altersvorsorge« mindestens 15 Milliarden Euro! Den Profit schöpfen die großen Versicherungskonzerne ab – gedeckt von der Bundesregierung und den höchsten Aufsichtsbehörden.

»Das Buch zeigt erschreckend deutlich, wie ein ganzes Volk den Versicherunskonzernen zum Fraß vorgeworfen wird.«
Norbert Blüm